GUANG HUA LAW REVIEW

光華法学

第十四辑

《光华法学》编委会　编
罗维鹏　熊谋林　执行主编

法律出版社
LAW PRESS·CHINA
——北京——

图书在版编目(CIP)数据

光华法学. 第十四辑 /《光华法学》编委会编 ; 罗维鹏, 熊谋林执行主编. -- 北京 : 法律出版社, 2025

ISBN 978-7-5197-8770-7

Ⅰ. ①光… Ⅱ. ①光… ②罗… ③熊… Ⅲ. ①法学-文集 Ⅳ. ①D90-53

中国国家版本馆 CIP 数据核字(2024)第026117号

光华法学(第十四辑)
GUANGHUA FAXUE(DI-SHISI JI)

《光华法学》编委会 编
罗维鹏 熊谋林 执行主编

策划编辑 曲 杰
责任编辑 曲 杰
装帧设计 李 瞻

出版发行 法律出版社
编辑统筹 学术·对外出版分社
责任校对 晁明慧
责任印制 胡晓雅 宋万春
经 销 新华书店

开本 787 毫米×1092 毫米 1/16
印张 13.5 **字数** 235 千
版本 2025 年 4 月第 1 版
印次 2025 年 4 月第 1 次印刷
印刷 北京建宏印刷有限公司

地址:北京市丰台区莲花池西里 7 号(100073)
网址:www.lawpress.com.cn
投稿邮箱:info@lawpress.com.cn
举报盗版邮箱:jbwq@lawpress.com.cn
销售电话:010-83938349
客服电话:010-83938350
咨询电话:010-63939796

书号:ISBN 978-7-5197-8770-7
定价:79.00 元

凡购买本社图书,如有印装错误,我社负责退换。电话:010-83938349

熏之之炙

聚为精华

西南财大法学院

发展法学题之

江平

2005

12月

《光华法学》（第十四辑）编委

西南财经大学法学院简介

西南财经大学法学院是学校“211 工程”和“985 工程”优势学科创新平台重点建设学院。西南财经大学前身院校之一的正阳法商学院，其前身是创建于1946 年的重庆朝阳学院，1949 年更名为私立重庆正阳法商学院。当时的院长、院董事长均为国民政府“司法院”院长居正兼职，副院长由国民政府“司法行政部”次长、“最高法院”院长夏勤担任。同样为西南财经大学前身院校之一的，创建于 1946 年 8 月的相辉文法学院也设有法律专业。1987 年 5 月，在原学校基础部经济法教研室和人口研究所基础上组建法学系，开设经济法专业和人口学专业。1992 年，西南财经大学法学系在企业管理专业下招收经济法方向硕士研究生；1998 年，法学系本科经济法专业调整为法学专业；2001 年 10 月，组建法学院。

西南财经大学法学院是学校“211 工程”重点建设学院，经 2010 年国务院学位委员会第二十八次会议审议获批成为法学一级学科博士学位授权点，招收民商法学、经济法学、刑事法学、理论法学专业博士研究生；拥有法学一级学科硕士学位授权点，有权招收法学各专业硕士研究生，目前招收民商法学、经济法学、刑事法学、国际法学、法律经济、法学理论、诉讼法学和法律硕士专业学位(J. M)8 个专业硕士研究生。法学学科整体实力连续多年稳居全国财经院校前列，在 2012 年教育部公布的学科评估排名中，法学一级学科在全国 600 多所法学院中并列排名第 21 位。学院先后获得教育部应用型复合型卓越法律人才教育培养基地、国家级大学生校外法学实践基地、教育部法学专业综合改革重点项目和国家级特色专业(法学)等一系列省部级以上教育教学改革项目。2014 年，据武汉大学中国科学评价研究中心(RCCSE)和中国科教评价网评级，法学院在 2014 ~ 2015 年中国法学类专业大学竞争力排名第 16 位。

西南财经大学法学院的法学专业为国家级特色专业、省级教学质量工程项目及省法学本科人才培养基地，法学一级学科是省级重点学科，经济法教学团队为省级优秀教学团队。法学院拥有经济法、民法、刑法、国际经济法、商法五门四川省精品课程。学院现有学生 1400 余人；其中，全日制在校本科生 700 余人，硕士研究生700余人，博士研究生60余人。二十年来，学院累计培养毕业生近四千人，并为全国党政系统和金融系统完成研究生课程等各类培训上万人。西南财经大学法学院一贯坚持“人才兴院”的发展战略，大力引进海内外优秀人才。截至2016年5月，有专职教师51名，其中教授21人，副教授29人；有博士研究生导师20人；50岁以下的中青年教师占教师总人数的90%；已获得博士学位及在读博士的占全院教师的85%左右。学院教师中有数名教师分别担任国务院部委的顾问、教育部高等学校法学学科教学指导委员会委员，以及中国商法学研究会、中国刑法学研究会、中国经济法学研究会、中国国际经济法学研究会和中国劳动法学研究会的常务理事、理事等学术职务。法学院还聘请了二十多名国内外知名的法学专家担任特聘教授或兼职教授。西南财经大学法学院设有法学系、法经济学研究所、经济法学研究所、民商法学研究所、刑事法学研究所、国际法学研究所、欧盟法律研究中心。此外，学院与教育部人文社会科学重点研究基地西南财经大学中国金融研究中心、财税学院合作设立金融法研究所、中国税法研究中心。西南财经大学法学院还成立了全国首家以信息工程学和统计学进行法治理论与应用研究的四川省高校“法治量化与信息工程重点实验室”，国内唯一的金融法省部级哲学社会科学重点研究基地“中国金融法研究中心”，四川省高校人文社会科学重点研究基地“中国经济法治研究中心”，四川省高校“环境与资源法学”科研创新团队。

西南财经大学法学院始终坚持“科研强院”的科研发展思路，实施科研精品工程，强化科研激励机制，学院教师科研水平和科研成果质量稳步提高。截至目前，学院教师在《中国社会科学》《法学研究》《中国法学》《经济研究》《管理世界》及*Economic Inquiry*等中外权威期刊发表论文600多篇，并在中国、德国、日本等中外知名出版社出版专著90余部。迄今为止，本院教师主持国家社科基金重大招标课题、国家社科基金重点课题及省部级社科课题百余项，获得省部级以上奖励70余项，先后获得中宣部“五个一工程”奖，全国青年优秀社科成果奖，教育部、司法部以及四川省哲学社会科学优秀成果奖等省部级以上奖励，学院教师的博士学位论文还成为全国首篇获得优秀博士论文提名的经济法学博士学位论文。

寄 语

《光华法学》是西南财经大学法学院老师和研究生共同编辑的出版物。在世界上，法科学生编辑高水平的学术出版物不乏其例，饮誉全球并成为世界法学研究水平代表的《哈佛法律评论》就是其中的佼佼者。就这些出版物为法学研究所作出的卓越贡献而言，它们至少是世界法律学说与法律制度发展历史的一个见证。在各种数据与现实面前，人们已经相信法科学生完全有能力办好一份学术出版物。西南财经大学法学院经过二十年的开拓与发展，或许也应该有一份法科学生自己编辑的出版物。由于各种原因，创办《光华法学》这项工作是难能可贵的。

在首卷的编辑过程中，主持编辑的老师和我谈及他们办《光华法学》的思路、其所承载的学术理想、具体的制度建设等方面的设想，我觉得他们对《光华法学》的出版已经做好了准备，并且非常重视《光华法学》的发展。创办之后，在老师和学生编辑的辛苦努力下，《光华法学》已经顺利出版了十三辑，取得了良好的社会评价。本辑也经过艰辛的组稿和编辑工作，即将在法律出版社出版，我希望《光华法学》能越办越好！

令人欣慰的是，我在交谈中发现，同学们以能成为一名《光华法学》的编辑而自豪，深深感受到了他们的责任感。我既为他们这些初生牛犊所特有的创新精神与严谨的工作态度而高兴，也为他们高涨的学术热忱与踏实的工作作风而感动。我相信学子们的这种自豪与追求是发自内心的，也坚信他们能够以学术为乐趣，以《光华法学》为寄托，珍惜自己的“羽毛”，呵护《光华法学》。

西南财经大学法学院已成为首批国家卓越法律人才培养基地，我相信我们的学生编辑团队能发扬学院的学术和科研精神。学生编辑具有流动性，《光华法学》可以经常获得新鲜的“血液”补充，而有利于保持学术与“世俗”之间的适当距离，从而有利于学术的净化与健康。与此同时，每届编辑部都有可能出于对学术的高尚情感而产生超越前辈的思想，从而为《光华法学》的发展提供源源不断的动力。如若达此境界，学子们便在编辑《光华法学》的过程中实现了自我价值与社会价值的统一，这正是法学教育的基本追求。总之，《光华法学》的问世对于提升西南财经大学法学院的研究水准和学术影响，对于进一步提高法学院的教育水平都具有重要的意义。

《光华法学》的编辑一再要求我在卷首为他们写点东西，我却唯恐自己的文字给《光华法学》造成某种选择的偏好，而一直有所踌躇。然而，内心的感动使我不能自已，很想借此对学子们创办《光华法学》的努力和精神表达鼓励与赞赏，于是应允下来。“千里之行，始于足下”，我希望《光华法学》在不断的学习与反思中创造奇迹，在不懈的努力中追求卓越；我更期待《光华法学》最终能够为中国的法治建设与社会进步作出应有的贡献。

高晋康

卷首语

自英伦以利器叩开中国大门以来，泱泱大国竟为列强争相鱼肉，令人黯然神伤。中华儿女为中华之崛起而上下求索，从救亡图存到求富求强，“革命”、“改革”与“社会转型”简约为中国近代的符号。民族革命的胜利开辟了华夏复兴的道路，制度变迁与社会转型迎来了中国空前的繁荣。尤其是随着市场经济理念与法治精神的传播，社会、政治与经济所取得的进步更今非昔比；这为中国法学研究带来了前所未有的机遇，但挑战更甚。公平与效率、个人与社会、国家与公民、本土与国际化这些问题日益成为国人关注的焦点，急需更多的志士努力以解决此中冲突、争端。

中国正重新赢得世界尊重，现代化、全球化与本土化的激荡编织成当下的语境，为学术研究提供了丰富的场域，也是我国学术繁荣的契机。因为社会转型和制度变迁为我们的研究提出了许多新的课题，为解决这些重大问题而进行的探究注定会为知识积累作出贡献，并由此推动法学理论的进步。

法学的语境依赖性决定了法学研究需要对社会现实更为密切的关注。作为法学灵魂的公平与正义，也只能在特定的语境中才获得实效。但是法学精神时刻以特有的保守消解着所在语境的不谐音符，并最终消融于该语境中。或许，法学由此而有别于其他学科，我们大抵也由此找到了法学研究分为自然法学、纯粹法学与实证法学等诸多学术之根源。这或许还是法学富有吸引力而值得我们为之倾洒热血的重要缘由。

然而，中国法学在相当长时期内对社会现实的回应不够，法学的特性没有得到很好的彰显，甚至在一段时期仅为注脚。法学研究受到了或多或少的束缚，甚至法学本身的独立性都曾受到质疑。是故，致力于中国法学进步的学人理应承担更多的责任，在回应中国现实需求的基础上不断夯实法学之基础，张扬法学之特质，推动法学研究方法之创新。

《光华法学》以此为宗旨，“点滴之光、聚而为华”，以期在社会进步的大潮中略尽绵薄之力。我们感念于“图大学问、治万世平”，以积累知识、解读社会与关涉民生为目标。为此，我们将格外关注现实与前沿的法学理论，积极倡导多种学科的融合与方法的创新，力求为法学研究方法与学术范式的转换和积淀提供一块兼容并蓄的“试验田”，并在同人的宽容与支持中获得进步，共同为推进中国法学研究的鼎兴作出应有的贡献。

《光华法学》编辑部 谨记

编者按

随着新时代法治建设进程的推进,法学领域的研究在本土性与开放性相结合的前提下持续发展。立足于我国的现实情况,社会的发展与科技的影响使得法律社会中的检视与新问题日益增长,停留于原有的研究方向将难以满足现实需要。而在百年未有之大变局背景下,国内国际的复杂环境均成为法学领域发展的指向标。在确保本土资源得以发挥基本效益的基础上,应放眼于世界的多样性变化。在瞬息万变的信息化时代,让法学研究的发展趋势与法治建设的深化彼此契合,成为法学理论和实践的共同目标。基于法学、法律与司法的基本特征,目前有效探究、检视法律或有关现象的进路如下:一是规范研究,以法律规范为基本立足点,从释法与立法的层面对存在争议或亟待完善的规范进行分析评价;二是实证研究,以法律社会的实践现状为出发点,通过大量的实地调查、计量统计等方法总结法律现象背后的规律,以新颖的问题意识为导向,深入探究法律及社会问题。规范与实证研究的共同发展代表着法学研究在本土和世界范围内的蓬勃发展,也代表着我国法治建设事业充满着强有力的驱动因素。

2022 年 7 月 2 日,《光华法学》编辑部与西南财经大学法学院刑事法学研究所共同主办第十九期刑法创新论坛"经济刑法与刑事法治创新"。此期论坛对经济刑法和刑事法治的基础性、前沿话题进行了充分讨论,同时以学术盛会庆祝刑事法学研究所胡启忠教授荣休。胡启忠教授曾是一名(军演中的)"核战军人",经济刑法研究硕果累累,三十余年培养弟子无数。师者以爱,为学当尊,尊师重教是西财法学人的一贯品德。此期论坛的参会学者共同围绕"经济刑法及刑事法治创新"这一主题,积极地关切、回应当前刑法领域的规范和实务问题。收入本辑中的论文主要是此期论坛的参会论文,编辑部结合组稿情况设置如下专栏:

在本辑"经济刑法"专栏中,《违反部门规章能否认定为违反国家规定》围绕实务和理论界所关注的"违反部门规章能否认定为违反国家规定"这一问题,对部门规章进行了"创制性部门规章"和"解释性部门规章"的类型划分。在类型化思维的指引下，作者对该问题所涉及的实务与理论层面的分歧重新进行审视，就最高人民法院《关于国家规定的通知》、司法裁判与理论界关于部门规章的认定问题进行总结与评论，为该问题的具体判断路径提供了全新且全面的思路。《罪刑法定原则的刑法检视与重构——基于前置法规范表达体系的实证探究》以刑法分则条文如何贯彻和展现罪刑法定原则为切入点，对刑法分则条文庖丁解牛，围绕规定、法律、法规、职责、义务、标准等诸多前置法规范表达构成的体系展开实证研究。基于实证研究的结果，作者提出中国刑法应当从形式和实质上坚持罪刑法定原则，统一立法用语和尺度，有关犯罪与刑罚的前置法规范只能由全国人大制定法律或由全国人大常委会补充、修改。该研究有利于推动刑法学界进一步认识罪刑法定原则，丰富刑事法治的实质内容，为制定科学的刑法典提供参考。《执法视域下平台经营者集中审查的"困"与"破"——以虎牙斗鱼合并案为例》以虎牙斗鱼合并案为切入点，探讨平台经营者集中审查的执法情境。针对数据集中的分析视角单一、静态竞争分析框架的内生缺陷、行业特征因素的弱作用的执法困境，作者根据竞争效应与反竞争效应，提出从市场竞争影响分析引入数据集中、细化综合审查要素，以此减少依赖静态分析指标、分类审查融入平台企业行业特征与发展阶段因素等维度展开探究。该文为破解平台经营者集中审查的执法困局提供了更为宏阔的视角，能够以反垄断规制之力助推平台经济的健康发展。

在本辑"电信诈骗"专栏中，《为何沉默——基于布莱克法律运作理论的诈骗被害人报警意愿实证研究》通过"2015 年中国家庭金融调查数据"梳理，结合布莱克法律运作理论，探究影响诈骗被害人报警意愿的各种因素。研究发现，分层、社会控制和文化对报警意愿有着显著影响，并提出"分层→文化→报警意愿"的中介机制。该研究的结果不仅可以填补国内有关受害者报警意愿实证研究的空白，也为相关策略措施的制定提供了实证依据。《诈骗被害的后续影响——基于 CFPS 的实证研究》基于"2012—2020 年中国家庭追踪调查数据"的实证分析，从社会和个人两个层面探讨遭受诈骗对被害人的后续影响。研究表明，诈骗被害人会出现"社会认知后果"以及"自我认知后果"。该研究的结果不仅可以弥补我国对于诈骗被害人后续影响研究的空白，也为相关被害人援助服务的调整提供了实证依据及政策建议。《电信网络诈骗犯罪多元化跨境电子数据取证的完善路径》指出，我国以"数据存储地管辖模式"为主的电子数据跨境取证方式存在取证过程难、跨境单边取证手段可能侵害被取证国的数据主权以及跨境电子取证司法协助矛盾突出的问题，因而需要规范跨境电子取证过程、严格规制电子数据跨境单边取证方式以及简化电子取证刑事司法协助程序，以完善多元化的电信网络诈骗跨境电子取证制度。

在本辑“刑事程序”专栏中，《被告人中心视野下刑事庭前会议实质化问题研究》一文从庭前会议程序功能发挥所面临的问题出发，呼吁确立以被告人为中心的庭前会议实质化发展范式，完善以被告人参与权为中心的程序运行方式，创设以排除法官预断为目标的二元审理模式，构建以有利于被告人为标准的效力确认机制，进而为深入推进以审判为中心的刑事诉讼制度改革奠定基础。《认罪认罚案件听取意见同步录音录像机制之完善——从检察视角展开》从刑事检察视角出发，对同步录音录像所面临的实务困境予以梳理，并提出可以通过优化量刑协商程序、适度调整裁量权等方式予以完善，进一步发挥该机制的功能价值。《认罪认罚案件被告人上诉权问题实证研究——基于G市法院的样本》通过对2018年以来G市法院审理认罪认罚案件的实证分析，指出赋予认罪认罚案件被告人上诉权不必然牺牲效率价值，认罪认罚案件二审程序纠错和救济功能并未虚置；为保障一审判决的权威性和安定性，检察机关应在抗诉问题上保持适度谦抑。

在本辑“比较法与海外法学”专栏中，《科学证据采信规则适用探讨——基于中美刑事诉讼程序的比较视角》通过中美刑事诉讼程序的比较研究，对美国刑事诉讼程序中科学证据采信规则的演变历程予以介绍，指出我国当前的“鉴定人—专家辅助人”双轨制导致对鉴定意见呈现形式审查为主的特征，专家辅助人制度在实现当事人质权方面的作用也较为有限；并提出我国未来改革应在厘清科学证据实为推理归纳的前提认知下，形成放宽资格审查要件、强化实质审查内容的科学证据采信规则，且将专家辅助人的庭审功能作适度延伸，使法庭在审查科学证据时更为审慎和全面。

本辑收入的10篇文章，涵盖了经济刑法和刑事法学领域的重要议题，通过理论层面的探讨和实践层面的检视，充分展现了法学研究进程中规范研究和实证研究方式的典型特征与交融互动。尽管文章所研究的主要方向呈现多样性，但正是这种多元特征显示着我国法学研究的蓬勃发展，也为我国的法治建设事业提供了强有力的支撑。

最后，衷心感谢广大读者、各位作者对《光华法学》的大力支持。

罗维鹏　熊谋林（执行主编）

目　录

Contents

（第十四辑）

比较法与海外法学

经济刑法

违反部门规章能否认定为违反国家规定*

■ 胡启忠　金朝榜**

［内容摘要］　关于违反部门规章能否认定为违反国家规定的问题，司法解释、司法判决不尽一致，理论上也有严重分歧。根据部门规章与上位法内容之间的不同关系，可将部门规章划分为创制性部门规章和解释性部门规章。刑事司法中，对于违反创制性部门规章的行为不宜认定为违反国家规定。对于违反解释性部门规章的行为则需分情况而定：如果解释性部门规章的制定具有合法性，属于对法律、行政法规的具体化，而且符合刑法分则具体罪名中“国家规定”的要求，那么违反解释性部门规章的行为可以认定为违反国家规定，否则不能。以类型思维审视理论与司法观点可以发现：最高人民法院《关于国家规定的通知》和现有理论研究都存在一概而论之弊，现行司法对于部门规章未作区分：有的法院将违反创制性部门规章的

* 基金项目：四川省哲学社会科学基金项目“双层社会背景下网络传销犯罪的识别研究”（编号：SCJJ24ND325）。

** 胡启忠，西南财经大学法学院教授、博士研究生导师；金朝榜，四川行政学院法学教研部讲师，法学博士。

行为认定为违反国家规定，或者将违反解释性部门规章的行为认定为不违反国家规定。

[关键词] 创制性部门规章 解释性部门规章 违反国家规定

一、实务与理论问题聚焦

部门规章是指国务院各部委或直属机构根据法律和国务院的行政法规、决定、命令，在本部门的职权范围内依照法定程序所制定的规范性文件。《刑法》中的国家规定是指“全国人民代表大会及其常务委员会制定的法律和决定，国务院制定的行政法规、规定的行政措施、发布的决定和命令”。[①] 在二者的关系上，部门规章不属于《刑法》中的国家规定已是定论，但违反部门规章能否认定为违反国家规定却颇有争议。针对刑法分则 34 个条文所涉及的国家规定[②]，司法解释、司法判决与理论观点均存在较大分歧。

首先是司法解释不一致。[③] 2011 年最高人民法院颁布的《关于准确理解和适用刑法中“国家规定”的有关问题的通知》（以下简称《关于国家规定的通知》）第 2 条规定，对于违反部门规章的行为，不得认定为违反国家规定。但具体罪名适用中，不少的司法解释却作出了相反的规定。在《关于国家规定的通知》颁布之前，2008 年《最高人民法院刑事审判第二庭关于对未经行政许可审批经营成品油批发业务是否构成非法经营罪的意见》将违反商务部《成品油市场管理办法》（已废止），未依法取得《成品油批发经营批准证书》而从事成品油经营业务的行为确定为违反国家规定。[④] 在《关于国家规定的通知》颁布之后，2017 年最高人民法院与最高人民检察院（以下简称两高）联合颁布的《关于办理侵犯公民个人信息刑事案件适用法律若干问题的解释》第 2 条指出，违反部门规章有关公民个人信息保护的规定，应当认定为《刑法》第 253 条之一规定的“违反国家有关规定”。类似的规定还有很多。如关于（商业）贿赂犯罪中的

① 参见 1997 年《刑法》第 96 条规定：“本法所称违反国家规定，是指违反全国人民代表大会及其常务委员会制定的法律和决定，国务院制定的行政法规、规定的行政措施、发布的决定和命令。”

② 参见《刑法》第 135 条、第 137 条、第 163 条、第 184 条、第 185 条之一、第 186 条、第 190 条、第 222 条、第 225 条、第 234 条之一、第 253 条之一、第 280 条之一、第 285 条、第 286 条、第 288 条、第 330 条、第 334 条、第 334 条之一、第 337 条、第 338 条、第 339 条、第 343 条、第 344 条、第 344 条之一、第 350 条、第 355 条、第 357 条、第 385 条、第 389 条、第 391 条、第 393 条、第 394 条、第 395 条、第 396 条。合计 34 个条文。

③ 根据 2019 年发布的《最高人民检察院司法解释工作规定》与 2007 年发布的《最高人民法院关于司法解释工作的规定》（已废止），司法解释具有严格的制定主体和名称限制，但司法实践中最高司法机关内设机构时常以自己名义制作规范性文件；这虽不属于严格意义上的司法解释，但作为准司法解释文件，仍具有普遍性效力。此处的司法解释是从广义上予以理解，包含准司法解释文件。

④ 参见 2008 年发布的《最高人民法院刑事审判第二庭关于对未经行政许可审批经营成品油批发业务是否构成非法经营罪的意见》。

“谋取不正当利益”的认定[①]、毒品犯罪中“毒品种类”的认定[②]、违法发放贷款罪中“违法性”的认定[③]、环境犯罪中“危险废物”的判定[④]等，相关司法解释均规定对违反部门规章的行为认定为违反国家规定。

其次是司法判决认定不一致。有的法院认为违反部门规章的行为不违反国家规定。例如，针对湖南唐某违反《国家林业局关于规范树木采挖管理有关问题的通知》非法采挖国家重点保护植物的行为[⑤]、黑龙江张某违反商务部《成品油市场管理办法》(已废止)无证经营柴油的行为[⑥]，法院均认为违反部门规章但不违反国家规定。另外，作出相同认定的案件，还有河南沈某违法发放贷款案[⑦]、四川郝某非法经营案[⑧]、广东周某非法经营案[⑨]等。与之不同，另有法院认为，违反部门规章的行为就是违反国家规定。例如，针对福建裴某违反中国人民银行《银行卡业务管理办法》非法从事资金结算业务的行为[⑩]、辽宁吴某违反中国人民银行《贷款通则》非法发放贷款的行为[⑪]，法院认为违反部门规章就是违反国家规定。另外，作出相同认定的案件，还有福建罗某非法经营案[⑫]、江西曹某非法经营案[⑬]、浙江何某违法发放贷款案[⑭]等。

最后是理论上存在肯定说与否定说两种观点对立。肯定说认为，违反部门规章是违反国家规定。主要有以下四点理由：其一，法律或行政法规过于抽象，需要借助部门规章才能明确违法内容。“如果相关法律、行政法规作出了违法

---

① 参见1999年发布的《最高人民法院、最高人民检察院关于在办理受贿犯罪大要案的同时要严肃查处严重行贿犯罪分子的通知》、1999年发布的《最高人民检察院关于人民检察院直接受理立案侦查案件立案标准的规定(试行)》、2008年发布的《最高人民法院、最高人民检察院关于办理商业贿赂刑事案件适用法律若干问题的意见》、2012年发布的《最高人民法院、最高人民检察院关于办理行贿刑事案件具体应用法律若干问题的解释》等。

② 参见2002年发布的《最高人民法院研究室关于氯胺酮能否认定为毒品问题的答复》(失效)、2019年发布的《最高人民检察院关于〈非药用类麻醉药品和精神药品管制品种增补目录〉能否作为认定毒品依据的批复》。

③ 参见2010年发布的《最高人民检察院侦查监督厅关于对郭××涉嫌违法发放贷款犯罪性质认定的回复意见》。

④ 参见2019年发布的《最高人民法院、最高人民检察院、公安部、司法部、生态环境部关于办理环境污染刑事案件有关问题座谈会纪要》。

⑤ 参见湖南省双牌县人民法院刑事判决书，(2013)双刑初字第64号。

⑥ 参见黑龙江省依安县人民法院刑事判决书，(2018)黑0223刑初1号。

⑦ 参见河南省商城县人民法院刑事判决书，(2018)豫1524刑初21号。

⑧ 参见四川省广安市中级人民法院刑事裁定书，(2019)川16刑终162号。

⑨ 参见广东省广州市中级人民法院刑事判决书，(2018)粤01刑终1162号。

⑩ 参见福建省厦门市思明区人民法院刑事判决书，(2016)闽0203刑初1003号。

⑪ 参见辽宁省沈阳市中级人民法院刑事判决书，(2018)辽01刑终613号。

⑫ 参见福建省三明市三元区人民法院刑事判决书，(2019)闽0403刑初149号。

⑬ 参见江西省万载县人民法院刑事判决书，(2019)赣0922刑初7号。

⑭ 参见浙江省金华市婺城区人民法院刑事判决书，(2018)浙0702刑初841号。

性规定，而下位阶的部门规章在规定的范围内提供了具体的违法性认定标准，这些具体标准对违法性的认定当然具有重要的参考作用"①。其二，部门规章得到了法律法规的"二次授权"，违反部门规章的行为在本质上违反的是国家规定②。其三，部门规章是在全国范围内具有普遍性效力的规范性文件，也是国家意志的体现，因此部门规章也属国家规定③。其四，当法律或行政法规付之阙如时，国家规定应当扩张至部门规章，进而使犯罪化适度推进。④ 否定说则认为，违反部门规章不违反国家规定。主要有两点理由：其一，无论是从规范文件的名称还是制定主体来看，部门规章与国家规定都有本质区别，不得将违反部门规章视为违反国家规定。⑤ 其二，根据《立法法》规定，"犯罪与刑罚"的内容只能制定法律，将构成要件要素交由效力层级较低的部门规章予以填充，是对《刑法》第96条规定的公然违反，这与立法相悖也有违法理。⑥

司法解释上的不同解读、司法裁判中的"同案不同判"现象以及理论上的分歧共同表明，违反部门规章能否认定为违反国家规定的问题是当下亟待解决的难题。如果违反部门规章可以认定为违反国家规定，毫无疑问，《刑法》的适用范围会因前置性规范效力层级下沉至部门规章而大幅扩张。相反，如果违反部门规章不能认定为违反国家规定，司法解释中有关部门规章的规定、司法裁判中部门规章的援引和刑法理论上的肯定观点又该如何解释？解决这些问题，需要探寻问题根源所在，归纳出部门规章的不同类型，再行审视违反部门规章与违反国家规定的关系。之后，我们才能对上述理论与司法观点予以回应。

---

① 参见吴允锋：《经济犯罪规范解释的基本原理》，上海人民出版社2013年版，第107页。

② 参见刘树德：《"口袋罪"的司法命运：非法经营的罪与罚》，北京大学出版社2011年版，第49页；马春晓：《非法经营罪的"口袋化"困境和规范解释路径——基于司法实务的分析立场》，载《中国刑事法杂志》2013年第6期。

③ 参见高翼飞：《从扩张走向变异：非法经营罪如何摆脱"口袋罪"的宿命》，载《政治与法律》2012年第3期；崔庆林：《环境刑法的罪状表达与规范补充——基于法律规范论的分析》，载《学术探索》2016年第11期；赵帅、杨力：《侵犯人工智能数据安全的刑法规制——以〈刑法〉第286条为分析对象》，载《学习与探索》2021年第2期。

④ 参见于志强、郭旨龙：《"违反国家规定"的时代困境与未来方向——以非法经营罪为切入点进行规范体系的审视》，载《江汉论坛》2015年第6期；马啸、狄小华：《公民个人信息刑法保护界限问题研究》，载《江海学刊》2019年第2期；郭玮：《网络数据爬取行为的刑法规制研究——以非法获取计算机信息系统数据罪为视角》，载《新疆社会科学（汉文版）》2020年第3期。

⑤ 参见秦新承：《〈刑法〉第395条第2款中"国家规定"的含义》，载《法学》2007年第5期；华肖：《非法经营罪中"严重扰乱市场秩序"行为的界定》，载《法学》2008年第1期；蒋铃：《刑法中"违反国家规定"的理解和适用》，载《中国刑事法杂志》2012年第7期；王军明：《利用POS犯罪之类型化研究》，载《当代法学》2013年第4期。

⑥ 参见庄乾龙：《环境刑法定性之行政从属性——兼评〈两高关于污染环境犯罪解释〉》，载《中国地质大学学报（社会科学版）》2015年第4期。

二、部门规章的类型与功能辨识

德国学者拉伦茨指出："当人们借助于抽象——普遍的概念及其逻辑体系都不足以清晰明白地把握某生活现象或者某种意义脉络时，首先想到的是求助于'类型的思维方式'。"①我们面对"违反部门规章能否认定为违反国家规定"的难题时，也可以借助"类型的思维方式"，对部门规章这个"抽象概念"进行类型化辨识，从而为"明白地把握"部门规章与国家规定、违反部门规章与违反国家规定的"意义脉络"奠定前提性基础。

（一）部门规章的类型划分

根据现有法律规定，部门规章制定权源于国家规定中的授权，这种授权有职能性授权与事项性授权之分。

职能性授权是指宪法、法律授予国务院各部委、直属机构制定部门规章的权力（即主体资格）。如1982年《宪法》第90条第2款规定，"各部、各委员会根据法律和国务院的行政法规、决定、命令，在本部门的权限内，发布命令、指示和规章"；1982年《国务院组织法》第10条规定，"根据法律和国务院的决定，主管部、委员会可以在本部门的权限内发布命令、指示和规章"；2000年《立法法》第71条第1款（2023年修正后的第91条）规定，"国务院各部、委员会、中国人民银行、审计署和具有行政管理职能的直属机构，可以根据法律和国务院的行政法规、决定、命令，在本部门的权限范围内，制定规章"。这些规定都是职能性授权。考虑到这些规定只是授予国务院各部委、直属机构制定部门规章的职权，而不涉及部门规章的具体内容，不能解决部门规章与国家规定在内容上的关系问题，因此不在本文论题讨论之中。

事项性授权是指法律、行政法规就特定事项授予国务院各部委、直属机构制定部门规章的权力。主要包含两种情形：（1）对于"尚未制定法律、行政法规"的事项，授予国务院各部委、直属机构制定部门规章的权力；（2）对于法律、行政法规已有规定的事项，授予国务院各部委、直属机构制定具体化部门规章的权力。前者，我们称之为创制性授权；后者，我们称之为解释性授权。与之对应，部门规章可分为创制性部门规章和解释性部门规章两种类型。这种意义上的授权与被授权关系，涉及部门规章与国家规定的内容，因此是本文重点讨论的问题。

1. 创制性授权与创制性部门规章

创制性授权是指国家对于"尚未制定法律、行政法规"等国家规定的事项，授予国务院各部委、直属机构制定部门规章的权力。根据授权依据不同，创制性

---

① ［德］卡尔·拉伦茨：《法学方法论》（第6版），黄家镇译，商务印书馆2020年版，第577页。

授权可以划分为如下两种类型：

一类是法律赋予国务院各部委、直属机构制定部门规章的创制性授权。例如，针对《行政处罚法》所未规定的行政处罚内容，2009年修正的《行政处罚法》第12条第2款“尚未制定法律、行政法规的，前款规定的国务院部、委员会制定的规章……可以设定警告或者一定数量罚款的行政处罚”的规定，以及2021年修订后的第13条“尚未制定法律、行政法规的，……可以设定……通报批评……”的规定，是对部门规章“设定警告、通报批评或者一定数额罚款”的创制性授权。又如，针对《长江保护法》所未规定的长江水域质量标准问题，2020年颁布的《长江保护法》第44条“国务院生态环境主管部门负责制定长江流域水环境质量标准，对国家水环境质量标准中未作规定的项目可以补充规定”的规定，是对国务院生态环保部门制定补充规定的创制性授权。再如，针对《可再生能源法》所未规定的技术标准，2009年修正的《可再生能源法》第11条第2款“对前款规定的国家标准中未作规定的技术要求，国务院有关部门可以制定相关的行业标准……”的规定，是对国务院有关部门制定行业标准的创制性授权。

另一类是行政法规赋予国务院各部委、直属机构制定部门规章的创制性授权。例如，针对《国务院关于促进流通业发展的若干意见》（以下简称《意见》）所未规定的内容，2005年《意见》第21条“国务院有关部门、地方各级人民政府要积极研究制定促进流通业发展的政策措施，地方政府可根据当地财力和流通业发展实际，建立促进流通业发展的相应机制”的规定，属于对国务院有关部门根据实际情况，制定促进流通业发展政策措施的创制性授权。又如，针对《出版管理条例》未作规定的违法行为，1997年国务院《出版管理条例》第52条“本条例规定处以行政处罚的违法行为，……其他有关法律、行政法规未作规定的，由国务院出版行政部门或者省、自治区、直辖市人民政府规定的县级以上地方人民政府有关行政部门决定……”的规定，是对国务院出版行政部门在“有关法律、行政法规未作规定”情形下制定部门规章的创制性授权。再如，针对《医疗机构管理条例》尚未规定的外国人在境内开设医疗机构的内容，1994年国务院《医疗机构管理条例》第53条“外国人在中华人民共和国境内开设医疗机构及香港、澳门、台湾居民在内地开设医疗机构的管理办法，由国务院卫生行政部门另行制定”的规定，是对国务院卫生行政部门另行制定管理办法的创制性授权。

创制性部门规章是指国务院各部委、直属机构依据创制性授权所制定的部门规章。根据授权依据不同，创制性部门规章也可以划分为两类。

一是依据法律的创制性授权所制定的创制性部门规章。例如，针对2021年修正的《民用航空法》第15章（法律责任）所未规定的“通报批评”以及对“机长以外人员的警告”行政处罚内容,[①]根据2021年修订的《行政处罚法》第13条第2款的创制性授权,2021年由交通运输部修正的《民用航空行政处罚实施办法》(以下简称《办法》)第4条增设了“警告、通报批评”的行政处罚种类,第25条第3项、第26条第5项规定了“机长以外”人员的警告处罚情形。较之《民用航空法》,《办法》属于依据2021年修订的《行政处罚法》第13条第2款的创制性授权所制定的创制性部门规章。此外,针对2017年国务院《国内水路运输管理条例》第5章(法律责任一章)所未规定的“警告”处罚内容,根据2009年修正的《行政处罚法》第12条第2款的创制性授权,2020年由交通运输部修正的《国内水路运输管理规定》第46条第3款规定了“提示性警告”的内容。较之《国内水路运输管理条例》,《国内水路运输管理规定》属于根据2009年修正的《行政处罚法》第12条第2款的创制性授权所制定的创制性部门规章。又如,针对2020年《长江保护法》所未规定的长江水域水质量标准问题,根据《长江保护法》第44条的创制性授权,2021年农业农村部印发的《长江流域水生生物完整性指数评价办法(试行)》(以下简称《评估办法》)对长江水域“鱼类状况、重要物种状况、生境状况”三个方面赋值评估,设定了评价等级。较之《长江保护法》,《评估办法》属于依据《长江保护法》第44条的创制性授权所制定的创制性部门规章。再如,针对《可再生能源法》“可再生能源电力的并网技术标准”以外所未规定的技术要求和国家标准,依据2009年修正的《可再生能源法》第11条第2款的创制性授权,2018年国家能源局《分散式风电项目开发建设暂行管理办法》第2条设定了分散式风电项目“接入电压等级”“电压等级的接入容量”“并网点”的技术标准。较之《可再生能源法》,《分散式风电项目开发建设暂行管理办法》属于依据2009年修正的《可再生能源法》第11条第2款的创制性授权所制定的创制性部门规章。

二是依据行政法规的创制性授权所制定的创制性部门规章。例如,针对前述国务院《意见》所未规定的新情况、新问题,2007年商务部根据《意见》第21条的创制性授权所制定的《关于促进电子商务规范发展的意见》,对规范电子商务信息传播行为、交易行为、支付行为、物流配送行为作出了新规定。较之《意见》,《关于促进电子商务规范发展的意见》属于依据《意见》第21条的创制性授权所制定的创制性部门规章。又如,针对国务院《出版管理条例》所未规定的违法行为,1997年原新闻出版总署根据《出版管理条例》第52条的创制性授权所制定的《出版管理行政处罚实施办法》,在条例“出版、印刷、复制、发行”的基础

---

① 参见2021年修正的《民用航空法》第15章所规定的法律责任,只对机长规定了“给予警告”的行政处罚,而且通篇没有规定“通报批评”的行政处罚种类。

上，将执法对象延伸至“批发、零售、出租”环节。较之《出版管理条例》，《出版管理行政处罚实施办法》属于依据《出版管理条例》第52条的创制性授权所制定的创制性部门规章。再如，针对国务院《医疗机构管理条例》所未规定的外国人在境内设立医疗机构内容，2000年原卫生部与原对外贸易与经济合作部根据《医疗机构管理条例》第53条的创制性授权联合颁布的《中外合资、合作医疗机构管理暂行办法》，对外国人在境内设立医疗机构的“设立方式”“资质条件”“禁止事项”作出了明确规定。较之《医疗机构管理条例》，《中外合资、合作医疗机构管理暂行办法》属于依据《医疗机构管理条例》第53条的创制性授权所制定的创制性部门规章。

2. 解释性授权与解释性部门规章

解释性授权是在法律、行政法规已对规制事项作出规定情形下，授予国务院各部委或直属机构制定部门规章以细化法律、行政法规规定的权力。根据解释性授权事项的明确程度不同，可以将解释性授权划分为“一般解释性授权”和“特定解释性授权”两种类型。

一般解释性授权，是指法律、行政法规中概括性授予国务院各部委、直属机构制定部门规章以解释法律、行政法规的权力。从权源依据来看，它有法律的一般解释性授权和行政法规的一般解释性授权之分。前者，如1981年《全国人民代表大会常务委员会关于加强法律解释工作的决议》（以下简称《解释决议》）第3条“不属于审判和检察工作中的其他法律、法令如何具体应用的问题，由国务院及主管部门进行解释”的规定，是对国务院各部委、直属机构解释法律、法令的解释性授权；后者，如1999年《国务院办公厅关于行政法规解释权限和程序问题的通知》第2条“凡属于行政工作中具体应用行政法规的问题，有关行政主管部门在职权范围内能够解释的，由其负责解释”的规定，是对国务院各部委、直属机构解释行政法规的解释性授权。此外，2000年《国务院关于贯彻实施〈中华人民共和国立法法〉的通知》第5条“不属于审判和检察工作中的其他法律如何具体应用的问题，由国务院及主管部门进行解释”的规定，进一步重申上述内容，仍属于对国务院各部委、直属机构的解释性授权。由于上述规定不是对特定事项或特定概念的解释性授权，而是概括性地授予国务院各部委、直属机构解释法律、法令、行政法规的权力，故将其称为一般解释性授权。

特定解释性授权，是指法律、行政法规中就特定事项或特定概念授予国务院各部委或直属机构制定部门规章以解释法律、行政法规的权力。该类授权条文大多采用“……具体办法由……来制定（规定、确认等）”“……制定……标准”的表述或类似表述：（1）在法律的特定解释性授权方面。例如，2000年修订的《大气污染防治法》第7条第1款“国务院环境保护行政主管部门根据国家大气环境质量标准和国家经济、技术条件制定国家大气污染物排放标准”的规定,是对国务院生态环境主管部门制定大气环境质量标准的解释性授权。又如,2018 年修正的《节约能源法》第 14 条第 1 款“建筑节能的国家标准、行业标准由国务院建设主管部门组织制定”的规定,是对国务院建设主管部门制定建筑节能标准的解释性授权。再如,2013 年修正的《种子法》第 9 条第 1 款“国家有计划地收集……交流和利用种质资源,定期公布可供利用的种质资源目录。具体办法由国务院农业、林业行政主管部门规定”的规定,是对国务院农林业主管部门制定种质资源目录的解释性授权。还如,2018 年《土壤污染防治法》第 30 条第 2 款“农业投入品生产者、销售者和使用者应当……具体办法由国务院农业农村主管部门会同国务院生态环境等主管部门制定”的规定,是对国务院农业农村和生态环境主管部门制定农业废料处置办法的解释性授权。(2)在行政法规的特定解释性授权方面。例如,2005 年国务院《麻醉药品和精神药品管理条例》第 3 条第 2 款“目录由国务院药品监督管理部门会同国务院公安部门、国务院卫生主管部门制定、调整并公布”的规定,是对国务院药监部门制定麻醉和精神药品目录的解释性授权。又如,1996 年国务院《野生植物保护条例》第 10 条第 2 款“国家重点保护野生植物名录,由国务院林业行政主管部门、农业行政主管部门(以下简称国务院野生植物行政主管部门)商国务院环境保护、建设等有关部门制定,报国务院批准公布”的规定,是对国务院野生植物行政主管部门制定国家重点保护野生植物目录的解释性授权。再如,2017 年修订的《农药管理条例》第 37 条“国家鼓励农药使用者妥善收集农药包装物等废弃物……具体办法由国务院环境保护主管部门会同国务院农业主管部门、国务院财政部门等部门制定”的规定,是对国务院农业农村和生态环境主管部门制定农药废弃物处置办法的解释性授权。由于上述规定属于法律、行政法规就特定事项或特定概念赋予国务院各部委、直属机构制定部门规章的解释性授权,故称其为特定解释性授权。

解释性部门规章是指国务院各部委、直属机构依据解释性授权所制定的部门规章。与解释性授权依据相对应,解释性部门规章又可以划分为根据一般解释性授权制定的解释性部门规章和根据特定解释性授权制定的解释性部门规章两种类型。

根据一般解释性授权制定的解释性部门规章可以进一步划分为两类:(1)依据法律的一般解释性授权所制定的部门规章。如 1998 年《国家工商行政管理局关于抽奖式有奖销售认定及国家工商行政管理局对〈反不正当竞争法〉具体应用解释权问题的答复》对有奖销售是否违反《反不正当竞争法》的解释说明,是依据《解释决议》第 3 条的一般解释性授权所制定的解释性部门规章;1995 年《公安部关于公安机关执行〈人民警察法〉有关问题的解释》对“如何理解、执行关于盘问、检查的规定”“如何理解人民警察法第6条第6项关于特种行业管理的规定”等事项所作的详尽规定，是根据《解释决议》第3条的一般解释性授权所制定的解释性部门规章。(2)依据行政法规的一般解释性授权所制定的部门规章。如2004年《商务部关于请对中外合资经营企业合营各方出资及外商投资企业清算相关行政法规条文具体应用问题予以解释的函》对“中外合营企业出资规定”和“企业清算问题”的解答，是根据《关于行政法规解释权限和程序问题的通知》第2条的一般解释性授权所制定的解释性部门规章；2000年《国家林业局关于对非法经营木材有关问题的复函》对“非法经营木材的界定和处理”的回复，是依据《关于行政法规解释权限和程序问题的通知》第2条的一般解释性授权所制定的解释性部门规章。

根据特定解释性授权制定的解释性部门规章也可以进一步划分为两类：(1)依据法律的特定解释性授权所制定的部门规章。例如，2011年原环境保护部就火电厂大气排放标准问题所制定的《火电厂大气污染物排放标准》，是依据2000年修订的《大气污染防治法》第7条第1款的特定解释性授权所制定的解释性部门规章。又如，2020年国家市场监督管理总局针对高耗能特种设备的生产、使用、检验事项所制定的《高耗能特种设备节能监督管理办法》，是依据2018年修正的《节约能源法》第14条第1款的特定解释性授权所制定的解释性部门规章。再如，2015年原农业部就“草种”问题所制定的《草种管理办法》，是依据2013年修正的《种子法》第9条的特定解释性授权所制定的解释性部门规章。还如，2020年农业农村部与生态环境部等部门就农用薄膜废料、残渣处置问题所制定的《农用薄膜管理办法》，是依据2018年《土壤污染防治法》第30条第2款特定解释性授权所制定的解释性部门规章。(2)依据行政法规的特定解释性授权所制定的部门规章。例如，2013年原国家食品药品监管总局联合其他部门就麻醉药品和精神药品的具体种类所制定的《麻醉药品品种目录》和《精神药品品种目录》，是依据2005年国务院颁布的《麻醉药品和精神药品管理条例》第3条第2款的特定解释性授权所制定的解释性部门规章。又如，1999年原国家林业局就国家重点保护野生植物范围所制定的《国家重点保护野生植物名录》，是依据1996年国务院颁布的《野生植物保护条例》第10条第2款的特定解释性授权所制定的解释性部门规章。再如，2020年农业农村部与生态环境部就农药包装废弃物回收处理问题所制定的《农药包装废弃物回收处理管理办法》，是依据2017年国务院修订的《农药管理条例》第37条的特定解释性授权所制定的解释性部门规章。

（二）两种部门规章的不同功能

部门规章根据创制性授权和解释性授权依据不同，可以划分为创制性部门规章和解释性部门规章两种类型,并且各自具有不同的生成逻辑。这决定了不同的规章类型具有不同的功能作用。在"尚未制定法律、行政法规"情形下,创制性部门规章具有填补上位法空白的作用;在"已经制定法律、行政法规"情形下,解释性部门规章则是对法律、行政法规已作规定内容或概念术语进行的具象化解释说明。因此,部门规章的功能作用展开,需要结合不同类型分别讨论。

创制性部门规章具有填补上位法空白或临时代位国家规定的作用。在我国立法过程中,并非严格依照"法律→行政法规→部门规章"循序渐进立法,而是"双向立法"同时进行。一方面,全国人大及其常委会、国务院加快出台相关法律、行政法规;另一方面,国务院各部委或直属机构在各自职权范围内加紧制定部门规章。甚至在特定领域,为了弥补立法空白,出现"部门规章→行政法规/法律"的现象。众所周知,法律、行政法规的制定具有严格复杂的程序,而部门规章制定虽也需遵循相应的程序,但较之前者简易。在法律、行政法规缺失前提下,而特定事项又亟待规制,先行制定部门规章,未尝不是积累立法经验、填补立法空白的理性选择。正因如此,2020 年《国务院办公厅关于进一步完善失信约束制度构建诚信建设长效机制的指导意见》才明确规定"……暂不具备条件的可由该领域主管(监管)部门以部门规章形式确定";2009 年修正的《可再生能源法》第 11 条第 2 款规定"对前款规定的国家标准中未作规定的技术要求,国务院有关部门可以制定相关的行业标准……"无疑,基于上述授权所制定的创制性部门规章,是我国法律体系的重要组成部分,而且能够有效弥补"尚未制定法律、行政法规"的供给不足。例如,在 2003 年《城市生活无着的流浪乞讨人员救助管理办法》出台之前,民政部与公安部于 1982 年联合发布的《城市流浪乞讨人员收容遣送办法实施细则(试行)》(已废止)有效填补了行政法规的空白;又如,在 2006 年《烟花爆竹安全管理条例》颁布前,原农业部联合其他部门所制定的 1988 年《烟花爆竹安全生产管理暂行办法》、1992 年《公安部、轻工业部、农业部、商业部、铁道部、交通部关于运输烟花爆竹的规定》则属于规制烟花爆竹生产、储藏、运输的主要规范性文件。尽管创制性部门规章大多属于"试行""暂行办法"等临时性、局部性、过渡性的立法文件,最终也因法律、行政法规的颁布而废止,但在法律、行政法规等国家规定制定之前,创制性部门规章有效填补立法空白的作用却不容忽视。

解释性部门规章具有解释、细化法律、行政法规的作用。通常而言,效力越高的规范性文件的内容越抽象、模糊。作为法律、行政法规的国家规定,因需要全盘统筹,对全国性事务作出规定,不可能事无巨细地将全部事项纳入其中;因而法律条文大多属于抽象或原则性规定,其概念术语、条文含义需要结合部门规章才能明确。如《刑法》中的"毒品""重点保护植物""废物""谋取不正当利益"

等概念，单纯依据法律、行政法规未必能够获得清晰认知，还需要结合部门规章的规定才能确定其具体含义。在这个意义上，部门规章使上述概念的内涵由抽象、模糊变得具体、清晰。如原食品药品监管总局联合其他部门所制定的《麻醉药品品种目录》《精神药品品种目录》，明确了国务院《麻醉药品和精神药品管理条例》中的麻醉药品和精神药品种类；原国家林业局所制定的《国家重点保护野生植物名录》，明确了《野生植物保护条例》中国家重点保护野生植物的范围；商务部制定的《成品油市场管理办法》（已废止）根据《行政许可法》设定了经营成品油的具体条件；中国人民银行颁布的《贷款通则》在《商业银行法》基础上，细化了贷款的条件、资质和流程。可以说，在规范系统中，如果缺少了解释性部门规章的作用，规范体系的完整性将大打折扣，法律、行政法规等规范性文件的执行力也将因自身的抽象、模糊特征而受影响。

基于上述讨论，部门规章可以划分为创制性部门规章和解释性部门规章两种类型，并分别发挥着"填补上位法空白""解释、细化上位法"的不同作用。与之相对应，违反部门规章的内涵也有两种：一是指违反创制性部门规章，二是指违反解释性部门规章。因此，笔者认为，违反部门规章能否认定为违反国家规定不能一概而论，需要区分不同规章类型分别讨论。

三、违反部门规章能否认定为违反国家规定的应然判断

关于违反部门规章能否认定为违反国家规定的问题，一方面需要对部门规章的合法性予以考察，不具有合法性的部门规章不得认定为违反国家规定；另一方面需要对违反国家规定的内容予以考察。《刑法》中的违反国家规定具有双重限制：一是刑法总则第96条严格限制了"违反国家规定的效力层级"，仅限于全国人大及其常委会、国务院所制定的规范性文件；二是刑法分则具体罪名严格限定了"违反国家规定的内容"。如《刑法》第225条的违反国家规定，仅仅是指违反市场准入制度的国家规定，而非违反所有的国家规定。以此标准重新审视违反部门规章与违反国家规定的关系，可以得出两个基本结论：违反创制性部门规章不宜认定为违反国家规定；违反解释性部门规章是否"违反国家规定"则需视情况而定。

（一）违反创制性部门规章不宜认定为违反国家规定

在部门规章合法性审查方面，因创制性部门规章先于法律、行政法规制定，也就不存在与直接上位法相抵触的问题，但是存在与相关的其他上位法相抵触的可能。如《商务部关于促进电子商务规范发展的意见》，是依据《意见》第21条的创制性授权所制订的创制性部门规章，其具体内容在《意见》中没有规定，所以它就不存在与直接的上位法《意见》相抵触的问题。但是，它存在与相关的

其他上位法（如涉及市场行为的《反不正当竞争法》等国家规定）相抵触的可能。因此，如果创制性部门规章与相关的其他上位法规定相冲突，就是创制性部门规章不合法。对此情形，可借鉴2004年最高人民法院印发的《关于审理行政案件适用法律规范问题的座谈会纪要》第2条“关于法律规范冲突的适用”的规则，直接否定部门规章的合法性。违反此类创制性部门规章，就不能认定为违反国家规定。

在违反国家规定的审查方面，《刑法》总则第96条严格限定了违反国家规定的效力层级。尽管创制性部门规章与相关的上位法不相冲突且具有合法性，但因作为法律、行政法规的国家规定缺位，违反创制性部门规章不得认定为违反国家规定。这是因为，从该条文的立法目的来看，1997年《刑法》增设违反国家规定的内容，意在限定前置性规范的范畴。1979年《刑法》分则中大量存在“违反……”的条文，但没有对“违反……”作出限定，致使前置性规范肆意援引，口袋罪名猖獗。1997年《刑法》新增第96条，将违反国家规定严格限定为全国人大及其常委会、国务院所制定的规范性文件，将部门规章排除在外，其目的在于防止前置性规范的效力层级下沉而导致刑法扩张。① 因此，仅违反创制性部门规章，而不违反法律、行政法规的情形，不能以违反创制性部门规章而推导出违反国家规定。

概言之，无论创制性部门规章合法与否，违反创制性部门规章的行为都不宜认定为违反国家规定的结论。

以上述湖南唐某非法采挖国家重点保护植物案为例，行为人唐某在未办理野生植物采集证情形下，为谋取私利非法移植野生香樟树42棵。检察机关指控行为人违反原国家林业局《关于规范树木采挖管理有关问题的通知》的规定，属于实施非法采挖行为，并以非法采伐、毁坏国家重点保护植物罪（现已变更为危害国家重点保护植物罪）提起公诉。但问题是，该罪成立需要以违反国家规定为前提，而保护野生植物的国家规定主要是指国务院《野生植物保护条例》。因此，争议焦点演变为违反《关于规范树木采挖管理有关问题的通知》是否违反《野生植物保护条例》的问题。在我们看来，《关于规范树木采挖管理有关问题的通知》关于“采挖移植”的规定，属于《野生植物保护条例》所未规定的内容，所以《关于规范树木采挖管理有关问题的通知》应归属于创制性部门规章。基于违反创制性部门规章不宜认定为违反国家规定的前述法理，唐某的行为“不违反国家规定”，检察机关指控的犯罪不成立。该案中，法院认为，行为人实施的

① 参见高铭暄：《中华人民共和国刑法的孕育诞生和发展完善》（精编本），北京大学出版社2020年版，第291页。

采挖移植行为，虽然违反作为部门规章的《关于规范树木采挖管理有关问题的通知》，但并未被《野生植物保护条例》所禁止，没有违反国家规定，该判决揭示了违反创制性部门规章与违反国家规定的关系，应当值得肯定。

（二）违反解释性部门规章是否违反国家规定需要分别认定

在部门规章的合法性审查方面，如果解释性部门规章本身不合法，则不能认定为违反国家规定。正因如此，判断违反解释性部门规章能否认定为违反国家规定，需要对解释性部门规章进行合法性审查，即程序的合法性审查和内容的合法性审查。程序的合法性审查，是指审查部门规章制订的程序是否符合相关的国家规定。国务院《规章制定程序条例》《法规规章备案条例》等规范性文件对于部门规章的制订设定了严格程序标准（包括立项、起草、审查、决定、备案、公布等程序），如果所制定的部门规章没有遵守相关程序，则不合法。内容的合法性审查，是指审查部门规章的内容是否符合国家规定，尤其是是否符合“四不”要求：（1）不得逾越本部门的权限范围。（2）不得触及“法律保留”事项。（3）没有法律或行政法规依据，不得减损公民、法人和其他组织权利或者增加其义务，不得增加本部门的权力或者减少本部门的法定职责。（4）不得与宪法、法律和行政法规相抵触。不符合“四不”要求的任何一项，都是不合法的。如果解释事项不属于制定部门而属于其他部门的解释权力范围，或者解释事项属于法律保留事项，或者没有法律或行政法规依据而减损相关主体的权利或者增加其义务，或者解释内容与宪法、法律和行政法规相抵触，其部门规章都不合法。不过，由于我国的部门规章制定一般都严格遵守相关规定，所以对于已经制定实施的部门规章，在无相反证明的情况下，我们推定为合法。

在违反国家规定的审查方面，需要根据《刑法》第96条严格限定“违反国家规定的效力层级”，需要根据《刑法》分则具体罪名限定“违反国家规定的内容”。由于解释性部门规章不同于创制性部门规章，属于对法律、行政法规的具体化，违反解释性部门规章本质上违反了法律、行政法规，所以违反解释性部门规章原则上应当认定为违反国家规定。例如，在《国家重点保护野生植物名录》和《野生植物保护条例》的关系上，前者是依据后者的解释性授权所制定的解释性部门规章，所以违反《国家重点保护野生植物名录》的行为，也同时违反了《野生植物保护条例》。在江西香樟树案中，行为人黄某未经批准所采伐的野生香樟树，属于1999年《国家重点保护野生植物名录》所保护的国家二级重点保护植物。一审法院依据《国家重点保护野生植物名录》与《野生植物保护条例》之间解释与被解释的关系，认为行为人违反国家规定（指国务院《野生植物保护条例》），构成危害国家重点保护植物罪。[①] 二审期间，国家林业和草原局、农业农村部于2021年公布了新的《国家重点保护野生植物名录》，香樟已经被移出《国家重点保护野生植物名录》，危害国家重点保护植物罪的定罪标准已发生变化，二审法院以此撤销原判而宣告无罪。[②] 该案中一审、二审的正反判决共同表明，解释性部门规章是对法律、行政法规已作规定情形下的具体规定，解释性部门规章的内容变化会影响违反国家规定的认定，同时也间接说明违反解释性部门规章可以认定为违反国家规定。

值得注意的是，违反解释性部门规章的行为，可能因不满足《刑法》分则具体条文对"违反国家规定的内容"要求，而不违反国家规定。因为在解释性部门规章与国家规定的关系上，除了受《刑法》第96条所规定的效力层级限定，还需要受《刑法》分则具体条文的限制。"'违反国家规定'不是'违反国家一切规定'"[③]，就《刑法》第225条的非法经营罪而言，该罪中的违反国家规定应与市场准入制度相关。否则，即便违反了法律、行政法规，也不能认定为违反该条文的国家规定。以互联网游戏"外挂"为例，虽然2003年原新闻出版总署联合其他机关颁布的《关于开展对"私服""外挂"专项治理的通知》（以下简称《外挂通知》）是依法制定，但其不属于市场准入制度的部门规章。因此，违反该规章不构成《刑法》第225条的违反国家规定，只能作为行政违法处理。遗憾的是，理论界和实务界对该问题缺乏足够的关注，以致司法实践中常把非法经营互联网游戏"外挂"的行为作非法经营罪处理。如董某非法经营案中，二审法院认为董某的"外挂"行为违反了《外挂通知》，严重扰乱互联网游戏出版经营的正常秩序，从而作非法经营罪认定。[④] 这忽视了《刑法》分则中具体罪名对违反国家规定的内容限定。

综上所述，对于违反部门规章能否认定为违反国家规定的问题，可以作如下归纳：

其一，违反创制性部门规章的，不宜认定为违反国家规定。

其二，违反解释性部门规章的，需视情况而定。具体情形如下：

如果该部门规章不合法，不能认定为违反国家规定。

如果该部门规章符合《刑法》第96条的国家规定，但不符合具体犯罪所指的国家规定，不能认定为具体犯罪中的违反国家规定。

---

① 参见江西省分宜县人民法院刑事判决书，（2021）赣0521刑初132号。

② 参见江西省新余市中级人民法院刑事判决书，（2021）赣05刑终81号。

③ 金朝榜：《行政犯中前置性规范的结构化分析——兼评〈刑法〉第96条规定》，载《岭南学刊》2022年第4期。

④ 参见江苏省南京市江宁区人民检察院诉董某、陈某非法经营案，载《最高人民法院公报》2012年第2期。

如果该合法的部门规章既符合《刑法》第 96 条的国家规定，又符合具体犯罪所指的国家规定，那么违反部门规章应当认定为违反国家规定。

四、最高人民法院《关于国家规定的通知》、现行司法裁判和理论观点之评论

在部门规章的类型化思维指引下，可以发现司法解释中的不同规定、司法裁判中的分歧与理论上的对立，根源在于对部门规章没有作深入的细分研究，没有辨别不同类型部门规章的细微差异。在区分创制性部门规章与解释性部门规章前提下，需要对上述分歧予以重新审视。

（一）最高人民法院《关于国家规定的通知》之评论

由于最高人民法院《关于国家规定的通知》第 2 条关于违反部门规章不能认定为违反国家规定的内容没有说明理由，这里仅对结论进行评论。

如前所述，关于“违反部门规章能否认定为违反国家规定”的问题，不能一概而论，需要根据创制性部门规章与解释性部门规章的不同类型分别判断。然而《关于国家规定的通知》对于部门规章类型没作区分，对违反部门规章的行为一概而论，规定一律不得认定为违反国家规定。

笔者认为，《关于国家规定的通知》的规定在三种情形下是值得肯定的：一是违反创制性部门规章的情形；二是违反不合法的解释性部门规章的情形；三是所违反的解释性部门规章不满足刑法分则具体罪名中“违反国家规定的内容”情形。这三种情形不应当认定为违反国家规定，理由在前面已经论述。但如果所违反的解释性部门规章同时满足“合法性审查”“违反国家规定的效力层级”“违反国家规定的内容”三个条件时，将合法的解释性部门规章排除在外，则不具有合理性。尽管该类解释性部门规章形式上不属于国家规定，但从二者关系来看，前者是后者的具体化，违反解释性部门规章的行为必定违反被解释的国家规定。如果不是这样，国家规定就会被架空。更何况，《关于国家规定的通知》发布前后若干关于违反部门规章可以认定为“违反国家规定”的司法解释，明显与《关于国家规定的通知》的规定相冲突。这既说明了《关于国家规定的通知》不完全可行，也说明最高人民法院也在自我否定，因为《关于国家规定的通知》发布前后有不少肯定性司法解释也是出自最高人民法院。

（二）现行司法裁判之评论

审视现行刑事司法裁判，在违反部门规章能否认定为违反国家规定的问题上，现行司法裁判由于对部门规章未作区分，以致存在以下两个问题：

一是有的法院误将违反创制性部门规章的行为认定为违反国家规定。例如，2016 年原国家新闻出版广电总局、工业和信息化部等部门联合制定的《网络出版服务管理规定》第 7 条规定，从事网络出版服务需要获取《网络出版服务许

可证》,但是作为上位法的相关国家规定(如国务院《出版管理条例》《互联网信息服务管理办法》等)不存在与此相对应的概括性规定,所以《网络出版服务管理规定》是创制性部门规章。根据我们前述的研究结论,对于违反此部门规章的行为不宜认定为违反国家规定。前述广东周某非法经营案中①,周某经营网络出版物的行为正是违反此部门规章的行为,然而一审法院认为行为人违反国家规定,构成非法经营罪,这是不当的。二审法院撤销该项判决,则值得肯定。

二是有的法院误将违反解释性部门规章的行为认定为不违反国家规定。例如,《国家烟草专卖局关于开展新型卷烟产品鉴别检验工作的通知》(以下简称《卷烟通知》)是根据《烟草专卖法》与《烟草专卖法实施条例》的解释性授权所制定的解释性部门规章,对非法经营 IQOS 卷烟的行为作出了详细规定。结合前述研究结论,对于违反该类部门规章的行为应当认定为违反国家规定。在前述四川郝某非法经营烟草案中②,郝某的行为正是违反此类部门规章的行为,然而法院以《卷烟通知》属于部门规章为由,否定其违反国家规定,这是不当的。在类似前述福建罗某非法经营烟草案中,法院认为违反《卷烟通知》本质上违反了《烟草专卖法》《烟草专卖法实施条例》,进而指出违反国家规定,则应当肯定。

(三)现行理论之评论

现行理论中的肯定说认为违反部门规章一概可以认定为违反国家规定,否定说认为违反部门规章一概不能认定为违反国家规定。根据前述研究结论,两种观点都存在一概而论之弊,均不可取。

先看肯定说。如前文所述,肯定说有四种理由。第一种理由认为,下位阶的部门规章提供了具体的违法性认定标准,因此对违法性的认定具有重要的参考作用。该理由实际是含糊其词,没有明确证明其观点。“认定标准”与“参考作用”的含义并不相同,前者是必须遵守,后者不是必须遵守。该理由既说是“认定标准”,又说是“参考作用”,看似完美,实则是不明其理。第二种理由是基于“二次授权”的理据,认为违反部门规章的行为在本质上是违反国家规定。该理由忽视了国家规定中创制性授权与解释性授权的区别,以及创制性部门规章与解释性部门规章的差异,而不加限制地把部门规章与国家规定等同看待,特别是把创制性部门规章与国家规定等同看待,这显然是不当的。第三种理由认为,部门规章在全国范围内具有普遍性效力,因此也属国家规定。这是概念混淆,因为部门规章与国家规定是不同性质的规范。《刑法》中的国家规定具有特定含义,仅限于《刑法》第 96 条三机关所制定的规范性文件。尽管部门规章在全国范围

① 参见广东省广州市中级人民法院刑事判决书,(2018)粤 01 刑终 1162 号。

② 参见四川省广安市中级人民法院刑事裁定书,(2019)川 16 刑终 162 号。

内具有普遍执行力，但不属于《刑法》中的国家规定，不应把在全国具有普遍执行力的规范性文件都等同于国家规定。第四种理由认为，国家规定应当扩张至部门规章。这与《刑法》第96条限定违反国家规定的立法目的背道而驰。综上所述，肯定说的四种理由都没能圆满证明其结论。

再看否定说。如前文所述，否定说主要有两种理由。第一种理由认为，部门规章与国家规定有本质区别，不得将违反部门规章视为违反国家规定。部门规章与国家规定有本质区别的观点固然成立，但是这没有证成不得将违反部门规章"认定为"违反国家规定。因为"视为"是定性问题，"认定为"是定性的根据问题。换言之，"部门规章是否属于国家规定"与"违反部门规章能否认定为违反国家规定"是两个不同的问题。就定性而言，部门规章不属于《刑法》第96条的国家规定，违反部门规章自然不是违反国家规定。但是就定性的根据而言，违反部门规章可以作为是否违反国家规定的认定根据。二者具有本质区别。第二种理由认为，将构成要件要素交由效力层级较低的部门规章予以填充，是对《刑法》第96条规定的公然违反，这与立法相悖也有违法理。该理由忽视了行政犯中前置性规范的结构关系，部门规章虽不属于《刑法》第96条的国家规定范畴，不能直接援引，"但可通过对作为补充规范的法律、行政法规具体化，进而对刑法规范具有间接解释作用"①。因为具有空白特征的违反国家规定需要具体的国家规定来补充，而具体的国家规定有时需要部门规章来补充。没有部门规章的补充，国家规定就会空心化，司法裁判将会无所适从。例如，在危害国家重点保护植物罪中，违反国家规定直接指向《野生植物保护条例》，但是该条例对于国家重点保护的植物名录没有规定。如果止步于此，那么犯罪行为所指向的植物是否属于国家重点保护的植物（包括"国家一级保护野生植物"和"国家二级保护野生植物"）的问题仍无法解决，只有结合《国家重点保护野生植物名录》才能明确。可见，第二种理由显然是对构成要件要素做了机械理解。综上所述，否定说的两种理由也没能证明其结论。

Is the Violation of Department Regulations In Violation of National Regulations

Hu Qizhong　Jin Chaobang

Abstract: As to whether the violation of departmental rules can be recognized

① 金朝榜：《行政犯中前置性规范的结构化分析——兼评〈刑法〉第96条规定》，载《岭南学刊》2022年第4期。

as violation of state regulations in the criminal law, the judicial interpretation and judicial judgment are not consistent, and there are also serious differences in theory. According to the different relations between the department rules and the contents of the superior law, the department rules can be redivided into creative department rules and explanatory department rules. In criminal justice, the violation of creative department rules should not be recognized as violation of national regulations, and the violation of explanatory department rules should be determined according to the situation: If the formulation of explanatory department rules is legal, which is the concretization of laws and administrative regulations, and meets the requirements of national regulations in the specific charges of the criminal law, then the violation of explanatory department rules can be regarded as violation of national regulations, otherwise, it cannot. Re-examining the theory and judicial viewpoint with typological thinking, we can find that judicial interpretation and the existing theoretical research have the disadvantage of generalizing. The current judicial system does not distinguish between departmental rules. Some courts unconsciously mistakenly identify violations of creative departmental rules as violations of national regulations, or mistakenly identify violations of explanatory department rules as violations of national regulations.

Key words: Creative Department Rules; Explanatory Department Rules; Violation of National Regulations

罪刑法定原则的刑法检视与重构
——基于前置法规范表达体系的实证探究

■ 郑澳琪　熊谋林*

［内容摘要］《刑法》第3条规定了罪刑法定原则，《立法法》也规定了有关犯罪与刑罚的事项只能由全国人大制定或全国人大常委会补充、修改。既有文献围绕罪刑法定原则，对刑法扩张与司法解释的边界、《刑法》与其他法的关系、个罪裁判与运用有广泛探讨，诸多大案更是点燃了学界探讨违法性判断体系的激情。然而，《刑法》分则条文到底是如何贯彻和展现罪刑法定原则的，司法疑难到底是因刑事立法还是司法裁判而引起？为回答这些问题，本文对《刑法》分则条文庖丁解牛，围绕规定、法律、法规、职责、义务、标准等诸多前置法规范表达构成的体系展开实证研究。研究发现，《刑法》分则接近一半的条文或罪名设置了前置法规范，其表达主要集中在分则第二、三、六、九章；前置法规范表达呈现混、滥、杂、乱等特征，各章、节、条、款、项表达缺乏规则；罪名解释用语不规范，超越条

* 郑澳琪：西南财经大学法学院博士研究生；熊谋林：西南财经大学法学院刑事法学研究所所长，教授，博士研究生导师。

文或相互混淆现象突出;《刑法》条文宣示性规范过多,而间接转授权性立法现象明显。本文认为,中国刑法应当从形式和实质上坚持罪刑法定原则,统一立法用语和尺度,有关犯罪与刑罚的前置法规范只能由全国人大制定法律或由全国人大常委会补充、修改。本研究有利于推动刑法学界进一步认识罪刑法定原则,丰富刑事法治的实质内容,为制定科学的刑法典提供参考。

[关键词] 罪刑法定原则 行政犯 违法性 授权立法 刑法典

一、引言:宪法视角下的罪刑法定原则

近年来,王力军收购玉米案、深圳鹦鹉案、赵春华非法持枪案等案件层出不穷,各级司法人员、媒体记者和法学家都在广泛讨论其罪与非罪问题。尤其是赵春华案,仅根据2010年公安部颁布的《公安机关涉案枪支弹药性能鉴定工作规定》就将气球枪认定为枪支,从而认定赵春华非法持有枪支,一时舆论大哗。随处可见的气球枪与公众常识中的"枪支"大相径庭,赵春华经营射击摊位的行为也与非法持枪的犯罪行为相差甚远。[①] 为此,司法裁判者往往倾向于直接援引前置法规范,[②]而在裁判文书中对说理避之不谈。[③] 从表面上看,裁判者在裁判过程中是否参照相关法规范,以及其具体参照的法规范依据并不明晰。但究其根源,却在于相关案件所涉《刑法》条文的前置法规范表达不明确、不规范,多数条文难以准确定位对应的法规范。这两方面原因,共同导致司法判决参照法规范的任意性和刑法规范行政化倾向。

当然,刑法学界基于罪刑法定原则的框架,探讨了刑法中援引其他部门法规范的具体技术。无论是证成与质疑空白罪状和前置法规范的合理性,还是分析刑法中某一类前置法规范表达,或是探究个罪中前置法规范表达内涵,多数研究给出的建议是通过刑法解释明确前置法规范的内涵。但是,解释并不能解决所有问题。原因很简单,现行《刑法》[④]前置法规范表达所存在的问题,本质上并非刑法解释问题而是刑事立法问题。《刑法》第3条规定了罪刑法定原则,即犯罪由法律明文规定,法律未明文规定的不得定罪处罚。《宪法》第62条和《立法

---

① 参见魏瀚申:《论空白罪状的罪刑法定原则的符合性判断——以赵春华持枪案为例的实证分析》,载《黑龙江省政法管理干部学院学报》2019年第3期。

② 应当承认,本文用"前置法规范"来归纳和表达,并不精准。因为如后文所述,诸多类似于"规定""规章""违规""违章""不符合标准"等用语本身并非法律。所以,多数学者用"前置性规范"来命名,或许比"前置法规范"更加贴切。但这种称谓也不太符合《刑法》第3条的罪刑法定原则,故作者思来想去,还是觉得"前置法规范"比较妥当。

③ 参见邹兵建:《非法持有枪支罪的司法偏差与立法缺陷——以赵春华案及22个类似案件为样本的分析》,载《政治与法律》2017年第8期。

④ 本文中"现行《刑法》"指2020年《刑法》修正案十一实施后的刑法。

法》第11条也规定了关于犯罪和刑罚的事项只能制定法律，并且刑法作为一项基本法律只能由全国人大制定和修改。但是，源于1979年《刑法》及单行刑法的前置法规范表达并未与《宪法》和《立法法》随时跟进，而是停留在20世纪80年代的立法初期阶段。

一方面，《刑法》总则第96条在关于“国家规定”的规范定义中，将“国家规定”这一刑法的前置法规范制定主体扩大到国务院；另一方面，《刑法》分则条文中不明确、不规范的前置法规范泛滥成灾，“法律”“法规”“规定”“规章”等表达被任意组合和填充。以上两方面，不仅是在直接或变相扩大刑事立法主体，而且很难遵循罪刑法定原则作出精准的表述。尤其是在刑法内部，总则“国家规定”和分则“规章”“规定”自相矛盾，很难找到一个统一标准认定刑法前置法的含义和范围。因而，在《刑法》总则仅规定“国家规定”这一规范标准的情况下，刑法解释纷纷向其妥协，以《刑法》第96条“国家规定”为框架解释其他前置法规范的范围。殊不知，《刑法》第96条“国家规定”自身的范围和表达内容的合宪性本身就存在疑问，故以不确定者解释不确定者的最终结果只能是沦为空谈。

事实上，无论是有权司法解释还是无权学理解释，其本身的形式和内容问题远比刑事立法问题更加严峻。但如果从立法问题和解释问题的两方面观察，不难发现诸多大案要案并不是司法裁判问题，而是刑法规范本身的合理性和合宪性问题。要解决这些问题，有且只有回归到刑法和前置法规范本身。刑法前置法规范的设置导致形式上的刑法惩罚规范与实质上的行为规范一定程度的分离，但这并不意味着前置法规范与刑法的完全割裂，更不意味着前置法规范不需要遵循罪刑法定原则。① 学者们普遍达成的共识是，前置法规范最重要的意义在于作为犯罪构成要件要素，补充刑法条文对于专业领域特别规定的空缺，促进法律体系内部的衔接协调。② 但是作为构成要件的要素必须基于刑法规定，否则，会出现出入人罪的恣意性。因此，如果不及时解决前置法规范本身的问题，前置法规范就难以发挥其最大效用。

为了探求前置法规范问题的症结并解决问题，本文梳理了《刑法》中包括“规定”“法律”“法规”“规章”等在内的最常见的18种前置法规范表达，通过6个表格

① 参见刘树德：《罪刑法定原则中空白罪状的追问》，载《法学研究》2001年第2期；于冲：《行政违法、刑事违法的二元划分与一元认定——基于空白罪状要素构成要件化的思考》，载《政法论坛》2019年第5期。

② 参见张冬霞：《论行政法对刑法的规范效应》，载《中国人民公安大学学报（社会科学版）》2008年第2期；陈兵：《空白罪状适用的规范性解释——以前置性规范为中心》，载《西南政法大学学报》2014年第2期；黄明儒、谭丹丹：《论空白刑法规范与补充规范的冲突与协调》，载《湘潭大学学报（哲学社会科学版）》2015年第4期。

逐层对前置法规范表达的总体情况、分则章节以及不同搭配三个方面进行了描述统计和详细分析，全面展现刑法前置法规范表达不规范、不明确且混乱的现状以及其中存在的具体问题。进而通过横向和纵向的法律比较，探究前置法规范表达问题的症结所在。本文认为，刑法前置法规范的主要问题在于刑法中不合理、不规范的前置法规范表达由来已久，1997 年《刑法》及后续修正案的有限修改并未正视这一问题。以行政法规范为代表的刑法前置法规范本身的混乱，以及整个立法系统中的参照性规范表达的混乱，更加助推和加剧了前置法规范问题。有鉴于此，本文在坚持形式与实质的罪刑法定原则这一核心基调的基础上，结合前人的修法经验和研究结果，提出将刑法前置法规范上升为法律或进行摘引的立法建议。

党的十八届四中全会通过的《中共中央关于全面推进依法治国若干重大问题的决定》指出："法律是治国之重器，良法是善治之前提。建设中国特色社会主义法治体系，必须坚持立法先行，发挥立法的引领和推动作用，抓住提高立法质量这个关键。"①中国刑法不仅要在司法实践中遵循罪刑法定原则的精神，更要首先在立法阶段就把好关，制定符合罪刑法定原则的条文，为司法实践奠定一个良好的法律适用基础。《刑法》第 3 条"罪刑法定原则"规定："法律明文规定为犯罪行为的，依照法律定罪处刑；法律没有明文规定为犯罪行为的，不得定罪处刑。"这进一步要求刑法的制定既要坚持形式的罪刑法定，不仅所有关于犯罪和刑罚的事项须由刑法规定，而且还要贯彻实质的罪刑法定，确保犯罪构成要件要素的依据至少由"法律"规定。为了实现中国刑法的良法善治，本文提出的解决刑法前置法规范的思路，主要有两方面研究意义：一方面，本文在罪刑法定原则的启发和指导下，为解决前置法规范问题，提出全面贯彻形式与实质的罪刑法定，为真正实现刑法前置法的明确与规范提供了新的思路；另一方面，本文在提出完善前置法规范建议的基础上，为推动实现司法裁判的有法可循、有法可依指明了方向，从源头上防止赵春华非法持枪等案的再次发生，真正发挥刑法打击犯罪、保障人权的机能。

二、关于刑法前置法规范的现有研究

目前，关于刑法中前置法规范的研究可谓繁盛，大致可分为宏观理论框架、中观某类规范、微观个罪条文三方面，但前置法规范本质问题的系统性探讨却并不多见。宏观理论框架主要致力于从整体上研究空白罪状、法定犯、行政犯、前置法与刑法谦抑性、罪刑法定原则的关系，中观某类规范主要是对刑法中某一类前置法规范表达的内涵和适用进行探究，微观个罪条文是对个罪条文中的前置

① 《中共中央关于全面推进依法治国若干重大问题的决定》，载人民网，http://politics.people.com.cn/n/2014/1028/c1001-25926121-3.html。

法规范的内涵和适用进行分析。有效把握研究现状，是开展本课题的前提和基础，现归纳如下：

（一）宏观视角下的前置法规范

第一类研究实质上是从宏观的视角探究前置法规范与刑法的关系，较为常见的表述包括“空白罪状”“空白刑法”“补充规范”“参照性规范”“行政刑法”“经济刑法”“法定犯”“行政犯”“附属刑法”等，无一不在说明二者关系的复杂性。本文对该类研究中11个常见关键词进行了知网的“主题”检索和“学术期刊”筛选，通过统计标题出现关键词的文章数量得到“标题关键词”栏，通过统计相应关键词主题的所有文章数量得到“学术期刊”栏。从检索和统计结果来看，刑法与其他部门法规范这一领域的问题是学界较为关注的话题。在“标题关键词”栏，文章数量较多的包括“经济刑法”“行政刑法”“行政犯”“法定犯”“空白罪状”等主题；最少的是“违法一元论”“违法多元论”等刑法与其他部门法的关系理论。在“学术期刊”栏，涉及“空白罪状”“行政刑法”“经济刑法”“法定犯”“行政犯”“附属刑法”“行政犯罪”的文章较多，尤其是关于“法定犯”“附属刑法”的文章均超过400篇（见表1）。

表1　知网关键词检索

研究主题	标题关键词/篇	学术期刊/篇
空白刑法	13	45
空白罪状	54	271
行政刑法	61	244
经济刑法	115	243
法定犯	67	486
行政犯	71	280
附属刑法	39	464
行政犯罪	37	384
违法一元论[a]	11	46
违法多元论[b]	4	11
违法相对论[c]	11	35

注：a. 统计标题含有关键词的文章时，不仅包括“违法一元论”，还包括“整体法秩序的一元论”“违法性判断一元论”等实质等同于“违法一元论”的表达。

b. 统计标题含有关键词的文章时，还包括“违法性多元判断”“多元的违法性判断”“整体法秩序的多元论”等实质等同于“违法多元论”的表达。

c. 统计标题含有关键词的文章时，还包括“刑事违法相对独立性”等实质等同于“违法相对论”的表达。

这类研究主题中,争议最大的是空白罪状与罪刑法定原则的关系问题。其焦点在于,空白罪状中的前置法规范究竟是定罪量刑的直接依据,还是间接补充刑法条文适用的内容。一些肯定空白罪状符合罪刑法定原则的学者认为,出于保持刑法规定用语简洁性的立法技术的需要,空白罪状就不可能完全列明参照性规范的内容。① 尽管空白罪状将其他法规范引入刑法作为罪状,但这并非在立法层面规定犯罪与刑罚的问题,而是在补充适用层面为犯罪与刑罚提供其他法规范依据,并且得到了立法机关的承认纳入刑法之中,因此是刑法的间接渊源而非直接渊源。② 质疑者则认为,空白罪状中真正的行为规定并不是由刑法犯罪构成描述,而是通过授权由其他法规范规定的,并且空白罪状的具体犯罪构成要件完全或部分地由相关法规范来确定。这实质上意味着,其他法规范直接决定着何者为罪以及如何量刑,故法律民主性、科学性、专属性和明确性均难以得到保障。③ 基于刑法调整社会关系的广泛性、规制领域的专业性和复杂性,刑法一些条文难免会涉及参照其他法规范的情况。既然空白罪状的存在具有必然性和必要性,那么就必须直面其适用问题。④

首先,刑法与空白罪状所参照的其他部门法规范的关系需要厘清。为了贯彻法秩序的统一以及刑法谦抑性的原则,缓和的违法一元论通常被认为是合理的。判断行为构成犯罪需要先认定行为违反了其他部门法规范的规定;如果行为符合其他部门法规范的规定,则必然不会构成犯罪。⑤ 反之,除刑法明确规定外,违反其他部门法规范的处罚不能成为刑罚阻却事由。⑥ 因此,在空白罪状中,要认定行为构成犯罪,首先需要判断行为是否违反了参照性规范,即所谓的

---

① 参见王瑞君:《刑事违法性判断前提条件:空白罪状的现状与反思》,载《政法论丛》2006 年第 4 期;蒋铃:《刑法中"违反国家规定"的理解和适用》,载《中国刑事法杂志》2012 年第 7 期。

② 参见顾肖荣:《论经济刑法中的几个基本问题》,载《法学》2008 年第 8 期;何泽宏、庄劲:《论空白刑法补充规范的变更及其溯及力》,载《河北法学》2001 年第 6 期;刘艳红:《空白刑法规范的罪刑法定机能——以现代法治国家为背景的分析》,载《中国法学》2004 年第 4 期;王瑞君:《刑事违法性判断前提条件:空白罪状的现状与反思》,载《政法论丛》2006 年第 4 期;谭兆强:《论行政刑法对前置性规范变动的依附性》,载《法学》2010 年第 11 期。

③ 参见刘树德:《罪刑法定原则中空白罪状的追问》,载《法学研究》2001 年第 2 期。

④ 参见王瑞君:《刑事违法性判断前提条件:空白罪状的现状与反思》,载《政法论丛》2006 年第 4 期。

⑤ 参见黄明儒、谭丹丹:《论空白刑法规范与补充规范的冲突与协调》,载《湘潭大学学报(哲学社会科学版)》2015 年第 4 期;陈瑞华:《行政不法事实与犯罪事实的层次性理论——兼论行政不法行为向犯罪转化的事实认定问题》,载《中外法学》2019 年第 1 期;陈兵:《空白罪状适用的规范性解释——以前置性规范为中心》,载《西南政法大学学报》2014 年第 2 期;罗华:《行政违法行为犯罪化的完善——兼评我国刑法几次修正案的有关规定》,载《河北法学》2018 年第 2 期;于冲:《行政违法、刑事违法的二元划分与一元认定——基于空白罪状要素构成要件化的思考》,载《政法论坛》2019 年第 5 期;田宏杰:《知识转型与教义坚守:行政刑法几个基本问题研究》,载《政法论坛》2018 年第 6 期。

⑥ 参见高永明:《刑法中的行政规范:表达、功能及规制》,载《行政法学研究》2017 年第 4 期。

前置法规范。但是，一个现实的问题尚未解决，即刑法与其他部门法的衔接问题。以行政法规范为例，可以观察到如下诸多刑法与行政法规范衔接不畅甚至脱节的现象。大致表现为三个方面：

第一，刑法中的行为在行政法规范中存在无法可依的情形。[①] 例如，《刑法》第 130 条非法携带枪支、弹药、管制刀具、危险物品危及公共安全罪中，携带枪支的“非法”源于《枪支管理法》第 44 条，而携带弹药、管制刀具、危险物品的“非法”依据则不明。尽管《枪支管理法》第 48 条规定，制造、配售、运输枪支的主要零部件和用于枪支的弹药，适用和枪支相同的规定，但并没有规制携带弹药的行为。同样，《危险化学品安全管理条例》对非法制造、买卖、运输、储存危险化学品的行为有追究刑事责任的规定，也未提及要追究“携带”的刑事责任。而《治安管理处罚法》第 32 条仅规定“非法携带枪支、弹药或者弩、匕首等国家规定的管制器具的，处五日以下拘留，可以并处五百元以下罚款”，却没有追究刑事责任的规定。[②] 第二，行政法规范有规定追究刑事责任的情形，但刑法难以找到相应的规定，尤其是当前其他部门法中关于犯罪的规定均为笼统的“依照刑法有关规定追究刑事责任”。[③] 例如，《铁路法》第 63 条规定“聚众拦截列车、冲击铁路行车调度机构不听制止的，对首要分子和骨干分子依照刑法有关规定追究刑事责任”，其中的“骨干分子”并没有合适的刑法条文对应以追究刑事责任。[④] 第三，行政法规范制定主体泛化，易导致司法实践任意套用罪名，如 2010 年国务院修订的《价格违法行为行政处罚规定》第 19 条规定：“有本规定所列价格违法行为严重扰乱市场秩序，构成犯罪的，依法追究刑事责任。”国务院是否有资格作为制定该条“附属刑法”的主体都存在疑问。[⑤]

其次，为维护罪刑法定原则、防止前置法规范的过罪化，学者们提出了两种思路。一是从形式和实质两个方面，以解释的方法限制前置法规范的范围。形式方面，前置法规范必须达到一定的效力位阶。应围绕《刑法》第 96 条进行解释；以全国人大及其常委会制定的法律和国务院制定的行政法规等具有统一性和普遍性的规范为依据，尽量避免以地方性法规、地方规章、单行条例等来补充

① 参见高永明：《刑法中的行政规范：表达、功能及规制》，载《行政法学研究》2017 年第 4 期。

② 参见罗翔：《刑事不法中的行政不法——对刑法中“非法”一词的追问》，载《行政法学研究》2019 年第 6 期。

③ 参见高永明：《刑法中的行政规范：表达、功能及规制》，载《行政法学研究》2017 年第 4 期；利子平：《我国附属刑法与刑法典衔接模式的反思与重构》，载《法治研究》2014 年第 1 期。

④ 参见利子平：《我国附属刑法与刑法典衔接模式的反思与重构》，载《法治研究》2014 年第 1 期。

⑤ 参见利子平：《我国附属刑法与刑法典衔接模式的反思与重构》，载《法治研究》2014 年第 1 期。

和解释，部门规章是否应当纳入其中仍有争议。① 实质方面，主要通过目的解释、体系解释等解释方法，根据刑法所保护的特定法益，以及前置法规范及其表述在刑法乃至整个法秩序中的地位，进行实质解释。② 二是通过审查制度规制前置法规范，包括确立刑事案件中前置法规范的一般司法审查制度，以及完善合宪性审查制度。③ 但是，刑法本身的前置法规范各种类型以及相关条文和罪名较多，该种思路并没有提出实际可行的操作方案。

最后，为应对刑法未修改而前置法规范内容变动的溯及力问题，学者们一致赞同原则上遵循"从旧兼从轻"的原则。④ 即原则上适用行为时的前置法规范规定，但如果依据修改后的前置法规范某行为不构罪或罪轻时，则适用新的前置法规范规定。⑤ 其原理在于，前置法规范作为刑法条文的构成要件要素，其修改即意味着刑法的变动。根据刑法溯及力"从旧兼从轻"的规则，对于过去的某一行为，当时的法律不认为是犯罪的，则适用当时的法律；如果当时的法律认为是犯罪，而现行刑法不认为是犯罪或者处刑较轻的，则适用现行刑法。因此，当前置法规范变动时，刑法同样应当遵循"从旧兼从轻"的原则。⑥

总体来看，目前以宏观视角探究空白罪状与前置法规范的研究不在少数，但是证成空白罪状存在合理性的学者没有意识到或刻意忽略了前置法规范适用中存在的依据不明、位阶不明问题。即使质疑空白罪状者指出了问题，也并没有解决这一问题，尤其是根据不同的解释可能会得到诸多不同的结论。因此，有学者

---

① 参见唐稷尧：《论我国经济犯罪的立法模式选择——兼谈空白罪状内涵的解释与补充》，载《四川师范大学学报（社会科学版）》2006 年第 6 期；王瑞君：《刑事违法性判断前提条件：空白罪状的现状与反思》，载《政法论丛》2006 年第 4 期；罗翔：《空白罪状中刑事不法与行政不法的规范关联》，载《国家检察官学院学报》2021 年第 4 期。

② 参见陈兴良：《赵春华非法持有枪支案的教义学分析》，载《华东政法大学学报》2017 年第 6 期；肖中华：《空白刑法规范的特性及其解释》，载《法学家》2010 年第 3 期；陈兵：《空白罪状适用的规范性解释——以前置性规范为中心》，载《西南政法大学学报》2014 年第 2 期；黄明儒、谭丹丹：《论空白刑法规范与补充规范的冲突与协调》，载《湘潭大学学报（哲学社会科学版）》2015 年第 4 期；沈明磊、庄绪龙：《法定犯时代刑法如何避免"行政化倾向"》，载《法治现代化研究》2019 年第 4 期；孙国祥：《构成要素行政性标准的过罪化风险与防范》，载《法学》2017 年第 9 期；韩粮远：《罪刑法定视野下对空白罪状的再追问——以赵春华案及 23 个同类案件为分析样本》，载《犯罪研究》2017 年第 6 期。

③ 参见高永明：《刑法中的行政规范：表达、功能及规制》，载《行政法学研究》2017 年第 4 期；和亚娟、周维栋：《我国空白刑法规范的类型化研究》，载《河南警察学院学报》2019 年第 6 期；桑志祥、魏启敏：《论宪法视野下的空白罪状》，载《河南司法警官职业学院学报》2012 年第 2 期。

④ 参见张冬霞：《论行政法对刑法的规范效应》，载《中国人民公安大学学报（社会科学版）》2008 年第 2 期；谭兆强：《论行政刑法对前置性规范变动的依附性》，载《法学》2010 年第 11 期；陈兵：《空白罪状适用的规范性解释——以前置性规范为中心》，载《西南政法大学学报》2014 年第 2 期。

⑤ 参见龚培华：《刑法溯及力问题研究》，载《上海市政法管理干部学院学报》2000 年第 6 期；张冬霞：《论行政法对刑法的规范效应》，载《中国人民公安大学学报（社会科学版）》2008 年第 2 期。

⑥ 参见张冬霞：《论行政法对刑法的规范效应》，载《中国人民公安大学学报（社会科学版）》2008 年第 2 期；谭兆强：《论行政刑法对前置性规范变动的依附性》，载《法学》2010 年第 11 期。

妥协性地提出，空白罪状只有在“难达最好，就避最恶”的处境中谋求出路。① 但是“最好”的目标是什么？空白罪状和前置法规范又该如何应对质疑和追问？尤其是在我国空白罪状中前置法规范表述繁杂的情况下，如何更好地发挥前置法规范对定罪量刑的作用，显然还需进一步研究。

（二）中观视角下的前置法规范类别

第二类研究的对象主要包括“违反国家规定”“违反国家有关规定”“违反性规定”“非法”这几种表述。这类研究也可归纳为四个方面的内容，但整体上仍然存在重解释、轻立法问题。

首先，“违反国家规定”的表述关注焦点在于“国家规定”的释义。关于“违反国家规定”的研究，从2011年到2019年的统计结果一致表明，刑法分则中一共有26个罪名出现了这一表述，第二、三、四、六、八、九章均有涉及。② 这类研究的争议焦点在于，国务院各部门发布的部门规章，以及经国务院同意并批转的部门规章或规范性文件等能否算作“国家规定”。尤其是2011年最高人民法院发布的《关于准确理解和适用刑法中“国家规定”的有关问题的通知》（以下简称《通知》），更增加了“国家规定”内涵的不明确性。《通知》规定：“‘国务院规定的行政措施’应当由国务院决定，通常以行政法规或者国务院制发文件的形式加以规定。以国务院办公厅名义制发的文件，符合以下条件的，亦应视为刑法中的‘国家规定’：（1）有明确的法律依据或者同相关行政法规不相抵触；（2）经国务院常务会议讨论通过或者经国务院批准；（3）在国务院公报上公开发布。”“国家规定”内涵的混乱给司法实务制造了困难，有学者在研究刑事审判参考中21个有关非法经营罪的判决书时发现，即便是经最高人民法院审核的案例，完全符合“违反国家规定”要求的只有12个，仅占57.14%，详细阐述引用规定及理由的则更少。③

面对这一问题，学者们均试图通过解释以明晰“国家规定”的应然之义，但严格和宽松的解释立场明显得出不一致的结论。最为严格的解释是，否定国务院作为“国家规定”的制定主体，只能由法律作为“国家规定”，才能体现罪刑法

---

① 参见刘树德：《罪刑法定原则中空白罪状的追问》，载《法学研究》2001年第2期。

② 参见高峥：《刑法意义上“国家规定”的相关探讨——结合“行政刑法”对〈刑法〉第96条进行分析》，载《法制与经济》2019年第4期；黄云飞：《侵犯公民个人信息罪中“违反国家有关规定”的解释逻辑》，载《四川警察学院学报》2018年第6期；蒋铃：《刑法中“违反国家规定”的理解和适用》，载《中国刑事法杂志》2012年第7期；刘德法、尤国富：《论空白罪状中的“违反国家规定”》，载《法学杂志》2011年第1期。

③ 参见王恩海：《最高人民法院对非法经营罪中“违反国家规定”的适用》，载《法治研究》2015年第4期。

定原则的精神实质。[①] 持一般严格解释立场的学者认为,应严格按照《刑法》第96条规定的范围认定“国家规定”,以限制行政权对立法权的侵越,维护法律权威,保障公民合法权益,实现法秩序的统一。[②] 宽松解释的立场是将《刑法》第96条规定的主体授权、批转或符合司法解释要求的规定,也认定为“国家规定”。例如,国务院同意并批转的部门规章、符合条件的国务院办公厅文件、国务院以通知决定认可的部委或者中央职能部门制定的规章等,因为此时发文机关变成了国务院,符合《刑法》第96条的规定。[③] 最宽泛解释的立场是,将部门规章也纳入“国家规定”,以便于更加灵活地打击犯罪、保护社会。[④] 除了作为构成要件要素,还有部分“国家规定”被解释为不具有实体意义的多余规定。如《刑法》第225条非法经营罪中,由于第4项规定均有前置法规范表达,故排斥了“违反国家规定”的实体意义。[⑤] 由此可知,关于“国家规定”内涵的解释极其混乱,更多学者倾向于严格按照《刑法》第96条的规定进行解释,却也并未完全明晰《刑法》第96条规定的具体范围,更遑论质疑其合理性,甚至有观点将司法解释也纳入“国家规定”的范畴。[⑥]

其次,由于刑法仅规定了“国家规定”的内涵而没有规定其他表述的含义,所以其他前置法规范的内涵实则不明。这主要表现在“违反国家规定”与“违反国家有关规定”二者的关系上,同时“违反规定”与“违反有关规定”等类似组合的关系仍然不明。有研究者对非法经营罪的裁判文书进行了检索和抽样,发现几乎没有裁判文书指明该罪的前置法规范到底是什么。[⑦] 这足以说明前置法规

① 参见张天虹:《罪刑法定原则视野下的非法经营罪》,载《政法论坛》2004年第3期。

② 参见张涛、魏昌东:《回顾与展望:刑法中的“违反国家规定”研究》,载《法治社会》2018年第6期;詹红星:《“违反国家规定”的宪法解释与司法适用》,载《湘潭大学学报(哲学社会科学版)》2016年第5期;陈兵:《空白罪状适用的规范性解释——以前置性规范为中心》,载《西南政法大学学报》2014年第2期;唐稷尧:《论我国经济犯罪的立法模式选择——兼谈空白罪状内涵的解释与补充》,载《四川师范大学学报(社会科学版)》2006年第6期;沈明磊、庄绪龙:《法定犯时代刑法如何避免“行政化倾向”》,载《法治现代化研究》2019年第4期;韩粮远:《罪刑法定视野下对空白罪状的再追问——以赵春华案及23个同类案件为分析样本》,载《犯罪研究》2017年第6期。

③ 参见吴大勇、周天京:《论非法经营罪中的“国家规定”》,载《中国检察官》2016年第7期;蒋铃:《刑法中“违反国家规定”的理解和适用》,载《中国刑事法杂志》2012年第7期;徐敏、尹口:《刑法上“国家规定”的判断标准》,载《中国检察官》2011年第8期;秦新承:《非法经营罪中的“国家规定”及有关刑事罚则的理解》,载《法学》2008年第1期。

④ 参见于志强、郭旨龙:《“违反国家规定”的时代困境与未来方向——以非法经营罪为切入点进行规范体系的审视》,载《江汉论坛》2015年第6期。

⑤ 参见张明楷:《刑法分则的解释原理》(第2版)(下),中国人民大学出版社2011年版,第562页。

⑥ 参见詹红星:《“违反国家规定”的宪法解释与司法适用》,载《湘潭大学学报(哲学社会科学版)》2016年第5期。

⑦ 参见蒋昊:《“违反国家有关规定”定性之刍议——以侵犯公民个人信息罪为例》,载《东南大学学报(哲学社会科学版)》2021年第S1期。

范的论证几乎成为被司法遗忘的内容；如果真是如此，极有可能出现先有结论再去论证结论的颠倒过程。①

关于“违反国家规定”与“违反国家有关规定”二者的关系，主要可分为两种观点。一是二者内涵完全相同，强调了基于《刑法》第96条的法体系统一。② 二是二者内涵存在差异。第二种观点又可以分为两种理解。其一，“国家有关规定”范围更宽泛。例如，从《刑法》第253条之一侵犯公民个人信息罪来看，由于在2021年之前独立的个人信息保护法律尚未出台和生效，因此，个人信息保护只能参考其他法律、法规、部门规章等规范，以便于过渡，同时也可满足惩治犯罪的需求。③ 并且2018年最高人民检察院发布的《检察机关办理侵犯公民个人信息案件指引》也规定：“国家有关规定”还包括部门规章。④ 但是2021年8月《个人信息保护法》发布后，《刑法》和相关司法解释至今依然没有作出改变。其二，“国家有关规定”范围应小于“国家规定”。具体理由是，从逻辑上来看，受《刑法》第96条的约束，“国家有关规定”因增加了“有关”，即内涵增加，故外延应缩小，因此只能作为“国家规定”的下位概念。⑤ 关于“违反规定”与“违反国家规定”的关系，同样存在上述相似的争议。⑥ 此外，“国家规定”还被认为不同于“国家规定的”。例如，《刑法》第330条第1款第1项规定的“供水单位供应的饮用水不符合国家规定的卫生标准的”，被认为当然包含部门规章。⑦

再次，作为刑法中一种典型的违法性表述方式，“违反性规定”所包含的内容较为繁杂。有学者统计，明确包含“违反国家规定”“违反……规定”“违反……法规”等表达的条文共涉及76个罪名，存在12种不同的表达方式。⑧ 其中，很多表达过于宽泛，难以确定其所指向的前置法规范。为了解决“违反规定”的明确性问题，有学者提出应当在《刑法》第96条规定的范围内，通过确定违反性规定的

---

① 参见李学尧、刘庄：《矫饰的技术：司法说理与判决中的偏见》，载《中国法律评论》2022年第2期。

② 参见詹红星：《“违反国家规定”的宪法解释与司法适用》，载《湘潭大学学报（哲学社会科学版）》2016年第5期；冀洋：《法益自决权与侵犯公民个人信息罪的司法边界》，载《中国法学》2019年第4期。

③ 参见喻海松：《网络犯罪的立法扩张与司法适用》，载《法律适用》2016年第9期；蒋昊：《“违反国家有关规定”定性之刍议——以侵犯公民个人信息罪为例》，载《东南大学学报（哲学社会科学版）》2021年第S1期；李采薇：《“违反国家有关规定”之正当性与必要性探析》，载《河南科技大学学报（社会科学版）》2020年第1期。

④ 参见李采薇：《“违反国家有关规定”之正当性与必要性探析》，载《河南科技大学学报（社会科学版）》2020年第1期。

⑤ 参见黄云飞：《侵犯公民个人信息罪中“违反国家有关规定”的解释逻辑》，载《四川警察学院学报》2018年第6期；胡江：《侵犯公民个人信息罪中“违反国家有关规定”的限缩解释——兼对侵犯个人信息刑事案件法律适用司法解释第2条之质疑》，载《政治与法律》2017年第11期。

⑥ 参见蒋铃：《刑法中“违反国家规定”的理解和适用》，载《中国刑事法杂志》2012年第7期。

⑦ 参见吴大勇、周天京：《论非法经营罪中的“国家规定”》，载《中国检察官》2016年第7期。

⑧ 参见潘华杰：《论刑法违反性规定中参照规范的确定方法》，载《法律方法》2022年第1期。

位阶和表述内容以及个罪的保护法益来确定其内涵。① 还有学者将刑法分则中的“违反性规定”分为五类，以便于辨别不同表达方式的内涵，包括提示存在违法阻却事由、行为违反行政管理法规、行为未经行政许可、强调行为非法性质、相关表述同位语。②

最后，还有学者对“非法”一词进行了探究。“非法”可以分为六种类型：作为主观要素的“非法占有”、作为违法阻却事由的提示规定、对“违反国家规定”的强调、扩张处罚条件、冗余规定以及空白罪状。③ 在“非法”型空白罪状的研究中，学者将“非法”的“法”解释为《刑法》第96条框架内的法规范。通过对带有“非法”的罪名及其援引法规范的类别进行统计，发现大多数罪名条文中暗含的所援引的法规范都符合《刑法》第96条的要求，但也存在援引不充分甚至无援引的情况。如发票类犯罪中的部分罪名有参照性规范，而部分罪名却没有。《税收征收管理法》和《发票管理办法》对伪造和虚开发票的刑事责任进行了规定，但是购买与出售真发票的行为却无法找到援引法来确定“非法”的含义，如非法出售增值税专用发票罪、非法购买增值税专用发票罪、非法出售用于骗取出口退税等。又如，《刑法》第283条非法生产、销售专用间谍器材、窃听、窃照专用器材罪和第284条非法使用窃听、窃照专用器材罪中的生产、销售、使用窃听、窃照专用器材，无论是在《国家安全法》中，还是《反间谍法》《禁止非法生产销售使用窃听窃照专用器材和“伪基站”设备的规定》中，都没找到追究州事责任的“非法”的依据。④

和第一类研究通过解释限制前置法规范范围的局限相同，由于解释方法和理念的不同，对于刑法中某一类表达的解释往往很难达成共识。已经有学者意识到这一点，在解释之外提出了一些建议。第一种建议是，删除多余的违法提示性条款。如《刑法》第339条第1款非法处置进口的固体废物罪“违反国家规定，将境外的固体废物进境倾倒、堆放、处置的”，其中的行为内容表述实际上与《固体废物污染环境防治法》第23条的规定完全相同，故只要行为人将境外的固体废物进境倾倒、堆放、处置，就成立该罪。因此，“违反国家规定”只具有提

---

① 参见袁文康、王立志：《刑法谦抑视角下的“违反性规定”》，载《郑州大学学报（哲学社会科学版）》2021年第3期；潘华杰：《论刑法违反性规定中参照规范的确定方法》，载《法律方法》2022年第1期。

② 参见张明楷：《刑法分则的解释原理》（第2版）（下），中国人民大学出版社2011年版，第542～561页。

③ 参见罗翔：《刑事不法中的行政不法——对刑法中“非法”一词的追问》，载《行政法学研究》2019年第6期。

④ 参见罗翔：《刑事不法中的行政不法——对刑法中“非法”一词的追问》，载《行政法学研究》2019年第6期。

示违法性的作用，完全可以直接删除。① 第二种建议是，统一前置法规范用语。即以《刑法》第 96 条规定的"国家规定"作为标准，将刑法分则中其他前置法规范统一嵌入"国家规定"的表述。② 第三种建议是，提升部分前置法规范位阶。根据《刑法》第 96 条的规定，按照法定程序将一些法律法规授权制定或国务院批转的部门规章制定为行政法规，以排除适用的阻碍。③ 这些建议暗含的思路包括：一是对个罪的前置法规范表述的内涵和性质进行具体分析和删改；二是统一刑法中前置法规范的用语和位阶。

（三）微观视角下的个罪前置法规范

第三类研究的个罪，主要集中在《刑法》第 225 条非法经营罪和第 253 条之一侵犯公民个人信息罪两个罪上。此外，还有研究者关注到《刑法》第 334 条非法采集、供应血液、制作、供应血液制品罪和《刑法》第 128 条非法持有枪支罪。这几个罪前置法规范表达的共同特点是模糊不清，如非法经营罪的"违反国家规定"，侵犯公民个人信息罪的"违反国家有关规定"，非法采集、供应血液、制作、供应血液制品罪的"不符合国家规定的标准"，非法持有枪支罪的"违反枪支管理规定"。这样的立法方式，给司法实践带来了困难，适用不当则易造成违法行为的扩张和罪名的滥用，更违背罪刑法定原则的要求。④

该类研究主要致力于围绕司法解释论述其前置法规范，但相关罪名的司法解释也并没有解决前置法规范不明的问题，甚至突破了《刑法》第 96 条的规定。例如，司法解释对于《刑法》第 96 条"国家规定"的解释复杂多样，在 6 个关于非法经营罪第 225 条第 4 项的司法解释中，只有一半司法解释参照了《刑法》第 96 条的规定，有 2 条司法解释扩大了"国家规定"的范围将"部门规章"纳入其中，还有 1 条司法解释早于相关国家规定出台甚至部分内容与其相悖。⑤ 又如，2017 年《最高人民法院、最高人民检察院关于办理侵犯公民个人信息刑事案件适用法律若干问题的解释》第 2 条将部门规章解释为"违反国家有关规定"的内涵，

① 参见蒋铃：《刑法中"违反国家规定"的理解和适用》，载《中国刑事法杂志》2012 年第 7 期。

② 参见刘德法、尤国富：《论空白罪状中的"违反国家规定"》，载《法学杂志》2011 年第 1 期。

③ 参见黄云飞：《侵犯公民个人信息罪中"违反国家有关规定"的解释逻辑》，载《四川警察学院学报》2018 年第 6 期。

④ 参见吴大勇、周天京：《论非法经营罪中的"国家规定"》，载《中国检察官》2016 年第 7 期；胡江：《侵犯公民个人信息罪中"违反国家有关规定"的限缩解释——兼对侵犯个人信息刑事案件法律适用司法解释第 2 条之质疑》，载《政治与法律》2017 年第 11 期；秦新承：《非法经营罪中的"国家规定"及有关刑事罚则的理解》，载《法学》2008 年第 1 期；黄云飞：《侵犯公民个人信息罪中"违反国家有关规定"的解释逻辑》，载《四川警察学院学报》2018 年第 6 期；王恩海：《最高人民法院对非法经营罪中"违反国家规定"的适用》，载《法治研究》2015 年第 4 期；邹兵建：《非法持有枪支罪的司法偏差与立法缺陷——以赵春华案及 22 个类似案件为样本的分析》，载《政治与法律》2017 年第 8 期。

⑤ 参见欧阳本祺：《对非法经营罪兜底性规定的实证分析》，载《法学》2012 年第 7 期。

突破了《刑法》第96条对“国家规定”含义的规定。[①]

正因为法律规定和司法解释的混乱，司法裁判为避免言不清说不明，干脆就不援引具体的前置法规范。例如，有学者收集了243份援引《刑法》第225条非法经营罪第4项的判决书，其中只有6份援引了前置法规范，甚至其中还包括部门规章。[②] 有鉴于此，研究者们试图通过一些方式解决这一问题，但仍然集中在解释条文和修改条文两种方法上。还有学者要求法院在裁判文书中列明援引的前置法规范的名称和条文，以防止判决对刑法条文的滥用。[③] 但问题是如果前置法规范本身不明、不存在或自身存在问题，此时又如何援引呢？这种方法寄希望于司法裁判的突破，来解决本属于前置法规范的立法问题引发的司法疑难，无异于本末倒置。

（四）现有研究总结

以上三类研究，分别从宏观的空白罪状与罪刑法定原则等刑法理论层面，中观的“违反国家规定”“违反国家有关规定”“违反性规定”等几个前置法规范表述类型层面，以及微观的非法经营罪、侵犯公民个人信息罪等个罪中前置法规范表述层面进行了研究。这些研究所达成的共识，反映了《刑法》分则条文中前置法规范面临的违反罪刑法定原则、分类杂乱、表述混乱、内涵不明确、性质不清、难以适用等问题。那些将此定性为立法问题的学者，希望通过删除或统一条文表述的方法，改变前置法规范混乱的现状。而那些将此归结为司法问题的学者意图通过刑法解释的方法，对前置法规范的表述进行合目的、体系的解释，或者通过推动裁判文书援引前置法规范具体条文的方式，防止前置法规范的形式化。但追根溯源，司法适用问题恰恰就是立法问题所致，正是由于《刑法》对前置法规范规定得不明确和混乱，才造成司法实践中前置法规范具体条文难引、错引甚至不引的结果。不可否认，既有研究的确是致力于改变前置法规范当前立法和司法的现状，但存在以下局限性：

一是没有系统的前置法规范的研究。尽管有研究者发现现行《刑法》中前置法规范表达不统一、不明确甚至相互冲突，但是并未系统地梳理所有关于前置法规范的表达，而仅通过个罪或某一类表述来分析其中法规范的内涵。例如，早在2006年就有学者提出，我国《刑法》空白罪状中的违反性规定表述繁杂，存在“违反……管理规定”“违反规章制度”“违反……法规”“不符合国家规定”等11

---

① 参见胡江：《侵犯公民个人信息罪中“违反国家有关规定”的限缩解释——兼对侵犯个人信息刑事案件法律适用司法解释第2条之质疑》，载《政治与法律》2017年第11期。

② 参见欧阳本祺：《对非法经营罪兜底性规定的实证分析》，载《法学》2012年第7期。

③ 参见王恩海：《最高人民法院对非法经营罪中“违反国家规定”的适用》，载《法治研究》2015年第4期。

种情形；我国空白罪状条文众多，达 50 余个，约占《刑法》分则全部条文的 1/7；空白规范的位阶不明确，除了《刑法》总则第 96 条以及 2001 年全国人大常委会对“违反土地管理法规”明确了需援引的前置法规范的位阶，其他均处于不确定状态。① 又如，有研究者在 2018 年对《刑法》分则条文进行了统计：采用“违反国家规定”表述的有 26 个罪名；采用“违反法律、行政法规的规定”的有 1 个罪名；采用“违反……法规”的有 15 个罪名；采用“违反规章制度”的共有 2 个罪名；采用“违反……（管理）规定”的共有 13 个罪名。② 这类研究固然提出了值得注意的前置法规范表达类型，但难以全面把握前置法规范所存在的问题的复杂性，更难以统筹和协调刑法中所有前置法规范的内涵及其定性。也正因为如此，才出现固守在刑法解释领域内循环解释，遇到一个问题填补一个漏洞，或是以偏概全等情况，难以根本上解决前置法规范存在的问题。

二是很少有人质疑《刑法》第 96 条的合理性。由于刑法的前置法规范中只有“国家规定”明确规定在第 96 条，因此大多数研究都将第 96 条作为一个标准，围绕其解释《刑法》分则中的某个或某类前置法规范的内涵。但是，根据《宪法》第 57 条、第 58 条、第 62 条、第 67 条和第 89 条的规定，全国人大及其常委会行使国家立法权；只有全国人大可以行使制定和修改刑事、民事、国家机构的和其他的基本法律的职权；全国人大常委会有权制定和修改全国人大制定的法律以外的法律；只有在全国人大闭会期间，全国人大常委会才可以对全国人大制定的法律进行部分补充和修改，但不能有原则性冲突；国务院仅根据宪法和法律，规定行政措施，制定行政法规，发布决定和命令，无权制定刑事法规范。《立法法》第 11 条第 4 项规定，犯罪和刑罚只能制定法律；第 12 条规定，第 11 条规定的事项尚未制定法律的，全国人大及其常委会可授权国务院对部分事项先制定行政法规，但有关犯罪和刑罚、对公民政治权利的剥夺和限制人身自由的强制措施和处罚、司法制度等事项除外。因此，国务院无论是从形式上还是内容上都无权制定刑事法规范，并且不能被授权制定刑法条文中的任何内容。易言之，《刑法》第 96 条本身就违反了《宪法》和《立法法》的规定，违反了罪刑法定原则，因此，寄希望于依照《刑法》第 96 条去解决问题首先在方向上就有所偏差。

三是解释的方法难以解决问题。解释是刑法适用的重要方法，但是解释并不能解决所有的问题。从上述研究结果来看，大多数研究都试图通过解释前置

① 参见王瑞君：《刑事违法性判断前提条件：空白罪状的现状与反思》，载《政法论丛》2006 年第 4 期。

② 参见黄云飞：《侵犯公民个人信息罪中“违反国家有关规定”的解释逻辑》，载《四川警察学院学报》2018 年第 6 期。

法规范的内涵来缓和前置法规范混乱的问题,但得出的结论五花八门,自说自话,难以统筹得出一个大体一致的结论。即使是多数观点支持的《刑法》第96条的一般严格解释,也没能得到一个针对所有前置法规范的可行方案。产生这样的结果当然是上述第一点中的研究范围狭窄片面所致,不过,某些针对个罪或某一类前置法规范表达的研究为部分内容提供了合理可行的解决方法。例如,有研究从《刑法》第339条第1款非法处置进口的固体废物罪和第334条非法采集、供应血液、制作、供应血液制品罪的条文中,发现有一些前置法规范属于违法提示性条款,不具有实质意义,完全可以直接删除。[①] 又如,有研究提出可以通过统一前置法规范的用语和位阶的方式排除适用阻碍。[②] 由此可知,先前研究对前置法规范的混乱和不明确的问题给出了一些解决方案,但仍然欠缺切中要害的直接解决办法。

四是几乎没有人去探究前置法规范混乱的根源何在。要提出一个合理的解决方法,不仅需要统筹整个《刑法》分则中的相关表达,还需要了解《刑法》分则中前置法规范表达不明确且混乱的根源,如此才能对症下药。但是,当前的研究多探求现状而少追根溯源,即使追根溯源也要从古罗马时期开始追溯,而很少将目光聚焦到我国刑法的历次变迁上,自然难以抓住问题的关键。世界其他部分国家的刑事立法体例与其犯罪圈有关,既包括刑法典,又包括单行刑法和附属刑法,甚至大量的城市规章都在为犯罪行为的具体规定提供载体。而我国1997年《刑法》用颁布刑法修正案的模式替代了单行刑法和附属刑法的立法方式,几乎将所有犯罪和刑罚的规定统一于一部刑法,这决定了与犯罪有关的行为规定难以绝对明确并且不可能毫无遗漏。[③] 据此,值得追问的是:1997年《刑法》甚至更早的刑法对于前置法规范是如何规定的,为什么这么规定?我国刑法变迁中前置法规范的表达是如何变动的,其变动的原因何在?前置法规范用语表述混乱究竟呈现怎样的立法问题?这些问题有待进一步的深入研究和详细分析。

综上所述,目前有关《刑法》分则中前置法规范的研究已积累众多,但仍存在诸多争议和不足。鉴于此,本文将针对以上不足对《刑法》分则中前置法规范的不同表达方式进行重新梳理及整合统筹,对前置法规范混乱且不明确的问题进行追

---

① 参见蒋铃:《刑法中"违反国家规定"的理解和适用》,载《中国刑事法杂志》2012年第7期;王盈:《关于新刑法第334条第一款中"不符合国家规定的标准"之思考》,载《中国卫生法制》1998年第2期。

② 参见刘德法、尤国富:《论空白罪状中的"违反国家规定"》,载《法学杂志》2011年第1期;黄云飞:《侵犯公民个人信息罪中"违反国家有关规定"的解释逻辑》,载《四川警察学院学报》2018年第6期。

③ 参见陈兴良:《刑法的明确性问题:以〈刑法〉第225条第4项为例的分析》,载《中国法学》2011年第4期。

根溯源，抓住问题的本质和关键，通过比较找到解决前置法规范问题的最佳方案。本文可推动实现《刑法》分则中前置法规范简单、明确、统一的目标，规范刑事司法裁判运用前置法规范的形式和方法，实现前置法规范与罪刑法定原则相符。

三、研究设计

（一）研究问题

翻阅刑法条文，我们发现，刑法尤其是分则条文中的前置法规范存在大量不同用语和不明含义的表达有待梳理。“国家规定”“有关规定”“国家有关规定”“国家法律”“法规”“规章制度”等任意搭配，存在含糊其词的表达。前置法规范的任务就在于，及时帮助刑法条文找到可以适用的其他部门法规范依据。如果一个前置法规范做不到对某罪名或条文所涉及的其他法规范准确定位，甚至反过来扰乱了刑法条文适用的正常秩序，那么其价值应当如何体现？刑法又当如何处理与其他法规范之间的关系？

鉴于先前的研究仅统计了《刑法》中的部分前置法规范表述，如“违反国家规定”“违反性规定”“非法”等表达，缺乏系统性和全面性；因此，要解决前置法规范不明确、不规范的问题，首先就应当对现行《刑法》中前置法规范的整体情况进行描述，整合具体问题，从而顺理成章找到问题的症结，并随之提出有针对性的解决方案。为此，本文试图通过描述统计的方法，逐层对《刑法》中有关前置法规范的词汇进行梳理，以全面展示现行《刑法》前置法规范的表达方式，还原其中真实存在的问题。

为此，本文主要分为以下三个步骤研究前置法规范：语词选择、词汇归类、表达搭配。首先，语词选择主要是为了解决本文要研究哪些前置法规范表达的问题。为此，我们先从法规范用语和非法规范用语两个角度，整合刑法常见、普遍的前置法规范表达作为语词选择的目标，并确定其应然含义，同时通过筛查得到各语词出现的次数。其次，词汇归类是为了明晰前置法规范表达的词汇之间的关系问题。故我们通过对词汇含义和特征的甄别进行不同层次的归类，而由于部分词汇自身含义的复杂性，归类包括了词汇正反角度分类、词汇之间的细化分类以及更复杂词汇的进一步分类三种。最后，表达搭配是为了回答词汇在刑法条文中的表现形式问题。我们在梳理刑法条文时发现，部分前置法规范表达不仅修饰语混乱，而且罪名与条文、条文与条文的用语存在无法对应的情况。故我们试图从搭配的角度，通过统计部分前置法规范表达的修饰语和对称关系，进一步展现刑法前置法规范的问题。

（二）语词选择

本文对刑法分则中的前置法规范表达进行了全面的筛查和统计，选择了 18

个词语作为统计重点,并根据用语性质划分为法规范用语和非法规范用语两类。

一方面,我们从法规范用语的角度,筛选出了法规范本身的具体表达。一是"规定"。根据《刑法》第96条对"国家规定"的定义以及对"规定"一词出现次数的筛查,《刑法》中最为常见的词语就是"规定"。"规定"也是《刑法》中含义最为复杂的词语,存在多种含义。大致可以归纳如下:(1)"规定"可以作为法规范本身,如"国务院有关规定"(第330条);也可以作为法规范的后缀,如"法律、行政法规的规定"(第180条)。(2)"规定"还可以作为动词,如"对违反票据法规定的票据予以承兑"(第189条)。(3)"规定"还有性质不明的情况,解释为名词或动词都符合文法,如"不符合国家规定的标准"(第334条)、"擅自开采国家规定实行保护性开采的特定矿种"(第343条)。以上两条的"国家规定"既可以解释为名词性质的"国家规定"这一法规范,也可以解释为动词性质的国家作为主体作出"规定"这一行为。(4)"规定"既包含指示刑法内部的规定,如"本法规定""前款规定"等指向刑法内部条文的规定以及如"处罚较重的规定""禁业规定"等提示性或特别的规定,也包含指向刑法外部的规定,如"森林法的规定"等指示其他部门法或如"法律规定""法律、行政法规规定"等指向不明的规定。因此,在下文不同的分类中,"规定"的内涵可能根据统计需要发生变动。

二是"法律"和"法规"。二者是刑法前置法规范的基本形式,并经常以"法律、行政法规"的形式在《刑法》中同时出现。二者又存在单独出现的情况,如"在法律规定的国家考试中"(第284条之一)、"违反国(边)境管理法规"(第322条),故将二者分开统计。根据《立法法》第10条和第72条的规定,"法律"指全国人大及其常委会制定的法律;"法规"指国务院制定的行政法规,但在本文中不包括仅适用于地方的地方性法规。

三是"规章"。作为"国家规定"争议最大的法规范,部门规章也被纳入考虑范畴。根据《立法法》第91条,"规章"指国务院各部、委员会、中国人民银行、审计署和具有行政管理职能的直属机构制定的部门规章,而本文不包括仅适用于地方的地方政府规章。

四是"具体法"。除了较为宽泛的规范,《刑法》中还有一些前置法规范精确到了具体的某部法律,如"公司法"(《刑法》第159条)、"森林法"(《刑法》第345条)等,故纳入统计词汇中。

另一方面,我们从非法规范用语的角度,筛选出了与前置法规范相关但不属于法规范本身的具体表达。一是"规章"。此处再次出现"规章"的原因在于现实中"规章"的滥用:"规章"不仅被作为国务院部门规章和地方政府规章使用,还被作为非法规范用语广泛用于"行业规章""公司规章""单位规章"等处。故此处的“规章”专指非法规范含义的用语。二是一些非《宪法》和《立法法》明确规定的规范内容，但广泛用于法规范的表达，包括“制度”“职责”“义务”“标准”。“制度”可能是一套复杂的包含了法规范或其他领域规范的集合，但并不是法规范本身。与此相比，“职责”“义务”“标准”可能源于某个法规范，但也不是法规范本身，故将其纳入非法规范用语。三是一些刑法条文中惯用但少有人注意的法规范的搭配动词或“动宾”搭配，前者包括“违反”“依照”“不符合”“禁止”，后者包括“依法”“违法”“非法”“违规”“违章”。根据文义，“依法”“违法”“非法”的对象应为法律，“违规”应指违反规定，“违章”应指违反规章。

（三）词汇归类

在确定所选词语的基础上，本文根据现有的词汇进行了归类。第一类是正反分类。由于上述查找到的词汇最显著的特点是，既包括法规范或依照某法规范的正面表达，也包括违反某法规范的反面表达，因而将法规范分为正面和反面两个类别，并对两种类别中的具体表达在《刑法》中出现的次数进行统计。例如，“法律”“依法”属于正面，“违反”“非法”属于反面。考虑到一些词语在《刑法》总则和分则中均有一定数量的出现，故分为总则和分则分别统计，并对分则中词汇所占条、款、罪名还有词汇本身的数量进行了更为精确的统计。

第二类是细化分类。根据上述表达词汇的检索，我们发现某一种词汇存在多种表达形式，不同的表达形式体现了不同的含义，即该词汇内部可以进行二次划分。我们将以上法规范表达分为“规定”“法律”“法规”“其他”，其中，“规定”包含了“依照前款规定”“本法另有规定”等“刑法内规定”以及“国家有关规定”（《刑法》第253条之一）、“法律规定”（《刑法》第284条之一）等“刑法外规定”。法律包括“法律”“法律、行政法规”“具体法”“依法”。“法规”包括“行政法规”“管理法规”“其他法规”。“其他法规”主要指“有关金融法规”（《刑法》第186条）、“文物保护法规”（《刑法》第325条）等难以再进行分类的具体法规。“其他”则包括了上述筛选的词汇中剩下的所有难以再进行划分的词汇。考虑到如果该种分类再进行整体次数统计会与第一种分类重复，并且参考了之前文献对于“国家规定”等表达在不同分章的统计，[①]我们希望得到精确到各章的数据，故第二种分类主要统计细分的词汇在不同分章中的出现次数。

---

① 参见蒋铃：《刑法中“违反国家规定”的理解和适用》，载《中国刑事法杂志》2012年第7期；刘德法、尤国富：《论空白罪状中的“违反国家规定”》，载《法学杂志》2011年第1期；高峥：《刑法意义上“国家规定”的相关探讨——结合“行政刑法”对〈刑法〉第96条进行分析》，载《法制与经济》2019年第4期；黄云飞：《侵犯公民个人信息罪中“违反国家有关规定”的解释逻辑》，载《四川警察学院学报》2018年第6期。

第三类是对“刑法外规定”继续进行分类。由于“规定”表达的多样性和复杂性，我们发现，虽然划分为“刑法内规定”和“刑法外规定”，但是“刑法外规定”中依然包含了多种表达，并且其中的一些表达颇受相关研究重视，如“国家规定”“法律规定”“法律、行政法规规定”等。同时，由于第三种分类内容与第二种分类不同，不会导致重复统计，故该分类依然采用分章统计的方式。

（四）表达搭配

本文根据词汇及其分类对表达的搭配进行了两方面整合。一方面，从用语的前后缀维度分析。由于前置法规范表述的复杂性，除了法规范及其相关表达本身的分类，还可以根据其修饰语的搭配进行分类。根据收集到的表达搭配形式，本文将修饰语分为“有关”“另有”“明文”“特别”“国家”“其他”，并对其在总则和分则中出现的次数进行统计。例如，以“国家”作为修饰语，可以分为“国家规定”“国家有关规定”“国家法律”“国家法律、行政法规”。

另一方面，从用语搭配所在条文的维度来分析。由于分则某一条文中同时包含几种前置法规范表达的情况较为常见，因此我们选择专门对分则条文中多项表达之间的对称关系进行探究。我们选择以“违法”“非法”“违规”三类出现次数最多的动宾搭配作为罪名或条文的标尺，以前置法规范中出现的“法律”“法规”“规定”等部分表达作为条文中的对应词汇。通过统计《刑法》分则中罪名与条文、条文与条文两类前置法规范表达的对称情况，深入地考察《刑法》分则罪名与条文前置法规范的表达现状。例如，在罪名与条文的表达中，《刑法》第 228 条的罪名是“非法转让、倒卖土地使用权罪”，但罪状部分的前置法规范却是“违反土地管理法规”，“非法”意味着违反法律，而罪状却规定违反法规，故该条在“非法”与“法规”之间呈不对称关系。又如，在条文与条文的表达中，第 334 条之一非法采集人类遗传资源、走私人类遗传资源材料罪中的“违反国家有关规定”与“非法采集我国人类遗传资源”，其中的“规定”与“非法”呈不对称关系。由于《刑法》条文中存在行政行为与前置法规范混用的情况，故我们在条文部分增加“行政许可”“资格”和“批准”以探究其运用情况。

值得注意的是，以上的部分归类内部的法规范表达可能在某一条文中存在重合的情况，但并不影响我们的统计结果。例如，“法律、行政法规规定”同时包含了“法律”“法规”“规定”三种表达，故在统计时三种表达每项各算一次。又如，“规章制度”（《刑法》第 131 条、第 132 条）同样在“规章”和“制度”两种表达中各算一次。

四、研究发现

（一）前置法规范表达总体情况

本部分从正反两个角度，统计了《刑法》总则和分则中不同前置法规范表达出现的次数及其在两部分中的占比，发现如下（见表2）：

其一，《刑法》的前置法规范表达中使用最多的前三个是“规定”、“依照”和“非法”，最少的三个是“规章”、“违章”和“违规”。在前置法规范的正面表达中，“规定”一词使用得最多且数量惊人，达到434个之多，在总则中有67个，分则中有367个；其次是作为前置法规范的前缀动词“依照”，总则中有22个，分则中有221个，共计243个。使用数量最少的是“规章”，只有2个并且都在分则中。在前置法规范的反面表达中，“非法”一词数量最多，共计181个，都在分则中；其次是前缀动词“违反”，总则中有8个，分则中有89个，共计97个；“违章”和“违规”的数量最少，分别只有2个和3个，都在分则中。

其二，前置法规范表达集中在《刑法》分则中，但《刑法》总则中也有较多前置法规范表达。由于分则条文远多于总则，并且分则的罪状中前置法规范表达较多，故分则中的前置法规范表达多于总则是正常的结果，因而分则也成为本文研究的重点。由表2可知，除“法律”外，其他所有的前置法规范表达都呈现在分则中的数量大于总则的特点，甚至有的在分则中的占比远高于总则。例如，“规定”在总则中数量为67，仅占总数的15.4%，而在分则中的数量达367，占总数的84.6%；又如，“规章”“标准”“违规”“违章”“非法”“不符合”只存在于分则中。但是，“法律”在总则中的数量更多，这是因为总则以原则性条款为主，围绕罪刑法定原则展开。

其三，模糊的前置法规范表达数量多，精确的前置法规范表达数量少。一方面，从检索的前置法规范表达的词语来看，“规定”“法律”“法规”“规章”“违法”“违规”“违章”等表达所指向的具体法规范并不明确，“违法”“违规”“违章”“非法”等表达则更甚。如《刑法》第271条职务侵占罪中的“非法占为己有”，第282条非法获取国家秘密罪，第283条非法生产、销售专用间谍器材、窃听、窃照专用器材罪等罪均未说明前置法规范。尽管有的“法规”有具体的方向，但是具体适用哪一部法规范并不清楚。例如，文物保护法规（第325条）、狩猎法规（第341条）、土地管理法规（第342条）等。加以解释后的“法规”更是混乱，如2001年颁布、2009年修正的全国人大常委会《关于〈中华人民共和国刑法〉第二百二十八条、第三百四十二条、第四百一十条的解释》规定：“刑法第二百二十八条、第三百四十二条、第四百一十条规定的‘违反土地管理法规’，是指违反土地管理法、森林法、草原法等法律以及有关行政法规中关于土地管理的规定。”①另一方面,只有“具体法”是精确到某部法律的,但是“具体法”的表达也是混乱的。例如,有的条文如前述仅规定了“森林法”(第345条)、“公司法”(第159条)等简称形式,有的条文又列明了具体的法律规定如“《中华人民共和国商业银行法》”(第186条)这样的全称形式。前后差异在于,简称形式的具体法是否仅包含一部法律并不明确。

其四,《刑法》的前置法规范表达中非法规范用语泛滥。这些非法规范用语并不意味着法律条文排斥该类表达,而是它们不属于法规范本身,只是与前置法规范相关。例如,《刑法》第131条重大飞行事故罪、第132条铁路运营安全事故罪中规定了“违反规章制度”。但是“规章”本身就具有多重含义,其所包含的内容极其庞杂,既包含了国务院部门规章和地方政府规章等法规范含义,也包括行业规章、公司规章、单位规章等并非法规范的含义。因此,“规章”被不加修饰地单独列出时,很难厘清其实际含义。此外,“制度”“职责”“义务”“标准”也是典型的非法规范用语。尽管它们均源于法规范,但是《刑法》并没有将其来源的前置法规范明确列出,因此该类表达内容不明。例如,《刑法》第120条之四利用极端主义破坏法律实施罪的罪状“破坏国家法律确立的婚姻、司法、教育、社会管理等制度实施的”极为明显,这里的“制度”到底指什么并不明确。

表2 刑法总则与分则中的前置法规范表达

角度	条目[a]	刑法总则		刑法分则		总数	
		n	%	n	%	n	%
正面	规定	67	15.4	367	84.6	434	100.0
	法律[b]	27	56.3	21	43.7	48	100.0
	法规[c]	8	24.2	25	75.8	33	100.0
	规章	0	0.0	2	100.0	2	100.0
	制度	3	37.5	5	62.5	8	100.0
	具体法[d]	5	25.0	15	75.0	20	100.0
	依法	12	25.5	35	74.5	47	100.0
	职责	1	4.3	22	95.7	23	100.0
	义务	4	30.8	9	69.2	13	100.0
	标准	0	0.0	20	100.0	20	100.0
	依照	22	9.1	221	90.9	243	100.0

① 参见潘华杰:《论刑法违反性规定中参照规范的确定方法》,载《法律方法》2022年第1期。

续表

角度	条目	刑法总则		刑法分则		总数	
		n	%	n	%	n	%
反面	违法	1	3.0	32	97.0	33	100.0
	违规	0	0.0	3	100.0	3	100.0
	违章	0	0.0	2	100.0	2	100.0
	非法	0	0.0	181	100.0	181	100.0
	违反	8	8.2	89	91.8	97	100.0
	不符合	0	0.0	18	100.0	18	100.0
	禁止	7	41.2	10	58.8	17	100.0

注：a. 表格中所有词语均仅指检索到的词语，无论含义。b. 法律，指所有检索到的"法律"词语，不包括具体某部法以及"法律服务"，"法律、行政法规"拆为"法律"和"法规"。c. 法规，指所有检索到的"法规"词语，"法律、行政法规"拆为"法律"和"法规"。d. 具体法，指检索到的具体某部法，如森林法、公司法等，以区别文义性的"法律"。

（二）分则中的前置法规范表达

同样从正反两个角度出发，进一步探究《刑法》分则中不同前置法规范表达的分布情况。为了保证前置法规范在分则罪名和条款中的占比更加精确，表3只展示了分则中所有刑法内前置法规范表达。考虑到一个条文、罪名和款项中可能存在多个前置法规范的情况，故有必要分别展示前置法规范所涉及的条文、罪名、款及其本身词语的数量。发现如下：

第一，《刑法》分则中接近一半的条文和罪名设置了前置法规范。根据统计结果，排除同一条文和罪名包含多个前置法规范表达从而重复计算的情况后，涉及前置法规范表达的分则条文共计181条，罪名共计211个。经过2020年的修订，我国《刑法》分则当前共有403条，罪名483个。① 由此可知，当前含有前置法规范表达的条文达到了整个《刑法》分则条文的44.9%（181/403），含有前置法规范表达的罪名达到了分则罪名的43.7%（211/483）。前置法规范所占条文和罪名的数量足以说明其重要性：如果前置法规范的规定存在混乱、不明确的缺陷，则意味着《刑法》分则一半条文的适用都会出现问题。

第二，《刑法》分则条文中前置法规范的反面表达所占条文、罪名和款多于正面表达。尽管正面表达的类型更加丰富，但是由于反面表达中的"非法"和"违反"所占条款和罪名的数量较多，由此拉高了反面表达所占条款和罪名的数量。从表3可知，排除对前置法规范所涉条款和罪名的重复统计后，反面表达实

① 参见周光权：《法典化时代的刑法典修订》，载《中国法学》2021年第5期。

际所涉条文数量为150个,所涉罪名数量170个,所涉款数185个。而正面表达所涉条文数量为122个,所涉罪名数量135个,所涉款数145个。正面表达所占条文、罪名和款数显然少于反面表达。

第三,《刑法》分则中涉及条文、罪名和款的数量最多的三个前置法规范表达是“非法”、“违反”和“规定”,最少的两个是“规章”和“违章”。在前置法规范正面表达中,尽管“规定”除去了“前款的规定”“本法的规定”等“刑法内规定”以及不具有实质意义的“森林法的规定”(第345条)、“档案法的规定”(第329条)等刑法外规定内容,但“规定”所占条文、罪名、款以及本身数量仍然最多,分别为63个(33.9%)、63个(32.8%)、67个(33.3%)和78个(32.5%)。规章的数量仍然是最少的,所涉及的条文、罪名和款均只有2个,在正面表达中的占比仅为1%左右。表3的“依照”由于除去了作为刑法以内的法规范的前缀,因而分则中的数量从221个剧减至10个。在前置法规范反面表达中,“非法”的数量依然最多,其所占条文有83个(42.1%)、所占罪名98个(44.3%)、所占款共105个(46.1%)。其次是“违反”,所占条文、罪名、款分别为73个(37.1%)、79个(35.7%)、81个(35.5%)。“违章”尽管有2个,但是仅出现在第134条第2款强令、组织他人违章冒险作业罪中,在反面表达中仅占0.5%左右。

第四,部分条文或罪名中包含过多前置法规范表达。前置法规范表达并非均匀分布在分则的条、款和罪名中,而是在部分条文或罪名中出现较少,在部分条文或罪名中出现较多,最为典型的罪名是第225条非法经营罪。非法经营罪中共有1个“违反国家规定”、5个“非法”、2个“违法”、2个“法律、行政法规规定”,还有一些“许可”“批准”等行政法规范表达。第330条妨害传染病防治罪也包含了较多种类的前置法规范表达,包括1个“违反”、2个“传染病防治法”、1个“依法”、1个“不符合”、1个“国家规定”、1个“国务院卫生行政部门规定”、1个“禁止”、2个“依照”、1个“《中华人民共和国传染病防治法》”、1个“国务院有关规定”。混乱模糊的前置法规范表达本来就给条文和罪名的理解和适用增加了障碍,而条文和罪名中过多的前置法规范表达更容易造成不同的理解和适用,甚至可能导致同案不同判。

表3 刑法分则中的前置法规范表达

角度	条目	条文	罪名	款	词
正面	规定[a]	63(33.9%)[f]	63(32.8%)	67(33.3%)	78(32.5%)
	法律[b]	16(8.6%)	16(8.3%)	17(8.5%)	21(8.8%)
	法规[c]	23(12.4%)	27(14.1%)	24(11.9%)	25(10.4%)
	规章	2(1.1%)	2(1.0%)	2(1.0%)	2(0.8%)
	制度[d]	3(1.6%)	3(1.6%)	3(1.5%)	3(1.3%)
	具体法	11(5.9%)	13(6.8%)	13(6.5%)	15(6.3%)
	依法	28(15.1%)	28(14.6%)	33(16.4%)	35(14.6%)
	职责	16(8.6%)	17(8.9%)	17(8.5%)	22(9.2%)
	义务	8(4.3%)	8(4.2%)	8(4.0%)	9(3.8%)
	标准	7(3.8%)	7(3.6%)	7(3.5%)	20(8.3%)
	依照[e]	9(4.8%)	8(4.2%)	10(5.0%)	10(4.2%)
小计		186/122(100%)[g]	192/135(100%)	201/145(100%)	240(100%)
反面	违法	21(10.7%)	22(10.0%)	21(9.2%)	32(9.6%)
	违规	3(1.5%)	3(1.4%)	3(1.3%)	3(0.9%)
	违章	1(0.5%)	1(0.5%)	1(0.4%)	2(0.6%)
	非法	83(42.1%)	98(44.3%)	105(46.1%)	181(54.0%)
	违反	73(37.1%)	79(35.7%)	81(35.5%)	89(26.6%)
	不符合	10(5.1%)	10(4.5%)	10(4.4%)	18(5.4%)
	禁止	6(3.0%)	8(3.6%)	7(3.1%)	10(3.0%)
小计		197/150(100%)[h]	221/170(100%)	228/185(100%)	335(100%)
总计		383/181[i]	413/211[j]	429/234	575

注：a. 规定，指刑法外实质意义上的某项规定，如国家规定、枪支管理规定等规定，也包括“法律规定”等规定属于动词或名词不明确的情况，不包括“某法的规定”这类形式规定，如“森林法的规定”。b. 法律，指字面意义的“法律”词语，包括“法律”、“法律、行政法规”中的“法律”。c. 法规，指字面意义的“法规”词语，包括某“法规”、“法律、行政法规”中的“法规”。d. 制度，不包括“社会主义制度”。e. 依照，包括“依照法律、行政法规”等刑法外前置法规范的前缀，不包括“依照本法规定”“依照前款规定”等刑法内规范。f. 此处百分比为某一表达所占条文/罪名/款的数量所占正面或反面总数的比值。g. 两个数值的含义：前一数值为正面词语所占条文/罪名/款的数量相加的总数。但考虑到一个条文、罪名和款可能包含多个前置法规范表达，故所有前置法规范表达词语数量相加得到的总数存在重复计算的问题，无法精确获得涉及前置法规范表达条文/罪名/款的数量，因此我们排除重复计算的数量，得到后一数值为所有包含正面词语的条文/罪名/款的实际数量。h. 反面两个数值含义同 g。i. 总计的两个数值含义同 g，前者为所有前置法规范表达词语所占条文/罪名/款的数量总和，后者为刑法分则中所有包含前置法规范表达的条文/罪名/款的实际数量。但总计的后一数值并不等于正面表达和反面表达所有包含前置法规范表达的条文/罪名/款的实际数量的小计相加，因为正面和反面表达也可能在同一条文、罪名或款中同时出现，故排除重复计算的数量，才得到总计数量。j. 此数值已排除重复的罪名，包括第 128 条第 2 款和第 3

款非法出租、出借枪支罪、第 207 条和第 208 条第 2 款非法出售增值税专用发票罪、第 238 条和 241 条第 3 款非法拘禁罪、第 382 条和第 394 条贪污罪。

（三）分则各章中的前置法规范表达

对上述前置法规范表达进行进一步细分和归类，可以发现其在《刑法》各章的分布具有如下特点（见表 4）：

其一，细分后的前置法规范表达包含更多种类，也更加杂乱。根据进一步细分和归类，前置法规范表达从 18 种增加至 22 种。“规定”按照性质分为“刑法内规定”、“刑法外规定”和“违规”3 类，“刑法内规定”的使用数量达到了 320 个，远大于“刑法外规定”的 114 个。“法律”根据广义的含义分为了“法律、行政法规”“法律”“具体法”“依法”“非法”“违法”6 类，其中“非法”最多，共有 181 个，最少的是“法律、行政法规”，但也有 15 个，而“具体法”却只有 20 个。“法规”按照法规名称分为“行政法规”“管理法规”“其他法规”3 类，总体数量较少。“其他”则包含了内容单一的前置法规范表达，数量均同表 2，故不再赘述。

其二，前置法规范表达总体上主要分布在分则的第二、三、六、九章，总则也有一定数量的分布。从前置法规范表达在《刑法》分章的总数来看，分则的第六章妨害社会管理秩序罪的前置法规范最多，达 276 个；其次是分则的第三章破坏社会主义市场经济秩序罪，达 237 个；再次是分则的第二章危害公共安全罪，共有 74 个，第四章侵犯公民人身权利、民主权利罪有 63 个，第九章渎职罪也有 53 个；分则的第一章危害国家安全罪和第七章危害国防利益罪的前置法规范最少，只有 8 个。但是，由于“依照”作为刑法外前置法规范前缀的情况较少，由表 3 可知分则中仅有 10 个。如果去掉“依照”这一干扰因素再进行比较，我们发现，前置法规范表达主要集中在分则的第二、三、六、九章。总则各章也有一定数量的前置法规范表达，其中第四章“刑罚”的具体运用最多，有 33 个；第二章“犯罪”最少，但也有 13 个。

其三，不同类别前置法规范表达的分布与总体分布大致一致。在“规定”的分类中，刑法外规定分布最多的章节依次是分则的第二、三、六章，分别为 11 个、19 个、35 个，第一、五、七章不涉及。在“法律”分类中，前置法规范主要分布在分则的第二、三、六、九章，并且第六、九章中六类表达均有分布。在“法规”分类中，三种“法规”主要分布在分则的第三、六章，分别有 7 个和 11 个，其他章数量较少。在“其他”分类中，其总数主要被“依照”和“违反”拉高，第三、六章前置法规范表达最多。最少的是“规章”和“违章”，均只有 2 个，并且都分布在第二章。

表 4 前置法规范表达在《刑法》分章的分布

名目	分类	总则					分则										共计
		一	二	三	四	五	一	二	三	四	五	六	七	八	九	十	
规定	刑法内规定[a]																320
	刑法外规定[b]	4	4	6	6	6	0	11	19	3	0	35	0	9	8	3	114
	违规[c]							1	2								3
小计		4	4	6	6	6	0	12	21	3	0	35	0	9	8	3	437
法律	法律、行政法规			3	4				4			3			1		15
	法律[d]	12	4			4		2				5			5	1	33
	具体法	4				1			4	2		7			2		20
	依法		1	4	4	3		6	6	1	1	15	1	1	4		47
	非法						2	17	51	14	4	72	5	6	4	6	181
	违法				1				15			12		1	4		33
小计		16	5	7	9	8	2	25	80	17	5	114	6	8	20	7	329
法规	行政法规[e]			3	4	1			4			3			1		16
	管理法规[f]							2	2	1		4			1		10
	其他法规[g]								1			4				2	7
小计		0	0	3	4	1	0	2	7	1	0	11	0	0	2	2	33
其他	规章							2									2
	制度	1	1			1	2	3									8
	职责					1		1	1	5		1			8	6	23
	义务	1		2		1			5	1		2				1	13
	标准							1	17			2					20
	依照	5	3	4	9	1	4	13	70	29	8	77	2	10	6	2	243
	违反			2	3	3		12	17	7		29		7	6	11	97
	不符合							1	12			2			3		18
	违章							2									2
	禁止			5	2				7			3					17
小计		7	4	13	14	7	6	35	129	42	8	116	2	17	23	20	443
共计		27	13	29	33	22	8	74	237	63	13	276	8	34	53	32	1242

注：a. 刑法内规定，指《刑法》中的“本法规定”“本节规定”“前款规定”等指向刑法内部条文的规定以及一些如“处罚较重的规定”“数罪并罚的规定”“禁业规定”等提示性或特别的规定。由于数量较大且

与文章联系不大,故未进行进一步的分章统计。b. 刑法外规定,指《刑法》中明确指出的如“森林法的规定”等具体法规范规定或如“法律规定”“法律、行政法规规定”等没有明确指向的法规范规定。c. 违规,指违反规定。d. 法律,指单独的“法律”词语,不包括“法律、行政法规”。e. 行政法规,指文义的“行政法规”一词,包括单一的“行政法规”和“法律、行政法规”。f. 管理法规,根据法规的前缀“管理”一词进行归类。g. 其他法规,包括金融法规、文物保护法规、保护水产资源法规、狩猎法规、保守国家秘密法规、兵役法规等难以再进行分类的法规。

(四)有关规定的前置法规范表达

根据前置法规范的不同性质,我们又将“刑法外规定”又分为了“规定”“国家规定”“法律规定”“法律、行政法规规定”等 11 类表达。观察其在各章的分布,主要发现如下(见表 5):

其一,刑法外规定继续细分的规范内容不明且位阶混乱。我们发现,《刑法》中除“法律规定”“具体法(的)规定”“法律、行政法规规定”以及《刑法》第 96 条明确规定的“国家规定”等常用规定之外,还有“管理规定”“国务院规定”“部门规定”“机关规定”“条约规定”“其他规定”等位阶较低或位阶和内容均不明确的规定。例如,“部门规定”中的第 330 条妨害传染病防治罪“国务院卫生行政部门规定”,究竟指部门规章还是部门出台的规范性文件或其他规范？并且,在整个“刑法外规定”中,除了“具体法(的)规定”,其他规范均处于指向和内容不明确的状态。

其二,刑法外规定细分的各类表达之间的关系混乱。尽管《刑法》第 96 条规定了“国家规定”的内涵,但是并没有对任何其他前置法规范的内涵作出规定,因而不同表达之间的关系尤为混乱。例如,“规定”“管理规定”“国务院规定”“部门规定”等规定与“国家规定”是何关系？是否存在冲突？如《刑法》第 442 条擅自出卖、转让军队房地产罪的空白罪状是“违反规定”,第 331 条传染病菌种、毒种扩散罪的空白罪状是“违反国务院卫生行政部门的有关规定”。又如,“部门规定”与“管理规定”重合的表达与“部门规定”“管理规定”分别表达又有什么区别？如果《刑法》中的规定具有更广的范围,总则就应当像《刑法》第 96 条一样制定出一个总结性的规范。但如果《刑法》中的“规定”对应的就是第 96 条,则其中国务院部门规定、规章制度等就都违反了第 96 条。另外,“法律规定”究竟是“法律的规定”,还是“法律和规定”,抑或是“法律或规定”？“法律、行政法规规定”也有类似的疑问。

其三,刑法外规定总体分布主要在分则的第二、三、六章,“国家规定”数量最多,“条约规定”“国务院规定”最少。从表 5 中各章的分布来看,分布最多的是分则第六章,共有 35 个,其次是第三章,有 19 个,再次是第二章的 11 个;最少的是第一、五、七章,其分布均为 0。从表 5 分类的数目来看,数量最多的是“国家规定”45 个,其次是“法律规定”13 个,再次是“规定”12 个,数量最少的是“国务院规定”和“条约规定”,均只有 1 个。尽管部分分类的数目较少,但是除去重复计算的 3 个规定，所有刑法外规定总数相加也达到了 114 个，即除了 11 个“具体法（的）规定”之外，也有 103 个“刑法外规定”是并不明确的。

表 5 “刑法外规定”细分及其在刑法分章中的分布

名目分类	总则					分则										共计
	一	二	三	四	五	一	二	三	四	五	六	七	八	九	十	
规定[a]					2		2	4			1			2	1	12
国家规定[b]					2		2	8	3		20		9	1		45
法律规定[c]	3	4			1						3			2		13
法律、行政法规规定			2					4			1			1		8
具体法（的）规定[d]			1					3			5			2		11
管理规定[e]			1	2			7								1	11
国务院规定[f]											1					1
部门规定[g]			1	2							2					5
机关规定[h]			2	4												6
条约规定[i]	1															1
其他规定[j]					1						2				1	4
小计[k]	4	4	7	8	6	0	11	19	3	0	35	0	9	8	3	117

注：a. 规定，指单独的规定，与其他类型规定呈相互排斥关系，如第 133 条之一危险驾驶罪中的“严重超过规定时速行驶”。b. 国家规定，包括“国家规定”和“国家有关规定”，后者如第 253 条之一侵犯公民个人信息罪“违反国家有关规定”。c. 法律规定，“法律”仅指字面意思，包括“法律规定”“法律明文规定”“法律特别规定”“其他法律规定”，但不包括“法律、行政法规规定”。d. 具体法（的）规定，包括“具体法的规定”和“具体法规定”，前者如第 159 条虚假出资、抽逃出资罪“公司法的规定”，后者如第 189 条对违法票据承兑、付款、保证罪“票据法规定”。e. 管理规定，指前缀为“管理”的“规定”，如第 126 条违规制造、销售枪支罪“枪支管理规定”、第 437 条擅自改变武器装备编配用途罪“武器装备管理规定”。总则中有 3 个管理规定与部门规定重合，包括第 58 条“国务院公安部门有关监督管理的规定”、第 77 条“国务院有关部门关于缓刑的监督管理规定”、第 86 条“国务院有关部门关于假释的监督管理规定”。f. 国务院规定，指第 330 条的“国务院有关规定”，如果是国务院部门规定，则认定为部门规定。g. 部门规定，指第 58 条“国务院公安部门有关监督管理的规定”、第 77 条“国务院有关部门关于缓刑的监督管理规定”、第 86 条“国务院有关部门关于假释的监督管理规定”、第 330 条妨害传染病防治罪“国务院卫生行政部门规定”和第 331 条传染病菌种、毒种扩散罪“国务院卫生行政部门的有关规定”。总则中的 3 个部门规定与管理规定重合。h. 机关规定，指总则中第 39 条被管制罪犯的义务与权利中的“执行机关规定”“执行机关关于会客的规定”、第 75 条缓刑犯应遵守的规定中的“考察机关的规定”“考察机关关于会客的规定”、第 84 条假释犯应遵守的规定中的“监督机关的规定”“监督机关关于会客的规定”。i. 条约规定，指总则第 9 条普遍管辖权中“中华人民共和国缔结或者参加的国际条约所规定的罪行”。j. 其他规定，指第 101 条“总则的效力”中的其他法律的“刑罚规定”，第 332 条妨害国境卫生检疫罪“国境卫生检疫规定”，第 334 条第 2 款采集、供应血液、制作、供应血液制品事故罪“操作规定”，第 436 条武器装备肇事罪“武器装备使用规定”。k. 小计，原本“刑法外规定”总数为 114 个，与表 4 对应，但由于部门规定与管理规定在总则中存在 3 个重合的表达，故重复计算 3 个规定，总数目为 117 个。

(五)前置法规范修饰语表达的搭配

根据前置法规范的修饰语对其进行分类(见表6),可以发现如下特征:

其一,前置法规范的修饰语较多且搭配混乱。主要发现如下:一方面,前置法规范的修饰语种类较多,主要可分为"有关""另有""明文""特别""国家""其他"6种;另一方面,部分修饰语的搭配较为复杂。例如,"有关"就有8种搭配,并且其与"国家"和"规定"的搭配既有修饰"规定"的"国家有关规定",又有修饰"国家规定"的"有关国家规定";与"国务院""部门""规定"搭配时又分为修饰"规定"的"国务院部门有关规定"和修饰"部门规定"的"国务院有关部门规定"。又如,"国家"的搭配也有4种,分别修饰了"规定""有关规定""法律"和"法律、行政法规"。

其二,修饰语存在含义不明确或赘余的情况。一方面,大多数前置法规范含义本就不明,加上修饰语后变得更加不明确。"有关"就是一个典型的模糊性修饰,"规定"本身就是一个含义不清的规范,经"有关"修饰后的"有关规定"的含义更加模糊不清。此外,"有关国家规定"和"国家有关规定"的含义是否一致也存在疑问,"国务院部门有关规定"和"国务院有关部门规定"更让人对国务院哪一部门的什么规定产生困惑。正是由于"有关"的不明确,从而才有上述"违反国家规定"和"违反国家有关规定"的范围争论。和"有关"类似的还有"另有""特别""其他",尽管该类修饰表明法律另有指向,但并没有指出具体明确的参照,其适用所导致的结果只有两个,要么忽视指向,要么随意援引。另一方面,有一些修饰语不具有实质意义,属于赘余的成分。例如,"明文",在《刑法》第3条中,"法律明文规定"意味着需要法律条文的明确规定,但是我国法律都是成文的,即使不表述"明文",适用法律都必须要有明确规定,因此"明文"不具有实质意义。"国家"这一修饰同理,"国家法律""国家法律、行政法规"等表述即使去掉"国家"也不会改变被修饰规范的内涵。因此"国家"这一修饰同样不具有实质性意义,完全可以将一些模糊的"国家规定"具体化并且删除部分无实质意义的修饰。

表6 前置法规范表达的修饰语

修饰语	分类	总则		分则		总数	
		n	%	n	%	n	%
有关	本法、本节有关规定	1	25.0	3	75.0	4	100.0
	有关规定[a]	0	0.0	2	100.0	2	100.0
	国家有关规定	0	0.0	3	100.0	3	100.0
	有关国家规定[b]	0	0.0	1	100.0	1	100.0
	国务院有关规定	0	0.0	1	100.0	1	100.0

续表

修饰语	分类	总则		分则		总数	
		n	%	n	%	n	%
有关	国务院部门有关规定[c]	1	50.0	1	50.0	2	100.0
	国务院有关部门规定[d]	2	100.0	0	0.0	2	100.0
	有关金融法规	0	0.0	1	100.0	1	100.0
另有	本法另有规定	1	14.3	6	85.7	7	100.0
明文	法律明文规定[e]	2	100.0	0	0.0	2	100.0
特别	法律特别规定[f]	2	100.0	0	0.0	2	100.0
国家	国家规定[g]	2	4.8	40	95.2	42	100.0
	国家有关规定	0	0.0	3	100.0	3	100.0
	国家法律	0	0.0	1	100.0	1	100.0
	国家法律、行政法规	0	0.0	2	100.0	2	100.0
其他	其他法律	3	100.0	0	0.0	3	100.0
	其他法律、行政法规	1	100.0	0	0.0	1	100.0

注：a. 有关规定：《刑法》第134条和第134条之一"有关安全管理的规定"。b. 有关国家规定：第337条"有关动植物防疫、检疫的国家规定"。c. 国务院部门有关规定：第58条"国务院公安部门有关监督管理的规定"、第331条"国务院卫生行政部门的有关规定"。d. 国务院有关部门规定：第77条"国务院有关部门关于缓刑的监督管理规定"、第86条"国务院有关部门关于假释的监督管理规定"。e. 法律明文规定：第3条"法律明文规定"和"法律没有明文规定"。f. 法律特别规定：《刑法》第6条和第101条的"法律有特别规定"。g. 此处的"国家规定"仅为字面的"国家规定"，不包括"国家有关规定"。

（六）条文与罪名表达的对称情况

根据分则条文与罪名中部分常见前置法规范表达的对称情况——比对和判断（见表7），我们又分别描述了罪名和条文、条文和条文搭配的特征。主要发现如下：

其一，条文与罪名表达普遍不对称。主要表现是：

（1）"违法"与"规定"混用。例如，《刑法》第405条第2款的罪名是"违法提供出口退税证罪"，但条文表述为"其他国家机关工作人员违反国家规定……"，其中的"违法"应当指违反法律，而罪状中却是"违反国家规定"。

（2）"非法"与"法规"相混淆。如《刑法》第325条罪名"非法向外国人出售、赠送珍贵文物罪"与条文"违反文物保护法规……"不对称。又如，《刑法》第340条非法捕捞水产品罪的空白罪状是"违反保护水产资源法规"，但罪名却是"非法"。《刑法》第341条第2款"非法狩猎罪"，第3款"非法猎捕、收购、运输、出售陆生野生动物罪"的前置法规范分别是"违反狩猎法规""违反野生动物保护管理法规"。

（3）"非法"与"规定"相混淆。如《刑法》第334条之一罪名是"非法采集人类遗传资源、走私人类遗传资源材料罪”，但是前置法规范是“违反国家有关规定”。

(4)“非法”与“法律、行政法规”不对称。如《刑法》第225条罪名是“非法经营罪”，但是规定的非法经营行为却包括“(一)未经许可经营法律、行政法规规定的专营、专卖物品或者其他限制买卖的物品”以及“(二)买卖……其他法律、行政法规规定的经营许可证或者批准文件……”。

(5)非法与行政行为相混淆。如《刑法》第296条“非法集会、游行、示威罪”的罪状是“未依照法律规定申请或者申请未获许可，或者未按照主管机关许可的起止时间、地点、路线进行，又拒不服从解散命令，严重破坏社会秩序的”。又如，《刑法》第407条的罪名是“违法发放林木采伐许可证罪”，而条文则规定“林业主管部门的工作人员违反森林法的规定，超过批准的年采伐限额发放林木采伐许可证……”其中“违法”对应“违反森林法的规定”即可，却又与“超过批准的年采伐限额”这样违反行政审批的规定混用。

(6)罪名中的条文明明没有“非法”，罪名中却强加“非法”。如《刑法》第336条第2款“非法进行节育手术罪”的前置罪状是“未取得医生执业资格的人”，不具有资格却被扣上“非法”帽子。又如，《刑法》第314条非法处置查封、扣押、冻结的财产罪的前置罪状是“已被司法机关查封、扣押、冻结的财产”，条文中没有“法律”等任何法规范用语，却在罪名中滥扣“非法”的帽子。

(7)“非法”与“违法”“犯罪”混用。例如，《刑法》第287条之一“非法利用信息网络罪”主干罪状中没有“非法”的具体内容，而三个具体的项里面含有“违法犯罪活动”“违法犯罪信息”。

(8)条文中有法或规定，罪名却不用“非法”“违法”或“违规”等术语。相似条文的罪名总结不一致。如《刑法》第337条罪名为“妨害动植物防疫、检疫罪”，罪状却有“违反有关动植物防疫、检疫的国家规定”。更为明显是，《刑法》第341条的三个相似罪名，第一个“危害珍贵、濒危野生动物罪”条文中有“非法”但罪名没有“非法”，后面两个罪名反而有“非法”。又如，《刑法》第344条“危害国家重点保护植物罪”的罪状是“违反国家规定，非法采伐、毁坏珍贵树木或者国家重点保护的其他植物的，或者非法收购、运输、加工、出售珍贵树木或者国家重点保护的其他植物及其制品的”。

(9)“违规”与“非法”“依法”混用。如《刑法》第126条的罪名是“违规制造、销售枪支罪”，条文中规定的行为又有“以非法销售为目的”以及“非法销售枪支”。又如，《刑法》第161条的罪名是“违规披露、不披露重要信息罪”，条文规定的主体却是“依法负有信息披露义务的公司、企业”，行为又包括“对依法应当披露的其他重要信息不按照规定披露”，反复矛盾。

其二，条文与条文表达同样普遍不对称。主要表现如下(见表7)：

（1）条文内部“违法”“非法”“法律、行政法规”“规定”“法规”以及行政行为交叉混用。例如，《刑法》第225条非法经营罪的空白罪状是“违反国家规定”，第1项、第2项、第3项的“非法”经营行为又混杂“非法”行政行为，“（一）未经许可经营法律、行政法规规定的专营、专卖物品或者其他限制买卖的物品的；（二）买卖进出口许可证、进出口原产地证明以及其他法律、行政法规规定的经营许可证或者批准文件的；（三）未经国家有关主管部门批准非法经营证券、期货、保险业务的，或者非法从事资金支付结算业务的”，但是判处罚金却又被表述为“违法所得”。又如，《刑法》第408条之一食品、药品监管渎职罪第1款第2项规定“对发现的严重食品药品安全违法行为未按规定查处的”，“按规定查处”与“违法行为”存在矛盾。第253条之一侵犯公民个人信息罪的罪状既包括“违反国家有关规定”，又包括“窃取或者以其他方法非法获取公民个人信息的”。第344条之一非法引进、释放、丢弃外来入侵物种罪的罪状是“违反国家规定，非法引进、释放或者丢弃外来入侵物种，情节严重的”。《刑法》第228条非法转让、倒卖土地使用权罪的罪状是“以牟利为目的，违反土地管理法规，非法转让、倒卖土地使用权，情节严重的”。

（2）条文之间“违法”“非法”交叉混用。例如，《刑法》第395条的巨额财产来源不明罪中规定了“非法所得”，而第175条高利转贷罪中却是“违法所得”，“侵犯知识产权罪”一节所用都是“违法所得”。

（3）条文中有“违法”“非法”，但“违法”“非法”的依据不明。如《刑法》第384条挪用公款罪中的“国家工作人员利用职务上的便利，挪用公款归个人使用，进行非法活动的”，第385条受贿罪中的“非法收受他人财物”，均无法规范依据。

（4）“具体法”与模糊规定相混用。如《刑法》第330条妨害传染病防治罪的前置罪状明确是“违反传染病防治法的规定”，第1款第3项行为却是“准许或者纵容传染病病人、病原携带者和疑似传染病病人从事国务院卫生行政部门规定禁止从事的易使该传染病扩散的工作的”，而第3款又改成“《中华人民共和国传染病防治法》和国务院有关规定”。

表7　前置法规范在分则条文与罪名中的对称情况[a]

条文	罪名						条文					
	违法		非法		违规		违法		非法		违规	
	对称	非对称	对称	非对称[b]	对称	非对称	对称	非对称	对称	非对称	对称	非对称
法律[c]	2		3									
法规[d]				9						7		

续表

条文	罪名						条文					
	违法		非法		违规		违法		非法		违规	
	对称	非对称	对称	非对称	对称	非对称	对称	非对称	对称	非对称	对称	非对称
规定[e]		5		16	4			11		35		
规章												
法律、行政法规				2				7		8		
行政许可				4				11		4		
资格				2								
批准		1		1				2		5		
无				51				19		72		
依法			3			3	2		8			
非法						3		16				
违法				6						16		
违规												
禁止				1						4		
共计	2	6	6	92	4	6	2	66	8	151	0	0

注：a. 由于涉及条文的词汇之间交叉匹配存在重复问题，所以表格中每种词汇出现的数量与表 2 中的总数量不同。对称规则，即对称范围控制在某一罪名和某一条文之间或内部，在一个条文中也要甄别相关关系，至少是同一主体的行为或同一行为中的要素。如一个条文两款规定内容并不相关，则不算入对称判断中，如第 357 条毒品的范围及毒品数量的计算第 1 款“本法所称的毒品，是……以及国家规定管制的其他能够使人形成瘾癖的麻醉药品和精神药品”中的“规定”与第 2 款“毒品的数量以查证属实的走私、贩卖、运输、制造、非法持有毒品的数量计算”中的“非法”并不相关。但是第 355 条非法提供麻醉药品、精神药品罪罪名中的“非法”与“向吸食、注射毒品的人提供国家规定管制的能够使人形成瘾癖的麻醉药品、精神药品”中的“规定”则有一定的关系，因为二者在一个行为中呈行为与行为客体的关系。对称计数方式为，某罪中，违法/非法/违规个数 × 条文中其他词汇个数，如果无对称的规范依据则放人“无”中。b. 非对称，指罪名中的“非法”在条文中无对应的法律。c. 法律，包括文法中的“法律”、具体某部法律以及某法的规定。d. 法规，包括交通运输管理法规、消防管理法规、药品管理法规、金融法规、土地管理法规、劳动管理法规、国（边）境管理法规、文物保护法规、保护水产资源法规、狩猎法规、野生动物保护管理法规、土地管理法规、自然保护地管理法规、保守国家秘密法规、兵役法规等法规。e. 规定，指刑法外实质意义上的某项规定，如“国家规定”“枪支管理规定”等规定，也包括“法律规定”等规定属于动词或名词不明确的情况，但不包括某法的规定这类形式规定。

本文通过上述 6 个统计表格，系统地梳理了《刑法》尤其是分则中的前置法规范表达。可以发现，《刑法》中的前置法规范表达有模糊的情况。首先，从总体来看，《刑法》中前置法规范表达数量多且种类杂。《刑法》分则中接近一半的条文和罪名设置了前置法规范，仅“规定”一词就在刑法全文中出现了 434 次，简单分类即可达到18种之多，模糊表达多而精确表达少，且“规章”“制度”“标准”等非法规范用语泛滥，部分条文中的前置法规范表达堆砌过多。其次，从章节分布及进一步分类来看，总则虽有一定数量的分布，但前置法规范主要分布在分则的第二、三、六、九章。对其中的“规定”进一步细分得到的“刑法外规定”内容复杂，包含了“国家规定”“国务院规定”等11类不同表达，这些表达内容不明，位阶混乱，相互关系纷繁复杂。最后，从搭配来看，前置法规范的修饰语种类多且搭配混乱，加上修饰语后的前置法规范的含义更不明确。分则条文与罪名中部分常见前置法规范表达的对称情况更不容乐观，罪名与条文、条文与条文的表达普遍交叉混用，无前置法规范依据却强加“非法”“违法”“违规”等术语，有法规范依据反而不采用术语。《刑法》前置法规范表达较为模糊的现状对司法适用来说无疑是阻碍，故有必要寻求问题根源，并及时改变现状。

五、问题症结

为什么我国《刑法》中的前置法规范出现混乱呢？如果不能找到其真实原因，一切解决方案无异于丰墙峭阯、建塔于沙。可以通过查阅和对比过去的立法资料，以及其他法律中的参照性规范表达，探求刑法前置法规范表达的历史变迁和当前整体法律规范表达现状。经过梳理，笔者发现刑法前置法规范表达混乱的原因主要有以下五点：

（一）行政法规范本身混乱

以行政法规范为代表的刑法前置法规范，本身就较为混乱，从而导致刑法规范表达的不明确。我国行政法是由有关行政组织、行政行为、行政程序、行政救济、行政部门管理的无数法律规范构成的法律群，而行政法规范更是在此基础上所建立的一套包含了复杂的行政职能和位阶层级的法规范体系。① 而正因为行政法规范调整范围广泛且开放，因而承接了刑法中大部分前置法规范的内容。但其规范无论是在形式上还是实质上，都较其他法律更为混乱，影响了刑法前置法规范的制定和适用。

一方面，在形式上，我国行政立法一直处于分散型的模式，行政法规范多而杂乱且变动频繁，缺乏系统性整合。② 例如，关于“土地”的规定就有多个行政法规范有所涉及，包括《土地管理法》《黑土地保护法》《农村土地承包法》《农村土

---

① 参见关保英：《行政法学》（第2版），法律出版社2018年版，第94页；张淑芳：《行政法规范衔接瑕疵及整合》，载《法学杂志》2021年第3期。

② 参见章志远：《中国特色行政法法典化的模式选择》，载《法学》2018年第9期；高永明：《刑法中的行政规范：表达、功能及规制》，载《行政法学研究》2017年第4期。

地承包经营纠纷调解仲裁法》等法律,以及《土地管理法实施条例》《城镇国有土地使用权出让和转让暂行条例》《土地调查条例》《土地复垦条例》《城镇土地使用税暂行条例》《国有土地上房屋征收与补偿条例》《土地增值税暂行条例》等行政法规。此外,还有各种部门规章陆续修改更新或出台,如自然资源部于 2019 年和 2020 年陆续通过的关于第一批、第二批废止和修改的部门规章的决定,对《土地调查条例实施办法》《节约集约利用土地规定》《土地复垦条例实施办法》等部门规章进行了修改,并对《划拨土地使用权管理暂行办法》《土地利用总体规划管理办法》《征收土地公告办法》《土地利用年度计划管理办法》等行政规章进行了废止。而关于"国土资源"的各种行政法规范以及其他领域法规范中,也有许多与"土地"相关的规定。仅关于"土地"的规定就有多项法律、行政法规、部门规章尚未统筹整合,更何况行政法规范所调整的领域远不止这一项,其他领域相关行政法规范的分散和杂乱可想而知。

另一方面,在实质上,不同内容和位阶的行政法规范应当规定的内容并不清晰和协调,这就导致行政法规范之间存在重复规定、衔接疏漏、内容冲突、交叉援引等问题。① 例如,《行政强制法》第 8 条和《行政处罚法》第 7 条就行政行为的当事人享有陈述、申辩和获得赔偿的权利以及救济程序这些内容存在重复规定的情况。②《行政处罚法》对听证程序的规定有限,仅用三个条文进行了简略的规定,缺乏充分衔接实体与程序的补充规定。③ "责令改正"并未被《行政处罚法》纳入行政处罚的种类,并且一般被作为行政命令适用,但是《土地管理法》却将"责令限期拆除"(如第 83 条)定性为行政处罚。④《森林法》第 60 条规定了不得核发采伐许可证的具体情形,却为了防止其他行政法规范另有规定或后续有所规定,又在第 4 项规定援引"法律法规和国务院林业主管部门规定"以补充禁止采伐的其他情形。

因而,刑法在援引这些行政法规范作为前置法规范时,不得不考虑其复杂性和易变性,尽量采用宽泛的术语进行总体概括而很难精确定位。例如,第 341 条第 2 款非法狩猎罪的空白罪状是"违反狩猎法规",但实际上并没有关于狩猎的专门法律和行政法规,而要从《野生动物保护法》《枪支管理法》《陆生野生动物

---

① 参见张淑芳:《行政法规范衔接瑕疵及整合》,载《法学杂志》2021 年第 3 期;张淑芳:《论行政法规范的援用》,载《中国法学》2005 年第 6 期;马怀德:《中国行政法典的时代需求与制度供给》,载《中外法学》2022 年第 4 期;薛刚凌:《行政法法典化之基本问题研究——以行政法体系建构为视角》,载《现代法学》2020 年第 6 期;章志远:《中国特色行政法法典化的模式选择》,载《法学》2018 年第 9 期。

② 参见马怀德:《中国行政法典的时代需求与制度供给》,载《中外法学》2022 年第 4 期。

③ 参见张淑芳:《行政法规范衔接瑕疵及整合》,载《法学杂志》2021 年第 3 期。

④ 参见马怀德:《中国行政法典的时代需求与制度供给》,载《中外法学》2022 年第 4 期。

保护实施条例》《自然保护区条例》等一系列行政法规范中查找关于狩猎的规定，因此刑法在制定该条时很难确定一个具体的法律作为前置法规范。又如，关于“土地管理”的行政法规范过于分散和零碎，刑法将相关行政法规范概括为“违反土地管理法规”并一直保留这一表达存在这样的考量，全国人大常委会更是直接将“违反土地管理法规”解释为，违反《土地管理法》《森林法》《草原法》等法律以及有关行政法规中关于土地管理的规定。①

（二）1979 年《刑法》、单行刑法以及 1997 年《刑法》表达的延续

现行《刑法》很大程度上延续了 1979 年《刑法》、单行刑法以及 1997 年《刑法》不规范、不准确且混乱的前置法规范表达。

首先，1979 年《刑法》制定前的刑法草案不断增加前置法规范表达。从 1950 年《刑法大纲草案》（初稿）到 1956 年《刑法草案（第 13 次稿）》，其中的前置法规范以“法令”为主，如“金融管理法令”“海关法令”等，并且其间出现了“法律”“制度”“法规”“国家规定”，但数量较少，总体只有一到两个。随后，1957 年《刑法草案（草稿）（第 21 次稿）》首次将几乎所有“法令”替换成了“法规”，直到 1978 年《刑法草案》（修订稿，第 34 次稿）将大多数“法规”修改为“国家……的规定”，如将“违反保护森林法规”改为“违反国家保护森林的规定”。之后的 1979 年《刑法草案》（法制委员会修正第一稿，第 36 次稿）又将“国家……规定”改回“法规”，并且“法规”的数量增多，确定下来的“枪支管理规定”“文物保护法规”“国家保密法规”基本上都被 1979 年《刑法》延续。在刑法草案较为漫长的修订过程中，前置法规范还陆续出现了“政府保护耕畜规定”（第 134 条，1962 年《刑法草案》第 27 次稿）、“选举法”（第 169 条，1962 年《刑法草案》第 27 次稿）、“保护珍禽、珍兽管理规定”（第 189 条，1962 年《刑法草案》第 27 次稿）、“保护耕畜规定”（第 138 条，1963 年《刑法草案》第 30 次稿）、“国家农村经济政策”（第 116 条，1978 年《刑法草案》第 34 次稿）、“安全生产规则、操作规程”（第 105 条，1979 年《刑法草案》第 35 次稿）、“国家计划规定”（第 115 条，1979 年《刑法草案》第 35 次稿）、“非法狩猎国家保护的珍禽、珍兽的”（第 217 条，1979 年《刑法草案》第 35 次稿）、“违反规章制度”（第 114 条，1979 年《刑法草案》第 36 次稿）、“强令工人违章冒险作业”（第 115 条，1979 年《刑法草案》第 36 次稿）等表达。尽管部分过度行政化的表达被及时删除，如“政府保护耕畜规定”“国家农村经济政策”等；部分不规范的表达也被及时修改，如“安全生产规则、操作规程”被修改为“规章制度”，但是最终被 1979 年《刑法》确定下来的前置法规范表达依然较多，包括“法律”“规定”“法规”“规章制度”“违章”“管理规定”“选

① 参见潘华杰：《论刑法违反性规定中参照规范的确定方法》，载《法律方法》2022 年第 1 期。

举法”等,大多数表达的内容都不明确,并且第一章一直保留着“煽动群众抗拒、破坏国家法律、法令实施的”。

其次,1997 年《刑法》及后续刑法修正案保留了很多 1979 年《刑法》的前置法规范表达。例如,1979 年《刑法》第 129 条的空白罪状是“违反保护水产资源法规”,1997 年《刑法》和现行《刑法》第 340 条非法捕捞水产品罪都保留了这一空白罪状。1979 年《刑法》第 130 条的前置法规范是“违反狩猎法规”,1997 年《刑法》第 341 条非法猎捕、杀害珍贵、濒危野生动物罪和非法收购、运输、出售珍贵濒危野生动物、珍贵、濒危野生动物制品罪第 2 款保留了这一前置法规范,现行《刑法》中也依然存在。此外,1997 年《刑法》第 128 条非法持有、私藏枪支、弹药罪、非法出租、出借枪支罪的空白罪状“违反枪支管理规定”,现行《刑法》第 325 条非法向外国人出售、赠送珍贵文物罪和第 327 条非法出售、私赠文物藏品罪的空白罪状“违反文物保护法规”,第 332 条妨害国境卫生检疫罪的空白罪状“违反国境卫生检疫规定”均来自 1979 年《刑法》,且都沿用至今。

最后,1997 年《刑法》及后续刑法修正案,很大程度上延续了 1997 年以前制定的单行刑法中不规范、不准确且混乱的前置法规范表达。在对比现行《刑法》第 452 条之后的两个附件的 23 个条例、补充规定和决定与 1997 年《刑法》以及现行《刑法》后,可以发现,1997 年《刑法》的很多条文及其前置法规范都机械地照搬了其中前置法规范的表达,甚至延续至今。例如,1981 年颁布的《惩治军人违反职责罪暂行条例》中“违反武器装备使用规定”“违反兵役法规”和 1997 年《刑法》中的表达完全相同,并且后两者保留至今。又如,1997 年《刑法》第八章贪污贿赂罪一章包括“违反国家规定,收受各种名义的回扣、手续费”“在经济往来中,违反国家规定,给予国家工作人员以财物……或者违反国家规定,给予国家工作人员以各种名义的回扣、手续费”“依照国家规定应当交公而不交公”“应当依照国家规定申报”等表达,基本照搬了 1988 年公布的《全国人民代表大会常务委员会关于惩治贪污罪贿赂罪的补充规定》,现行《刑法》也基本予以保留。此外,1993 年《全国人民代表大会常务委员会关于惩治生产、销售伪劣商品犯罪的决定》中的“《中华人民共和国药品管理法》的规定”以及各种“标准”,1995 年《全国人民代表大会常务委员会关于惩治破坏金融秩序犯罪的决定》中的“未经中国人民银行批准”“银行或者其他金融机构的工作人员违反法律、行政法规规定”“银行或者其他金融机构的工作人员违反规定”,1995 年《全国人民代表大会常务委员会关于惩治虚开、伪造和非法出售增值税专用发票犯罪的决定》中的“违反法律、行政法规的规定”等表达也均被 1997 年《刑法》全盘接受。现行《刑法》也对“银行或者其他金融机构的工作人员违反规定”等部分表达有所沿用。

（三）1997年《刑法》和现行《刑法》修改有限

对于前置法规范表达，1997年《刑法》对1979年《刑法》及单行刑法的修改，以及现行《刑法》对1997年《刑法》的修改都非常有限。首先，1997年《刑法》对于1979年《刑法》中的部分前置法规范进行了一定的修改，但并不全面和彻底，主要分为三类。第一类是将原有前置法规范中的内容变为罪状并删除前置法规范，但是较为少见。例如，1979年《刑法》第142条规定："违反选举法的规定，以暴力、威胁、欺骗、贿赂等非法手段破坏选举或者妨害选民自由行使选举权和被选举权的……"，而1997年《刑法》第256条破坏选举罪则删除了"违反选举法的规定"，并将《选举法》中规定构成犯罪的破坏选举的行为转化为罪状。第二类是将原有模糊前置法规范改为具体前置法规范，但是并不全面。例如，由于《保守国家秘密法》1988年才制定，因此1979年《刑法》第186条将空白罪状规定为"违反国家保密法规"，后1997年《刑法》将第398条故意泄露国家秘密罪、过失泄露国家秘密罪的空白罪状改为"违反保守国家秘密法的规定"。同样，1997年《刑法》第345条第2款将1979年《刑法》第128条的"违反保护森林法规"改为"违反森林法的规定"。但是，也有一些法律在1997年之前就已颁布，但1997年《刑法》依然没有将前置法规范修改为法律。如《公民出境入境管理法》《外国人入境出境管理法》都是1985年制定的，1997年《刑法》却没有将第322条偷越国（边）境罪的前置法规范修改为法律，而依然保留了"法规"。第三类是将1979年《刑法》条文中的前置法规范修改为另一种表述，但是修改后的表达依然是混乱和不明确的。例如，1979年《刑法》第176条的"违反出入国境管理法规"被修改为1997年《刑法》第322条"违反国（边）境管理法规"。又如，1979年《刑法》第113条的"从事交通运输的人员违反规章制度"被修改为1997年《刑法》第133条交通肇事罪的"违反交通运输管理法规"。

其次，1997年《刑法》也对单行刑法中部分条文的前置法规范进行了修改，但是改动不大，同样没有动摇先前前置法规范表达混乱模糊的根本。例如，将1995年公布的《全国人民代表大会常务委员会关于惩治违反公司法的犯罪的决定》（已废止）第7条"未经公司法规定的有关主管部门批准"修改为1997年《刑法》第179条擅自发行股票、公司、企业债券罪的"未经国家有关主管部门批准"，因为公司法也没有规定具体的主管部门，此处的"公司法规定的"没有实质意义，故予以删除。但是"有关主管部门批准"依然是一个不明确的行政法规范表达。又如，将1990年公布的《全国人民代表大会常务委员会关于禁毒的决定》第1条中的"国务院规定管制的其他能够使人形成瘾癖的麻醉药品和精神药品"修改为1997年《刑法》第357条毒品的范围及毒品数量的计算原则中的"国家规定管制的其他能够使人形成瘾癖的麻醉药品和精神药品"，并将第10

条第 2 款中的“提供国家管制的麻醉药品、精神药品的”修改为 1997 年《刑法》第 355 条非法提供麻醉药品、精神药品罪的“提供国家规定管制的能够使人形成瘾癖的麻醉药品、精神药品的”,以保持与“国家规定”一致。

最后,1997 年《刑法》的历次修改也没有对前置法规范进行很大程度的变动。例如,截至 2020 年刑法修正案,1997 年《刑法》第 96 条“违反国家规定”之含义从来没有变动。此外,通过检索 1997 年《刑法》中的部分前置法规范表达词语,我们发现,1997 年《刑法》中有 322 个“规定”、47 个“法律”、30 个“法规”、3 个“规章”、8 个“制度”、22 个“具体法”、147 个“非法”、17 个“职责”、5 个“义务”、20 个“标准”、26 个“违法”、1 个“违规”、1 个“违章”,实质上和表 2 中现行《刑法》前置法规范表达的数量相差不大,现行《刑法》中部分前置法规范反而增加了。“规定”增加了一百多个的主要原因是增加的条文和罪名中的“刑法内规定”增加,而“刑法外规定”实质上增加不明显。而在变动的条文中,我们发现,1997 年《刑法》第 188 条非法出具金融票证罪的罪名被修改为“违规出具金融票证罪”,立法者似乎意识到该罪的空白罪状“违反规定”,罪名应该与条文保持对称,故将罪名中的“非法”改为“违规”。立法者还试图将前置法规范统一为“国家规定”。例如,将 1997 年《刑法》第 186 条违法向关系人发放贷款罪、违法发放贷款罪的“违反法律、行政法规规定”改为现行《刑法》的“违反国家规定”。但立法者并没有完全改变现状,甚至将明确内容变更为不明确内容。如 1997 年《刑法》第 337 条逃避动植物检疫罪的“违反进出境动植物检疫法的规定”,在现行《刑法》中被改为“违反有关动植物防疫、检疫的国家规定”,具体法反而被强行统一为模糊的“国家规定”。

(四)单行刑法起草者不同

单行刑法起草者不同,导致 1997 年《刑法》不同章节术语不统一。根据单行刑法制定的附随说明可以发现,由于每个单行刑法的内容以及制定的时间不同,起草者也随之发生变化,因而刑法前置法规范表达并不统一,再加上上述 1997 年《刑法》很大程度上照搬了单行刑法原始条文的因素,各章节分别纳入了不同单行刑法的前置法规范表达,故其表达并不统一。例如,1981 年颁布的《惩治军人违反职责罪暂行条例》是由全国人大常委会法制委员会和总政治部共同起草的,并征求了军内外各方意见。① 该条例所规定的前置法规范包括“武器装备使用规定”“保守国家军事机密法规”“兵役法规”,其特点在于明确了援引的法规范类型,但是没有具体的法规范名称。而 1990 年公布的《全国人民代表大

① 参见高铭暄、赵秉志编:《新中国刑法立法文献资料总览》(第 2 版),中国人民公安大学 2015 年版,第 238 页。

会常务委员会关于禁毒的决定》则是由全国人大常委会法制工作委员会起草，并征求了公安、法院、检察院、海关、医药卫生等部门的意见。① 该决定中的前置法规范则包括“国家规定”“国务院规定”“国家有关规定”“海关法的有关规定”“法律、行政法规的规定”“国家关于麻醉药品、精神药品的管理规定”，以“规定”和“有关规定”为主，却没有“法规”。由此，不同时间、不同起草者起草的单行刑法前置法规范的差异可见一斑。

（五）整个立法系统的用语不规范

整个立法系统中的参照性规范表达均存在不清楚的情况。通过对比部分行政法、《民法典》等法律的参照性规范，我们发现，参照性规范混乱并不是现行《刑法》独有的特点，而是整个立法系统中多数法律都存在的情况。例如，行政法的参照性规范表达滥用问题，主要表现为：一是援引法规范以外的规则，如《安全生产法》第 107 条“违反安全生产规章制度或者操作规程的，由生产经营单位给予批评教育，依照有关规章制度给予处分”。二是抽象援引条款过多，如《海洋环境保护法》第 29 条“严格执行国家或者地方规定的标准和有关规定”、《森林法》第 52 条“符合国家有关部门规定的标准的”、《城乡规划法》第 32 条“应当遵守有关法律、行政法规和国务院的规定”。三是术语使用不统一，如“不得”“禁止”“反对”等这些词含义是否一致？如果不一致，应当如何区分使用情况？如《野生动物保护实施条例》的第 24 条第 2 款“不得收购未经批准出售的国家重点保护野生动物或者其产品”，第 26 条第 1 款“禁止在集贸市场出售、收购国家重点保护野生动物或者其产品”。②

《民法典》中也存在“法人成立的具体条件和程序，依照法律、行政法规的规定”（第 58 条）、“法人终止，法律、行政法规规定须经有关机关批准的”（第 68 条）、“违反法律、行政法规、规章以及其他有关诊疗规范的规定”（第 1222 条）等内容不明的参照性规范表达，以及“规章”这样的非法规范用语。还有民法学者研究了《民法典》中的“参照适用”规范，“参照适用”本身的性质就存在争议，而其中像“参照适用公司法律的有关规定”（第 71 条）、“参照适用本编或者其他法律最相类似合同的规定”（第 467 条）、“参照适用买卖合同的有关规定”（第 646 条）等表达更是模糊不清，需要进一步判断。③

综上所述，我们可以看到，前置法规范表达混乱本质上就是一个立法问题。

---

① 参见高铭暄、赵秉志编：《新中国刑法立法文献资料总览》（第 2 版），中国人民公安大学 2015 年版，第 259 页。

② 参见张淑芳：《论行政法规范的援用》，载《中国法学》2005 年第 6 期；张淑芳：《行政法规范术语与行政权范围问题探析》，载《时代法学》2005 年第 5 期。

③ 参见张弓长：《〈民法典〉中的“参照适用”》，载《清华法学》2020 年第 4 期。

立法者在改变,立法在进步,但是前置法规范表达却基本停留在 1979 年《刑法》阶段。面对这些问题,立法者试图将部分被制定的法律纳入新刑法罪状中并删除前置法规范,或将模糊的前置法规范改为具体规范,或调整罪名或前置法规范表达使罪名与条文表达协调,或删除多余前置法规范表达。但所有这些努力,并没有依照《宪法》和《立法法》的要求修改,更没有考虑彻底地修改《刑法》中原有不合理、不妥当的前置法规范表达。与之相反,刑法修正案进行了轻微的、局部的替换,但这不可能改变自 1979 年《刑法》以来的前置法规范表达不规范、不准确、混乱的问题,反而部分的改动让《刑法》整个前置法规范表达体系更加混乱。因此,现行《刑法》中前置法规范混乱的困境非以立法的方式重构前置法规范表达体系不能突破。

六、结论与建议

习近平总书记指出,新中国成立以来特别是改革开放以来,经过长期努力,我国形成了中国特色社会主义法律体系,国家生活和社会生活各方面总体上实现了有法可依,这是一个了不起的重大成就。[①] 诚然,1979 年《刑法》大量使用前置法规范是当时法律体系不完善的被迫举措。但自 1997 年以来,无论是刑法还是其他法律体系,都得到明确的立法,在法治体系已经基本形成的基础之上,不应再沿用法治不健全时期的前置法规范表达。虽然经过 1997 年的修订和历次修正,刑法形式上始终坚持罪刑法定为根本原则,不断结合社会发展需要及时完善。但是,刑法的罪刑法定应当坚持形式与实质的罪刑法定的统一,既要坚持有关定罪量刑的事项由刑法规定,也要保证定罪量刑所依据的其他法律必须由法律规定。

既然问题症结已经找到,欲突破现状则须总结立法经验,结合当前法治成就,建立适合未来法治需要的前置法规范体系。笔者认为,只有彻底修改现有的前置法规范,重新建构一套完善的前置法规范表达体系,才能保证前置法规范准确适用。这种重构本身是以刑法、宪法和立法法为依据,并在此基础上当然地成立的。一方面,重构体系的根本依据在于罪刑法定原则,即《刑法》第 3 条所规定的"法律明文规定";既要遵循形式的罪刑法定,在刑法条文中规定前置法规范,也要遵循实质的罪刑法定,必须让法律作为定罪量刑的依据。另一方面,重构体系的现实依据来自法律保留原则。宪法和立法法将法律分为由全国人大制定的基本法律和由全国人大常委会制定的基本法律以外的法律,而有关犯罪和

---

① 参见《中国特色社会主义法律体系的形成和完善》,载中国人大网 2021 年 8 月 23 日,http://www.npc.gov.cn/npc/wgggkf40nlfcjgs/202108/d102b9ded7a04069a6cd4a4e5ee0b43f.shtml。

刑罚的事项只能由全国人大制定基本法律进行规制。① 据此，重构体系的基本方向即在于以全国人大制定的法律作为认定犯罪和刑罚的要素的前置法规范。因此，为建立科学的中国刑法前置法规范表达体系，笔者从以下五个方面提供重构体系的具体方案，是否采信由立法机关参酌决定。

第一，删除所有抽象和无意义的前置法规范表达。一方面，删除《刑法》中除了"具体法"以外的前置法规范的抽象表达，以排除刑法条文适用的首要阻碍。如上述的"国家规定"、"国家有关规定"（第253条之一）、"法律规定"（第284条之一）、"有关金融法规"（第186条），其表达种类混乱且无法精准确定需要援引和参照的法规范，保留和沿用只会徒增困扰，应当及时删除。另一方面，删除非为构成要件要素、仅作为违法性提示或同位语、不具有合法与非法区分意义的非法规范用语，以保持刑法条文的简洁性。如《刑法》第284条之一第3款非法出售、提供试题、答案罪的罪状"为实施考试作弊行为，向他人非法出售或者提供第一款规定的考试的试题、答案的"，在法律规定的国家考试中为他人考试作弊提供试题、答案本来就是非法行为，故此处的"非法"只具有提示行为违法性的意义，完全可以直接删除。②

第二，将所有前置法规范上升为法律。首先，刑法中所有作为构成要件要素的非法律前置法规范都应当由全国人大制定为法律，或明确将已有具体法列出。这既符合罪刑法定原则的要求，也可以防止非法律规范的任意变动。例如，将《刑法》第331条的"国务院卫生行政部门的有关规定"制定为具体法律。又如，将《刑法》第410条的"土地管理法规"改为已有的"土地管理法"。其次，更为稳妥的做法是采纳1997年《刑法》对1979年《刑法》中前置法规范最为彻底的修改方法，将前置法规范直接删除，将援引的内容纳入刑法条文作为叙明罪状。最后，列明刑法中非法规范用语的法律来源，以防止非法规范作为刑法认定犯罪的要素的情况。如在《刑法》第261条中列明"扶养义务"的法律来源，又如，列明《刑法》第282条非法获取国家秘密罪的"非法"依据。

第三，对不能上升为法律的其他前置法规范，在刑法内给予充分明确的规定。尽管现行《刑法》中大多数前置法规范尚未纳入立法计划，一时无法通过立法转变为法律，但是同样可以采纳1997年《刑法》对1979年《刑法》中部分前置法规范的修改方法进行过渡，即将援引的法规范具体内容纳入条文中，以刑法本

---

① 参见桑志祥、魏启敏：《论宪法视野下的空白罪状》，载《河南司法警官职业学院学报》2012年第2期。

② 参见罗翔：《刑事不法中的行政不法——对刑法中"非法"一词的追问》，载《行政法学研究》2019年第6期。

身明文规定的形式给予其认定犯罪的正当性。例如，如果上述《刑法》第 331 条的“国务院卫生行政部门的有关规定”暂时无法制定具体法律，则可以将这一规范的内容明确在该条中列出。如果该规范内容无法纳入刑法条文，则不能作为定罪量刑的依据。

第四，删除或修改《刑法》第 96 条的规定，并统一为“法律”用语，排除国务院的法规或规定、条例内容。尽管《刑法》第 96 条规定了“违反国家规定”的含义，但是“国家规定”的内涵依然非常不明确，且与宪法、立法法、刑法本身相冲突。因此，在分则条文已经明晰的情况下，可以选择删除“国家规定”这一解释条款。如果实在不愿意删除，《刑法》第 96 条也应当及时修改，明确规定刑法中前置法规范一律为全国人大制定的法律。在《刑法》第 96 条中统一前置法规范的实质内涵后，分则中的“具体法”表达形式也应当统一；除了应当指明某一法律的全称，保留“中华人民共和国”的前缀、增加书名号等格式均应当保持统一。此外，明确规定“违法”“非法”的含义，在刑法条文中统一不同表达的适用条件，以防止交叉使用导致术语混乱。

第五，做好刑法与其他部门法的衔接。既然刑法需要将其他部门法作为前置法规范，那么其他部门法也应当做好与刑法衔接协调的准备。其他部门法可以通过修改“依照刑法有关规定追究刑事责任”等模糊表达，在某一违法行为存在情节严重、构成犯罪的情况下，准确对接刑法具体条文和罪名，明确规定“依照刑法第 × 条的规定定罪处罚”①。做好刑法与其他部门法的对接，可以最大限度发挥其作为“一次法”的指引功能，更能够最大限度减少刑事司法裁判中任意引用前置法规范条文的情况的发生。

综上所述，本文通过六个表格分别从总则与分则、不同分章以及规范搭配的角度全面展示了我国《刑法》前置法规范混乱的现状。通过分析产生这一现状的五个原因，并结合刑法、宪法和立法法的规定，最终得出重构前置法规范表达体系的方案，为坚持罪刑法定原则、完善刑法前置法规范提供了新的思路。当然，本文的不足之处主要包括以下四个方面：其一，本文并未对与前置法规范相关立法和司法解释进行统计和研究。上文提到，刑法本身有关前置法规范的规定已非常复杂，而部分相关立法和司法解释的出台更增加了适用的困惑，但尚无研究完整统计相关解释。其二，本文也并未统计与前置法规范相关的司法案例。司法裁判对前置法规范的运用情况可以反映刑法中前置法规范的合理性，但既有研究也尚不全面。其三，本文并未研究实质性的法定犯，忽略了那些法条中未

① 利子平：《我国附属刑法与刑法典衔接模式的反思与重构》，载《法治研究》2014 年第 1 期。

写明按照某规定但实质上也需要参考其他法规范的条文。[①] 其四，本文承认部分前置法规范在不同分类和表格中的含义存在变动。例如，“法律”在表3中与“具体法”属于并列关系，而在表4却是包含与被包含的关系。由于不同分类和表格所展现的内容不同，实难避免，故本文已在表格后注明含义以便于理解。总之，本文聚焦于刑法条文中的前置法规范，以上所提及的内容体量较大，一篇文章难以兼顾，故留待后续深入研究。

Reobserve and Reconstruct the Principle of Nullum Crimen Sine Lege in Criminal Law: An Empirical Inquiry of Linguistic Expression of Regulatory Articles

Zheng Aoqi　Xiong Moulin

Abstract: The third article of Criminal Law stipulates the principle of *nullum crimen sine lege*, and the Legislative Law also stipulates that crime and punishment shall be only formulated by the National People's Congress, or supplemented or amended by the Standing Committee of the National People's Congress. In line with *nullum crimen sine lege*, the existing literature has been widely discussing the limits of Criminal Law and judicial interpretation, the relationship between Criminal Law and other laws, and the judicial verdict and application, while particularly the high-profile cases stimulated the systematic curiosity of criminal illegality in recent years. However, the questions remain unsolved as to how this principle was implemented and expressed in the specific provisions of Criminal Law, and whether legislation or judicial arbitration caused judicial difficulties in nature. This paper anatomized the specific provisions of Criminal Law, conducting an empirical study on the linguistic expression of regulatory articles such as provision, law, regulation, duty, obligation, norm, and standard. The study found that (a) nearly half of the articles or crimes of the specific provisions utilize regulatory articles to set up the threshold of criminal offenses, clustering in the second, third, sixth, and ninth chapters of specific provisions of Criminal Law; (b) the expressions of regulatory articles are mixed, abusive, miscellaneous, chaotic, lacking rules among chapters, divisions, subdivisions, articles, and items; (c) the entitled crimes via judicial files lack

① 参见王瑞君：《空白罪状研究——以司法分析为视角》，载《法学论坛》2008年第4期；罗翔：《刑事不法中的行政不法——对刑法中“非法”一词的追问》，载《行政法学研究》2019年第6期。

uniform norms, transcending the legislative articles or conflicting with each other; (d) Criminal Law provisions are overly declarative, dominating a bunch of indirect authorization of legislation. The research indicated that Criminal Law itself should formally and substantially adhere to the principle of *nullum crimen sine lege*, while no regulatory article about crime and punishment should be established other than the law legislated by the National People's Congress, or supplemented or amended by the Standing Committee of the National People's Congress. The study is conducive to promoting further understanding of the principle, not only enriching the substance of the Criminal Law but also providing referential formulation for the scientific criminal code.

Key words: Nullum Crimen Sine Lege; Administrative Offenders; Illegality; Authorized Legislation; Criminal Code

执法视域下平台经营者集中审查的“困”与“破”

——以虎牙斗鱼合并案为例

■ 罗　娟　邹镇阳*

［内容摘要］　紧跟平台经济的发展步伐，大型数字平台的垄断愈加隐蔽，反垄断执法难度显著提高。虎牙斗鱼合并案作为首例平台经济领域被禁止的经营者集中案意义重大，以之为切入点探讨平台经营者集中审查的执法情境，可能带来学理上的重要发现。细析之，数据集中的分析视角单一、静态竞争分析框架的内生缺陷、行业特征因素的弱作用，使平台企业经营者集中审查在执法实践环节频频陷入困局。深究之，竞争效应与反竞争效应是主要致困因素。鉴于此，可以从市场竞争影响分析引入数据集中、细化综合审查要素以此减少依赖静态分析指标、分类审查融入平台企业行业特征与发展阶段因素等维度展开，为破解平台经营者集中审查的执法困局提供更为宏阔的

* 罗娟，西华大学法学与社会学学院副教授；邹镇阳，西华大学法学与社会学学院硕士研究生。

视角,从而以反垄断规制之力助推平台经济健康发展。

[关键词] 平台经济 经营者集中审查 竞争分析 执法

自《反垄断法》实施起,反垄断执法机构一直致力于经营者集中审查工作,截至2022年3月,共公布了4458件经营者集中案件。其中,无条件批准类经营者集中案件为4240件,附条件批准类经营者集中案件为54件,禁止类经营者集中案件为3件;虽营业额达到申报标准,但实施集中前未依法向执法机构申报的案件为161件。2004年盛大网络收购起点中文网,拉开了我国互联网平台经营者集中的序幕。2013年至2015年,并购高潮来袭。此后,互联网平台经营者集中进入常态。同时,许多互联网平台的身份逐渐转变,从一开始的单边平台逐渐转向双边平台。这种转变为企业带来了更高效的资源整合,有利于实现资源的最优配置,推动企业快速发展壮大。此后,我国迅速涌现出一批具有国际竞争力的超级平台。发展与规范应并重,互联网平台发展迅猛的同时却是竞争监管的缺位,滴滴与Uber合并案可谓竞争监管缺位的典型案例。

2020年中央经济工作会议指出,要强化反垄断和防止资本无序扩张,要加强规制,提升监管能力,坚决反对垄断和不正当竞争行为。[①] 为落实这一重要决策部署,在平台经济领域垄断问题日益突出的情况下,执法机构正逐步加强该领域反垄断的执法力度。2020年年底,国家市场监督管理总局(以下简称市监总局)公布对三起案件的行政处罚[②],拉开了平台经济领域强化监管时代的序幕。2021年2月7日,国务院反垄断委员会印发《关于平台经济领域的反垄断指南》(以下简称《指南》),为该领域反垄断监管提供了科学有效、针对性强的制度规则。而斗鱼虎牙合并案则是《指南》发布后,首例平台经济领域被禁止的经营者集中案。

2021年1月4日,市监总局对腾讯申报的虎牙斗鱼合并正式立案,依法进行经营者集中审查。2021年7月10日,市监总局发布《关于禁止虎牙公司与斗鱼国际控股有限公司合并案反垄断审查决定的公告》,宣告完成审查。审查中发现,此项集中将强化腾讯在中国境内游戏直播市场上的支配地位。此外,对于

---

① 参见新华社:《中央经济工作会议举行习近平李克强作重要讲话》,中央人民政府官网,http://www.gov.cn/xinwen/2020-12/20/content_5571388.htm。

② 2020年12月14日,市监总局对阿里巴巴投资有限公司收购银泰商业(集团)有限公司股权、阅文集团收购新丽传媒控股有限公司股权、深圳市丰巢网络技术有限公司收购中邮智递科技有限公司股权三起未依法申报违法实施经营者集中案作出行政处罚决定,对阿里巴巴投资有限公司、阅文集团和深圳市丰巢网络技术有限公司分别处以50万元人民币罚款的行政处罚,这是未依法申报行政处罚案件首次适用顶格处罚。

中国境内游戏行业上下游的运营服务市场及直播市场，此项集中还将使腾讯在这两大市场拥有双向封锁能力，并具有排除、限制竞争效果。同时，申报方腾讯提交的承诺方案，并不能有效减少此项集中对上述市场竞争的不利影响。因此，根据《反垄断法》第28条和《经营者集中审查暂行规定》第35条的规定，市监总局决定禁止此项经营者集中。① 这是自《反垄断法》实施以来，第三例被禁止的经营者集中案、首例被禁止的中国企业之间的合并案，也是全球互联网平台首例被禁止的经营者集中案。（虎牙斗鱼合并案审查时间线如表1所示）

表1　虎牙斗鱼合并案经营者集中审查时间线

时间	具体审查事项
2020.11.16	收到经营者集中反垄断申报
2021.01.04	正式立案（初步审查）
2021.02.02	进一步审查
2021.04.30	延长进一步审查期限
2021.06.24	申请撤回案件；同意撤回；再次立案
2021.07.10	完成审查，宣布禁止合并

平台经营者集中的执法实践蓄势待发，而学界对平台经营者集中审查制度的探索如火如荼，已经为实践积累了丰富的理论资源。综观现有研究成果，主要从两个阶段展开研讨：一是关于平台经营者集中审查的启动阶段。有的学者认为，当前经营者集中以企业营业额作为申报门槛，这会使在启动经营者集中审查时，那些营业额不大，但对市场竞争格局和消费者福利产生重大影响的平台经营者集中成为漏网之鱼。② 有的学者通过分析大型平台并购初创公司对反垄断执法带来的挑战，指出由于初创公司被收购时未产生足够的营业额，并购时不一定达到触发合并审查的营业额标准。③ 有的学者建议，在营业额标准的基础上，增设交易额标准和用户规模标准作为申报门槛，并对具有重要市场力量的数字平台施加强制申报义务，以确保适格案件进入审查程序。④ 还有学者根据平台企业的特点，提出数据基数、用户数量、用户在线时长等更具体的申报标准，并指出

① 参见《市场监管总局依法禁止虎牙公司与斗鱼国际控股有限公司合并》，载国家市场监督管理总局官网，http://www.samr.gov.cn/xw/zj/202107/t20210710_332525.html。

② 参见孙晋：《数字平台的反垄断监管》，载《中国社会科学》2021年第5期。

③ 参见林子樱、韩立新：《数字经济下平台竞争对反垄断规制的挑战》，载《中国流通经济》2021年第2期。

④ 参见王煜婷：《数字经济背景下我国经营者集中制度的完善》，载《中国政法大学学报》2022年第1期。

还应完善执法机构主动开启调查的法定条件。二是关于平台经营者集中审查的实施阶段。有的学者认为,实体标准需体现互联网企业合并特性,以提升执法机构分析的准确性,从而精准阻却危害市场竞争的企业合并。① 有的学者以禁止类经营者集中为例,指出现行《反垄断法》对禁止标准的规定名实不符,对执法机构的审查决定缺乏明确的指引性,也对参与集中的企业具有误导性。② 有的学者认为数字经济领域的竞争更具动态性,导致传统竞争效果评估因素难以适应,因此现有竞争效果评估因素需要调适。③ 有的学者根据平台经营者集中的特点指出,对平台经营者集中审查时,竞争影响评估涉及的因素更多,且相关因素大多同时具有正反两方面的影响,导致难以得到较为精准的净效应。④ 有的学者建议,在对平台经营者集中审查时,应提高竞争性影响分析的标准,并严控对一般抗辩事由的适用。⑤

2021 年,大量平台未依法申报经营者集中的实例发布,使关于审查启动阶段的研究能迅速根据实践调整,并逐步达成一致意见。而关于审查实施阶段的研究方兴未艾,并且往往在典型案例发布后得以推进。但目前,从执法机构的公布情况来看,进入实质审查程序的案例寥寥可数。研究素材匮乏,加之平台经营者集中审查本身极具技术性和不确定性,导致对平台经营者集中实质审查的完善速度缓慢。同时,由于双边平台具有交叉网络外部性、双边需求互补性、价格结构非中立性等特征,使适用于传统企业合并的审查标准,难以在平台企业合并审查中充分发挥作用。因此,本文从我国平台领域首例被禁止的虎牙斗鱼经营者集中案切入,针对执法审查困境,结合平台经营者集中的显著特点进行分析,以期从本土实践中探寻完善经营者集中审查的具体路径,更好地发挥经营者集中审查制度的作用,强化反垄断执法促进营商环境持续优化。

一、困局:执法实践中的平台企业经营者集中审查

“徒善不足以为政,徒法不足以自行。”以《反垄断法》为代表的市场规制法律法规,其生命力在执法活动中方能得以彰显。但目前,反垄断执法机构对平台本身特征的掌握不够深入、对平台经营者集中特征的把握不够充分,以致执法机构实施审查时,仍依赖传统静态竞争分析因素,将其作为分析具有或可能具有排

① 参见郭传凯:《互联网平台企业合并反垄断规制研究——以“滴滴”“优步中国”合并案为例证》,载《经济法论丛》2018 年第 1 期。

② 参见刘桂清:《经营者集中实体审查制度的立法不足与修订完善》,载《南海法学》2020 年第 6 期。

③ 参见孙晋:《数字平台垄断与数字竞争规则的建构》,载《法律科学》2021 年第 4 期。

④ 参见周孝:《平台企业横向并购反垄断规制:争议、难点与对策》,载《法治研究》2021 年第 4 期。

⑤ 参见丁茂中:《互联网领域的反垄断规制:守正与变革》,载《社会科学研究》2021 年第 4 期。

除、限制竞争效果的首要考虑。而且，平台经营者集中往往涉及用户隐私、企业创新等非价格竞争因素，而执法机构对此考虑不足。因此，执法机构对虎牙斗鱼合并案实施的审查，在重要的竞争分析部分中，未能明显体现出平台企业与传统企业经营者集中竞争效果的差异。在对虎牙斗鱼合并案的执法审查过程中，具体出现了以下困局：

（一）数据集中的分析视角单一

互联网时代，"获取消费者有限的注意力"与"对外提供消费者注意力"一直都是互联网平台竞争的焦点。① 个性化的产品与服务、精准的营销和高效的运营是帮助互联网平台不断吸引用户的重要法宝，而这背后是庞大的数据作为支撑。一方面，数据集中能够帮助企业更精准地了解用户需求，更高效地完成资源整合、产业升级，实现规模经济效益，增强企业发展后劲。例如，平台可通过对用户数据的广泛收集和深度挖掘，获得更多的用户信息资料和消费偏好，进而把潜在用户转化为客户资源。但仅仅依靠企业自身对用户数据进行收集和挖掘，将耗费企业大量时间和精力。而通过并购其他企业并获得该企业积累的数据，则是一条能够快速积累资源、实现产品升级的途径。同时，通过强强联合和资源重新分配，企业往往能够实现更强的协同效应，这将帮助企业在降低成本的基础上吸引更多用户。另一方面，数据集中可能对市场产生反竞争效果。例如，企业通过合并战略共享被合并企业的用户数据，进而高筑市场进入壁垒，抑制竞争。此外，企业在集中数据的过程中，常常存在违规收集和共享用户数据的行为。在获得被合并企业的用户数据后，企业往往怠于对用户隐私进行保护。这将给消费者带来不利影响，值得反垄断执法机构高度重视。目前，反垄断执法机构对数据集中反竞争效果的了解不够充分，重视不足。并且，现有对此类经营者集中进行反垄断审查的实例也较少。故而从本土实践出发，探寻对此类经营者集中审查的完善路径，将是一个长期的过程。

在虎牙斗鱼合并案的执法审查过程中，数据以及基于数据的算法对竞争产生的重要影响，还未被执法机构作为重要考虑因素。公告中的竞争分析部分，并未提及数据及基于数据的算法，更未体现有关数据以及算法对市场竞争的影响。以直播数据为例，直播数据的多样性、收集直播数据的速度、获取直播数据的数量、收集直播数据的质量等因素，对游戏行业上下游市场的竞争都有重要影响。我国游戏行业内，游戏运营服务市场处于行业上游，主要负责游戏活动策划、市场投放、产品上线、产品运营及售后服务。该市场中，新用户的注册信息以及老

① See David S. Evans, *Attention Rivalry among Online Platform*, Journal of competition law and economics, Vol. 9:2, p. 313 (2013).

用户的反馈信息尤为重要，将影响游戏运营服务的持续性，如果处理不好，游戏极大可能面临停服的结局。因此，对于游戏运营服务市场，核心要求之一便是采集用户信息的完整性，而直播数据则是重要的反馈信息来源。对于下游主要负责游戏宣传、娱乐互动的直播市场，观众数据、主播数据、礼物数据、弹幕评论数据等多维度的直播数据，都是帮助直播平台迅速调整优化、支撑平台企业增强用户黏性、获取核心竞争优势的重要资源。企业可利用算法技术，最大化地挖掘出数据资源的潜在效益。例如，对于游戏直播平台，一款游戏的火爆程度通常可以由观众预约数、实时观看人数等数据反映出来。

此外，直播中的观众弹幕评论数据，能够反映用户的互动参与程度。为获取用户注意力，互联网平台追求的重要资源便是用户数据，这一点在文化娱乐等细分市场更为明显。因此，平台企业收集、处理、存储用户数据的能力，更能准确地展示该平台企业的市场力量。但从虎牙斗鱼合并案的公告来看，执法机构在对市场结构进行分析之外，并未分析虎牙斗鱼合并过程中的数据集中情况。执法机构未分析数据集中给参与合并的腾讯、虎牙、斗鱼带来的竞争优势，以及给其他市场竞争者带来的竞争劣势。同时，执法机构也未根据集中数据的多样性、数据集中的速度、数据集中的数量、收集数据的质量、数据本身的价值等多维角度，来分析该项合并具有及可能具有的排斥、限制竞争的效果。

（二）静态竞争分析框架的内生缺陷可能放大反竞争影响

《指南》对平台经营者集中进行了较为全面的回应，其根据平台经济的特点，在《反垄断法》第27条的基础上进行了细化，对大型平台合并初创型企业等现象予以回应。《指南》指出，对涉及双边或多边业务的平台经营者集中，需结合其他业务综合考虑，并且还需对其涉及的直接和间接网络外部性进行评估。[①]在平台经营者集中的审查中，竞争分析涉及因素多，是实质审查中的重点和难点。由于平台经营者集中将从不同维度对市场力量、消费者福利等考虑因素施加不同方向的影响，且不同考虑因素之间的关系也备受争议，因而实践中的难度非常大。例如，平台经营者集中可能导致消费者选择进一步减少，损害消费者福利。但同时，平台经营者集中又便于整合资源、有助于技术创新。并且，由于互联网平台具有交叉网络外部性、用户多归属性、动态市场竞争更为突出等特点，一些传统的静态竞争分析因素，如市场份额、市场集中度等，在平台经济领域可能会放大经营者集中的反竞争影响，因此需要调适。例如，在该领域的市场竞争中常常存在“熊彼特式竞争”，这种竞争现象较传统市场竞争更为激烈并具有颠

① 参见《国务院反垄断委员会关于平台经济领域的反垄断指南》第20条。

覆性，往往使市场份额更具不确定性。① 此外，数字技术打破了许多传统市场的进入壁垒，加之用户选择不同平台的转换成本降低，使平台之间的竞争更加激烈，市场份额具有较大波动性。②

在虎牙斗鱼合并案的审查过程中，执法机构将营业额、活跃用户数、主播资源作为市场份额的分析考虑要素。相较于过去考虑单一的营业额要素，本次执法机构面对两大游戏直播平台合并时，确有根据直播平台的特点进行多维度考虑。但由于用户转换成本较低，游戏直播平台普遍存在用户多归属性，而虎牙和斗鱼还未取得足够强大的用户黏性。并且从虎牙和斗鱼的合并动机中也可以分析出，二者的用户还具有较高的同质性。因此，以用户数量作为市场份额的考察标准，得出市场份额合计达80%以上的结果，难免不够准确。同时，如前所述，当前平台企业市场力量的强弱，重点体现为其对数据收集、处理、存储能力的大小，因而传统审查标准，如市场份额标准，对判断市场力量的决定性作用需要调适。

（三）行业特征因素在竞争分析中的作用偏弱

在对虎牙斗鱼合并案审查时，执法机构也并未充分结合行业特征进行分析。例如，在对消费者影响的分析部分，执法机构认为集中后实体有可能利用其市场力量，降低产品质量，提高服务价格或者降低用户体验感受，损害消费者权益。③首先，游戏直播行业中，用户多归属性较强且用户转换成本低。大多数游戏直播平台根据用户类型的不同，会同时提供网页和App供用户使用。使用界面往往顺应用户的使用习惯进行设计，对用户而言简单易上手。除顶级赛事和明星主播的在线直播外，用户常在短短几分钟内穿梭于不同平台。其次，当前的游戏直播行业正处于竞争2.0时代。快手、抖音、B站等大型短视频平台，纷纷参与到游戏直播行业的竞争中，并且拥有庞大的用户基础和强大的资金实力。而深耕于游戏直播行业的斗鱼、虎牙则进入同质化、互相内耗的白热化竞争之中。两者都属于专业、单一的游戏直播平台，主要依赖广告收入以及主播打赏抽成，没有更为多元的营利模式。所以在斗鱼和虎牙发展日趋乏力的同时，其他大型短视频平台依靠自身积累的庞大用户基础，已经显示出后来者居上的趋势。而虎牙、斗鱼在合并后，能否实现资源的有效整合、开创新的营利模式、找到新的利润增长点，还是个未知数，还有很长的路要走。因此，在这个行业发展阶段，虎牙和斗

① 参见王先林：《论反垄断法对平台经济健康发展的保障》，载《江淮论坛》2021年第2期。

② 参见宋建波、荆家琪：《互联网平台企业的垄断问题及反垄断规制》，载《财会月刊》2021年第3期。

③ 参见《市场监管总局依法禁止虎牙公司与斗鱼国际控股有限公司合并》，载国家市场监督管理总局官网，http://www.samr.gov.cn/xw/zj/202107/t20210710_332525.html。

鱼合并后利用其市场力量，降低产品质量，提高服务价格或者降低用户体验感受，损害消费者权益的概率较低。

二、困由：“竞争”作用下的平台企业经营者集中审查

平台经营者集中审查执法频频陷入困局，其原因在于竞争效应与反竞争效应。过度竞争数据资源产生的负效应、纵向并购或混合并购的反竞争效应以及破坏性创新引发的动态竞争效果，都在相当程度上制约了平台经营者集中执法。

（一）竞争失衡引致数据封锁

在数字经济时代，数据已经成为第四大生产要素，是数字经济的核心组成部分，并成为衡量经营者市场竞争能力的重要参数。经营者所能收集的数据数量越多、种类越丰富，对数据的分析、处理能力越强，就越能获得市场控制力。根据数字集团理论，数字经济会形成产业生态，平台通过并购行为形成新的生态优势，因此，平台会集中数据、加大并购力度。数字集团理论为平台并购行为提供一种解释，即数字集团可以共享数据输入，进行模块化开发和创新。[①] 在大部分情况下，数据集中伴随着效率的提高和福利的产生，能够提升产品或服务的质量，高效配置数据资源、促进创新。

但是，由于资金、技术、人力资源等限制，中小企业并不能充分获取数据，与大型平台企业在获取、处理、共享、存储数据的能力上存在不小差距。大型平台企业利用数据集中获得生态优势，进一步在竞争中挤压其他竞争者的生存空间，使其他市场竞争者尤其是中小企业不断退出市场，进而高筑市场进入壁垒。市场中竞争失衡形成垄断，使数据过度集中到少数大型平台手中，大部分数据也并未被充分使用。因此，参与并购企业之间的数据集中，可能对市场产生反竞争的效果。数据过度集中导致数据封锁，容易构筑极高的市场进入壁垒、进一步加强平台市场力量、减少数据的流动性、限制广泛的数据访问和使用。同时，数据集中将降低企业对消费者隐私保护的力度。部分平台企业违规收集和共享用户数据，可能导致消费者面临价格歧视。这将给市场竞争和消费者带来不利影响，值得执法机构关注和重视。

（二）非横向经营者集中的反竞争效应增强

长期以来，反垄断执法机构以及专家学者都更为关注横向并购。有学者指出，企业发展壮大更加依赖于横向并购，横向并购既是平台企业获得市场支配地位，进而实施垄断行为的重要途径，也是在为平台企业直接或间接排除潜在竞争

① 参见李勇坚：《平台经济领域监管问题研讨：数据要素视角的平台并购行为》，载《国际经济评论》2021 年第 3 期。

对手的有效策略。[①] 相较于横向并购，企业往往通过纵向并购或混合并购整合其供应商或客户。这有助于降低成本、产业布局、强化产业链控制，能够明显提升效率，因而产生的反竞争问题较少。但在平台经济领域，平台企业单一地依赖横向并购实现规模效应，却已经难以推动平台的长期可持续发展。因此，近年来头部平台企业纷纷转向，通过纵向并购和混合并购进入各个细分市场，由早期提供单一场景和单一功能的平台，逐渐转向开放式、多场景、全场域、多功能的复合型生态型平台。平台通过构建生态系统，满足消费者的多样需求，进而实现对用户流量以及用户注意力的长期锁定。[②] 在此背景下，互联网平台极大地改变了非横向并购的竞争效应。头部平台企业通过纵向并购和混合并购，能够形成强大的复合生态系统，更可能产生严重损害市场竞争的结果。纵向并购和混合并购后形成的平台生态系统，通过正反馈效应、锁定效应和传导效应放大竞争差距，其反竞争的市场封锁效应与横向并购并不存在显著差异。如平台在市场竞争中利用生态优势，对自家的产品或服务给予更多诸如优先展示、优先推送、自动跳转等优惠条件的"自我优待"行为，这里的"自我"并非简单地理解为单一平台企业，还应当包括同一集团（子公司和关联公司）中的不同平台企业。而能够实施"自我优待"行为的平台往往属于双边或多边平台，其提供的一系列产品和服务构成一个不断发展的生态系统。这使该平台进一步强化其市场力量，并能对客户端造成直接影响。而头部平台企业在提供垂直产品和服务时，将使其生态系统的产品和服务享有特权，并通过市场封锁打压竞争对手。

2019年，经济合作与发展组织（Organization for Economic Co-operation and Development，OECD）竞争委员会对于科技、媒体和电信领域（Technology，Media and Telecom Sector，TMT）中的纵向合并问题进行重点讨论。[③] 2020年年初的美国，新的纵向合并指南草案发布并公开征求意见，开启美国强化纵向合并反垄断监管的序幕。[④] 在我国，类似阿里、腾讯这样的超级平台基本不会再考虑横向并购，而更多地会选择通过纵向并购、混合并购来进入相关细分市

① 参见周孝：《平台企业横向并购反垄断规制：争议、难点与对策》，载《法治研究》2021年第4期。

② 参见陈兵、林思宇：《"数据+算法"双轮驱动下互联网平台生态型垄断的规制》，载《知识产权》2021年第8期。

③ See Oecd, *Vertical Mergers in the Technology, Media and Telecom Sector: Background Note by the Secretariat*, available at http://one. Oecd. org/document/DAF/COMP/WD(2019)68/en/pdf, visited on July 10, 2021.

④ See The Federal Trade Commission, *FTC and DOJ Announce Draft Vertical Merger Guidelines for Public Comment*, FEDERAL TRADE COMMISSION PROTECTING AMERICA'S CONSUMERS (Jan. 10, 2020), https://www. ftc. gov/news-events/press-releases/2020/01/ftc-doj-announce-draft-vertical-merger-guidelines-public-comment.

场。一体化平台通过纵向并购、混合并购,将平台企业的市场势力延伸到相关业务市场,并在相关业务市场实行排斥竞争对手的封锁行为,产生市场垄断问题。虎牙和斗鱼之间的合并属于横向经营者集中,但也将间接构成腾讯与合并后企业的纵向经营者集中,使腾讯在游戏行业上下游的运营服务和直播市场上拥有双向封锁能力。该案名为禁止虎牙和斗鱼横向合并,实际上也是叫停腾讯纵向经营者集中行为。

(三)破坏性创新导致平台动态竞争显著

在传统经济领域的竞争中,技术革新、商业模式创新也存在,但对产业发展的影响渐进是常态、颠覆是例外。而平台经济领域中,信息技术如大数据、云计算、人工智能等正以前所未有的创新速度,对产业发展产生颠覆性的影响。信息技术成为平台企业的核心竞争力,企业要获得竞争优势,就需要不断实现技术创新。同时,更快的动态变化和更强的不确定性是信息技术本身具有的重要特征,这使巨头们的垄断优势也只是暂时的,更具创新能力的新贵后来者居上是时有发生的。[①] 因此,熊彼特的动态竞争理论与传统静态竞争理论的最大不同在于,相较于关注市场竞争中的市场结构及分配效率,前者更为关注破坏式创新对市场竞争的影响。破坏式创新将加剧市场竞争的激烈程度,因而在平台经济领域中,市场竞争的动态性也更为明显。

因此,对于典型的静态竞争分析因素,如市场份额和市场集中度,在更为稳定的传统经济领域中是衡量市场支配地位的重点,但似乎并不适合在创新频繁、不确定性较大、竞争动态性更为显著的平台经济领域发挥决定性作用。在平台经营者集中审查中,对于竞争具有高度动态性的平台领域,如果执法机构将未加调适的市场份额、市场集中度等静态竞争分析因素作为首要考虑,可能会高估平台企业的市场地位稳定性,从而放大经营者集中的反竞争影响。

三、破局:执法实践中平台企业经营者集中审查的应对之道

目前,由于执法机构对平台经营者集中的特点掌握不够深入,并且执法实践中相关案例较少,因此探寻经营者集中审查的完善路径仍需不断努力。对虎牙斗鱼合并案的审查,主要反映出执法机构对数据集中的分析视角单一、所依赖的静态竞争分析因素对反竞争效果的放大以及未分类未分阶段解决特定行业和阶段问题的挑战。对此,执法机构在今后平台经营者集中审查时,可在市场竞争影响分析中引入数据集中,细化综合审查要素、减少对静态分析指标的依赖,根据

① 参见陈伟华:《反垄断法视角下的数字经济垄断及规制思考》,载《杭州电子科技大学学报(社会科学版)》2021 年第 2 期。

平台行业特征及发展阶段的不同进行分类审查，充分发挥经营者集中审查制度在平台经济领域的作用。

（一）市场竞争影响分析引入数据集中

盖伊·罗福等学者指出，一个支配性的企业可通过收集不断增长的海量数据，为消费者提供更好和更有针对性的服务，让该企业变成极具吸引力的宿主，因此数据集中有助于稳固平台的市场地位。① 近年来，数据保护与市场力量之间的关系、数据集中对于市场竞争的影响也引起广泛关注。例如，2022 年 2 月 23 日，欧盟委员会公布了新一代数据治理立法《数据法案（草案）》，旨在确保数据经济的行为者之间公平分配数据价值，促进公平获取和使用数据。该草案也提出，诸如反垄断执法机构等行为审查者，对通过合并方式集中数据这一行为，需充分考虑行为者获取、处理、共享及存储数据的责任，必要时可以出于公共服务的目的，检查强制性的企业数据共享计划。2020 年 12 月欧盟委员会公布的《数字市场法（草案）》也指出，互联网巨头合并不同产品或服务数据的能力是公平竞争的一大障碍，并对此要求“守门人”为用户提供选择“退出”这一选项的可能性，并提供不降低服务质量的、无须太个性化的替代品。

欧美地区通过对数据集中等影响数字经济参与者之间关系的事项立法，有利于推动创新，促进更好的数据可移植、数据互操作、数据的公平访问。在此背景下，其反垄断执法机构在执法实践中，也越发注重数据集中对平台巨头带来的竞争优势以及对公平竞争的损害。在数字经济时代，鉴于数据要素和互联网平台的并购行为有极为重要的联系，我国执法机构也可以将数据集中纳入经营者集中审查的考虑因素中。② 例如，在平台经营者集中审查过程中，执法机构在市场进入壁垒的分析部分，可重点关注参与经营者集中的平台高筑市场进入壁垒的动机、能力，并据此考虑数据过度集中可能导致的数据封锁。同时，由于平台生态系统内的各部分紧密关联，其间共享数据将带来杠杆效应和正反馈效应，因此还可将其平台生态系统的各部分及各部分之间的关系考虑在内，进行整体评估，进而分析经营者集中导致的数据整合情况。

（二）细化综合审查要素，减少倚靠静态分析指标

《指南》根据平台的主要特点，提出在平台经营者集中审查时的多种分析考虑因素。然而，在执法实践中，执法机构仍可能面临因不够详细而操作难等问

① Guy Lougher & Sammy Kalmanowicz, *EU Competition Law in the Sharing Economy*, 7 Journal of European Competition Law & Practice (2016).

② 参见李勇坚：《平台经济领域监管问题研讨：数据要素视角的平台并购行为》，载《国际经济评论》2021 年第 3 期。

题。因此，还可以在《指南》的基础上进一步细化，列出更为具体直观的分析考虑因素，以供执法机构参考。首先，对于可以量化的因素，如交易金额、交易数量、点击量等，可以根据行业特点给出更为具体的数值建议。例如，用户多归属性较弱的行业，交易额的份额占比50%以上即可被认定为市场力量强；而用户归属性较强的行业，交易额的份额占比30%以上即可认定为市场力量强。又如，将活跃用户数细化为日/周/月活跃用户数，并且以年为周期进行抽样，这有助于更准确地评估经营者集中前后的流量变化。其次，对于量化难度大的因素，如用户黏性、技术进步等，可咨询专家或第三方评估机构给出更具体的评估方式、步骤。例如，将用户黏性这一因素，细化为多归属用户的数量以及用户使用时长进行评估。最后，执法机构应当强化“事后评估”，通过对典型案例的竞争分析进行回顾、总结、反思，进一步细化综合审查要素。

此外，如前所述，对于一些传统竞争分析因素，在高动态性竞争的平台经济领域可能存在一定的适用难度，因而需要调适。例如，在竞争分析因素的权重上，可以重点考虑新增用户数、网页访问量、用户有效使用时长、用户使用时间分布等动态流量指标，适当弱化市场份额在判断市场力量中的权重。同时，对于用户多归属性更强的平台领域，执法机构通过活跃用户数在相关市场所占比重计算市场份额时，需要考虑用户的多归属性而非简单直接合计数。另外，在考虑市场份额、市场控制力等体现市场地位的指标的同时，执法机构还需要考虑该地位的稳固程度。

（三）分类审查融入平台企业行业特征与发展阶段因素

平台企业在不同的行业领域、不同的发展阶段，其暴露出问题的性质和严重程度也有差异。目前，在平台经营者集中审查的过程中，执法机构并未对互联网平台企业更为细致地加以区分。但实际上，互联网平台企业之间的异质性非常明显。[①] 首先，就不同行业而言，教育、医疗、食品、金融、交通等行业关系到重大民生和国家安全，应该进行更为严格的审查，其他一般行业则可进行相对宽松的审查。[②] 反垄断执法机构可事先根据平台企业的性质和行业特征，提前建立反垄断规制实施方案，对潜在危害较大的平台企业合并，应当进行更为严格的反垄断审查。而对潜在危害较小的平台企业合并（如市场进入壁垒较低），执法机构则可把并购企业的效率抗辩作为主要的决策依据。对于大型平台并购初创企业，其通常涉及并购和创新之间关系，执法机构可以参照以色列竞争管理

---

① 参见刘航：《平台经济领域监管问题研讨：厘清平台经济监管中政府部门与平台企业之间的关系》，载《国际经济评论》2021年第3期。

② 参见曲创、王夕琛：《互联网平台垄断行为的特征、成因与监管策略》，载《改革》2021年第5期。

局的做法,根据并购企业的交易动机、接口产品或关联产品的类型等建立分类审查模型。①

其次,就不同发展阶段而言,平台企业的经营策略和相互之间竞争关系也会不同。处于不同发展阶段的平台企业,其合并动机也存在明显差异:在成长阶段,平台需迅速扩大自己的用户数量并突破临界规模,平台之间进行经营者集中主要追求规模扩大和实现盈利;而在成熟阶段,行业竞争格局基本成型,几家大型平台居于主导地位,大平台拥有较强的市场势力,有动机且有能力采取垄断行为抑制竞争、损害消费者利益。此时,平台企业可能将经营者集中作为排除市场竞争、巩固主导地位的手段。因此,对成长阶段平台进行的经营者集中,执法机构可以进行相对宽松的反垄断审查;而对成熟阶段主导企业发起的经营者集中,则应进行更为严格的反垄断审查。在审查过程中,反垄断执法机构可以重点关注企业战略、竞争状况和企业状况,据此来识别和区分平台经济细分产业的具体发展阶段。总之,执法机构应当根据平台企业的不同特点精准施策、分类审查,有针对性地解决问题,从而促进创新和产业的健康发展。

四、结语

良法是善治之前提,善治是良法之保障。当前我国反垄断立法提速、司法强化、执法常态化,积极推动竞争治理体系现代化,为经济高质量发展提供保障。而平台经营者集中属于全球反垄断规制的一大重点,其中,企业除通过横向合并实现规模效应外,越来越多地是选择纵向或混合合并实现产业一体化、构建超级生态系统。在《反垄断法》修订和《指南》颁布之后,我国反垄断规制应结合我国平台经济的发展以及执法实践的探索,加强对法律法规的理解与适用,充分发挥经营者集中审查制度的作用。

The"Trapped" and "Broken" in the Concentration of Undertakings Examination of Platform Operators from the

—Perspective of Law EnforcementA Case Study of
the Merger of HUYA and DouYu

Luo Juan　Zou Zhenyang

Abstract: With the development of platform economy, monopolistic behavior

① Oecd, *Directorate for Financial and Enterprise Affairs Competition Committee*, available at https://one.oecd.org/document/DAF/COMP/WD(2020)17/en/pdf, visited on July 11, 2021.

of large digital platform is increasingly hidden, and the difficulty of anti-monopoly law enforcement is significantly increased. Case of the merger of HUYA and DouYu, as the first case of concentration of undertakings prohibited in the field of platform economy, is of great value. It may bring important findings in academic area to discuss the law enforcement situation of concentration of undertakings examination of platform operator as a starting point. To be specific, the analysis perspective of data concentration is single, static competition analysis framework has endogenous defects, and the role of industry characteristics in competition analysis is weak. These could make the concentration of undertakings examination of platform operators frequently fall into a dilemma in law enforcement practice. The competition effect and anti -competition effect are the main factors. In view of this, law enforcement agencies can take the following measures such as introducing data sets in market competition impact analysis, refining the comprehensive review elements to reduce reliance on static analysis metrics, considering the industry characteristics and development stage of platform enterprises in the classification review. These measures provide a broader perspective to solve the law enforcement dilemma of concentration of undertakings examination of platform operators so as to boost the healthy development of platform economy with the force of anti-monopoly regulation.

Key words: Platform Economics; Examination of Concentration of Operators; Competitive Analysis; Law Enforcement of large digital platforms is increasingly limited, and the difficulty of anti-monopoly law enforcement is significantly increased. [illegible] of HHI and HHI as the first [illegible] of [illegible] is [illegible] in the field of platform economy [illegible] important [illegible] need [illegible] the [illegible] concentration of platform [illegible] as [illegible] starting point. To be specific, the analysis perspective [illegible] structural [illegible] correction analysis framework, the endogenous effects, and the role of [illegible] in competition analysis is weak. These could make the [illegible] examination of platform operators frequently fall into a dilemma in [illegible] enforcement practice. The [illegible] In view of these, [illegible]

[illegible]

电信诈骗

为何沉默
——基于布莱克法律运作理论的诈骗被害人报警意愿实证研究

■ 林镁钰　王　慈　宋奕非　夏一巍*

[内容摘要]　本研究基于2015年中国家庭金融调查数据，根据布莱克法律运作理论，探究五个社会生活方面(分层、形态、组织、社会控制、文化)如何影响诈骗被害居民的报警意愿。研究结果发现，分层、社会控制和文化对报警意愿有着显著影响，具体表现为非农户口和受教育程度更高的被害人普遍具有更高的报警意愿。而形态、组织与报警意愿的关系并未达到统计学显著。此外研究还发现，五个社会生活方面可能并非平行地作用于报警意愿，社会生活方面中存在"分层→文化→报警意愿"中介机制。本研究的结果不仅可以弥补国内有关被害人报警意愿实证研究的空白，也可为相关策略措施的制定提供实证依据。

* 林镁钰，西南财经大学法学院硕士研究生；王慈，西南财经大学法学院硕士研究生；宋奕非，西南财经大学法学院硕士研究生；夏一巍，西南财经大学法学院副教授、博士研究生导师。

[关键词] 诈骗被害 居民报警意愿 影响因素 中介机制 布莱克法律运作理论

一、引言

公安部最新资料显示，2021 年，全国共破获电信网络诈骗 44.1 万件；打掉违法团伙 3.9 万个，查处犯罪嫌疑人 69 万人；共紧急止付群众被骗钱款 3291 亿元，追缴返还人民群众被骗资金 120 亿元。电信诈骗已然成为严重危害社会公共安全、破坏治理环境的主要犯罪类型之一。针对电信诈骗犯罪多发高发态势，公安机关在侦查打击、防范反制、预警宣传等方面采取了一系列举措，全力遏制电信诈骗犯罪案件的多发高发势头。习近平总书记在 2021 年 4 月 8 日对打击治理电信网络诈骗犯罪工作作出重要指示，强调，坚持以人民为中心，全面落实打防管控措施是未来措施的重点。

以人民为中心的打防管控措施，意味着未来措施需要对诈骗犯罪的被害人进一步关注。其中，准确估计诈骗犯罪被害人的数量，是实施有效的打防管控措施的前提。然而，公安机关掌握的案件数量可能存在较大的黑数，①其主要原因是很多被害人在遭受诈骗之后，基于各种原因并不报案。因此，探究居民遭受诈骗后的报警意愿的影响因素，可以有效了解该类犯罪发生的真实情况，并为相关打防管控措施的采取提供依据。

遗憾的是，在中文文献中并未发现研究诈骗被害人报警意愿的实证研究。虽然国际期刊中存在使用实证研究方法探究报警意愿影响因素的文献，②但已有的研究也普遍存在理论和方法论两方面的缺陷——从理论上说，部分文献虽然使用了实证研究方法探究若干因素对报警意愿的影响，但是在变量的选取上

① 参见胡选洪：《我国犯罪黑数现象存续根据论》，载《中国刑事法杂志》2007 年第 1 期；陈家林、汪雪城：《网络诈骗犯罪刑事责任的评价困境与刑法调适——以 100 个随机案例为切入》，载《政治与法律》2017 年第 3 期。

② See Schoepfer Andrea & Piquero Nicole Leeper, *Studying the Correlates of Fraud Victimization and Reporting*, Journal of Criminal Justice, Vol. 37:2, p. 209 – 215 (2009); Bradford W. Reyns & Ryan Randa, *Victim Reporting Behaviors Following Identity Theft Victimization Results from the National Crime Victimization Survey*, Crime & Delinquency, Vol. 63:7, p. 814 – 838 (2015); Cassandra Cross, Kelly Richards & Russell G Smith, *The Reporting Experiences and Support Needs of Victims of Online Fraud*, Trends & issues in Crime & Criminal Justice, No. 158, p. 1 – 14 (2016); Cassandra, Cross, *Victims' Motivations for Reporting to the 'Fraud Justice Network'*, Police Practice and Research, Vol. 19:6, p. 550 – 564 (2018); Rengifo A. F., Slocum L. A. & Chillar V., *From Impressions to Intentions: Direct and Indirect Effects of Police Contact on Willingness to Report Crimes to Law Enforcement*, Journal of Research in Crime and Delinquency, Vol. 56:3, p. 412 – 450 (2018); Steven Kemp, *Fraud reporting in Catalonia in the Internet era: Determinants and Motives*, European Journal of Criminology, Vol. , p. 1 – 22 (2020).

较为随意，缺乏充分的理论依据。① 有部分文献虽然使用了若干理论，但是其理论是否具有普遍性还有待进一步验证。② 从方法论上说，这些研究所选取的样本多以某市或者某州为单位③，其结论是否具有代表性存在疑问。

基于此，本研究以布莱克法律运作理论为框架，通过分析具有全国代表性的调查数据，探究居民遭受诈骗后的报警意愿的影响因素。本研究的结果不仅可以弥补国内有关被害人报警意愿实证研究的空白，也可为相关策略措施的制定提供实证依据。

二、文献综述

（一）布莱克法律运作理论

根据文献检索，有关报警意愿影响因素的研究，主要使用焦点关注理论、刑事司法决策理论、④日常活动理论、布莱克法律运作理论和差别接触理论⑤对报警意愿进行解释。在众多文献中，布莱克法律运作理论不仅是解释报警意愿最为常用的理论，而且对影响因素的概括也是最为完整和全面的。因此，本研究主要以布莱克法律运作理论为基础，探究若干因素对报警意愿的影响。

布莱克将社会生活分为五个方面：分层（stratification）、形态（morphology）、组织（organization）、社会控制（social control）、文化（culture），并提出五个方面社会生活是可以量化的，各种社会现象的发生意味着社会生活量的增多或减少，

---

① See Cassandra Cross, Kelly Richards & Russell G Smith, *The Reporting Experiences and Support Needs of Victims of Online Fraud*, Trends & issues in Crime & Criminal Justice, No. 158, p. 1 – 14 (2016); Cassandra, Cross, Victims' Motivations for Reporting to the 'Fraud Justice Network', Police Practice and Research, Vol. 19:6, p. 550 – 564 (2018).

② See Schoepfer Andrea & Piquero Nicole Leeper, Studying the Correlates of Fraud Victimization and Reporting, Journal of Criminal Justice, Vol. 37:2, p. 209 – 215 (2009); Reyns & Ryan Randa, *Victim Reporting Behaviors Following Identity Theft Victimization Results from the National Crime Victimization Survey*, Crime & Delinquency, Vol. 63:7, p. 814 – 838 (2015); Rengifo A. F., Slocum L. A. & Chillar V., *From Impressions to Intentions: Direct and Indirect Effects of Police Contact on Willingness to Report Crimes to Law Enforcement*, Journal of Research in Crime and Delinquency, Vol. 56:3, p. 412 – 450 (2018); Steven Kemp, *Fraud reporting in Catalonia in the Internet era: Determinants and motives*, European Journal of Criminology, p. 1 – 22 (2020).

③ See Judy Van Wyk & Karen A. Mason, *Investigating Vulnerability and Rporting Behavior for Consumer Fraud Victimization: Opportunity as a Social Aspect of Age*, Journal of Contemporary Criminal Justice, Vol. 17:4, p. 328 – 345 (2001); Heith Copes et al., *Reporting Behavior of Fraud Victims and Black's Theory of Law: An Empirical Assessment*, Justice Quarterly, Vol. 18:2, p. 343 – 363 (2006).

④ See Reyns & Ryan Randa, *Victim Reporting Behaviors Following Identity Theft Victimization Results from the National Crime Victimization Survey*, Crime & Delinquency, Vol. 63:7, p. 814 – 838 (2015).

⑤ See Rengifo A. F., Slocum L. A., & Chillar V., *From Impressions to Intentions: Direct and Indirect Effects of Police Contact on Willingness to Report Crimes to Law Enforcement*, Journal of Research in Crime and Delinquency, Vol. 56:3, p. 412 – 450 (2018).

且不同种类的社会生活之间存在一定相关关系，某一种社会生活量的变化会引起其他社会生活量的增多或减少。而法律被布莱克定义为“政府的社会控制”，①这意味着两点：第一，法律是一个变量，在一种条件下比另一种条件下要多，法律的量由法律措施的采取与否以及法律措施的程度来决定，如检察院作出起诉决定意味着法律量的增多，对越轨行为定罪量刑的法律量高于处于行政处罚的法律量。第二，法律与其他不同社会生活方面存在一定的相关关系，我们可以通过对不同法律现象下的法律量以及其他社会生活方面量进行测量，找出它们之间的相关关系，从而对不同的法律现象进行解释②。

同理，对于本研究的核心问题报警意愿来说，由于受诈骗后采取报警行为会导致法律的量增加，因此布莱克所提出社会生活的五个方面，势必也会对报警意愿产生影响（见图1）。

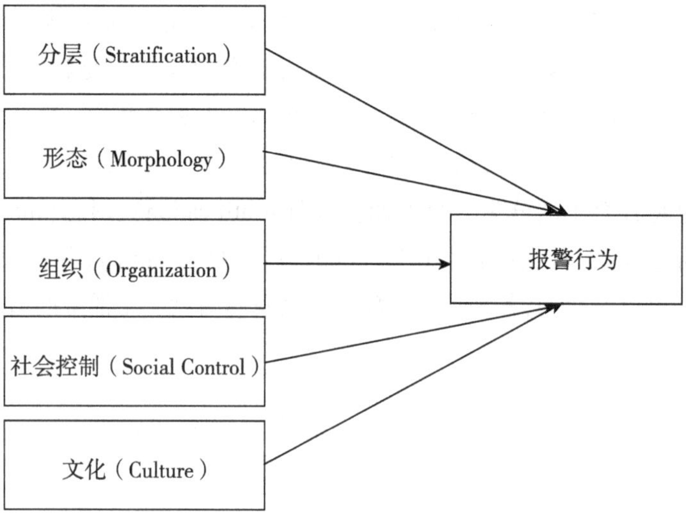

图1 布莱克法律运作理论解释报警行为的主要理论框架

第一，社会生活的“纵向方面”——分层，是指物质生存条件（如食物、住房）及其生产资料的不均等分配。这种不均等分配会造成人与人之间的不平等，在这一前提下，每个人都具备一个可以量化的“社会等级”，同时，法律的量会随着社会等级的变化而变化。③ 我们设置家庭收入、年龄、性别、户籍作为分层方面

① 参见［美］唐纳德·J.布莱克：《法律的运作行为》，唐越、苏力译，中国政法大学出版社2004年版，第2页。

② 参见［美］唐纳德·J.布莱克：《法律的运作行为》，唐越、苏力译，中国政法大学出版社2004年版，第2~10页。

③ 参见［美］唐纳德·J.布莱克：《法律的运作行为》，唐越、苏力译，中国政法大学出版社2004年版，第11页。

的测量。①

第二,社会生活的"横向方面"——形态,是人与人之间多元化关系的分配,包括社会分工、互动网络、家庭关系和社会一体化。社会主体或多或少会参与到社会生活本身之中,这意味着社会生活整体具有中心、外围和参与圈,每一个社会主体都有一个与中心相关的位置,越靠近中心,社会一体化程度越高,而法律量与社会一体化程度成正比,②靠近社会生活中心的人们法律量多于处于社会边缘的人的法律量。这意味着,一个已婚人士之社会一体化程度往往高于未婚的人,其所对应的法律量也可能更多。因此,婚姻状态可以视为对布莱克法律运作理论中形态的测量。

第三,社会生活的联合方面——组织,是指不同社会主体采取集体行为的能力,③布莱克认为,组织性与法律的适用量成正相关,更具备组织性的群体,如政府、国家企业,往往会更愿意适用法律。除此之外,人们参加组织的程度越高,其对应的组织性也越强,采取法律手段的概率也越高。因此,我们将被害人是否向组织寻求帮助和是否向机构外的人求助作为组织方面的测量。④

第四,社会生活的规范方面——社会控制,规定了何种行为为越轨行为,并对越轨行为作出控制。它是社会主体的行为准则,⑤规定了什么是对和什么是错,规定了权利和义务。而法律仅是社会控制的一种形态,除了法律之外,礼仪、习惯、伦理、官僚制度都属于社会控制。布莱克认为,社会控制之间相互排斥,法律的增长伴随着其他社会控制的消亡。⑥ 因此,在本研究中,我们将被害人是否向银行机构报告(另一种社会控制)作为对社会控制的测量。

第五,社会生活的符号方面——文化,包括对真、善、美不同形式的表现形式。它可以是理论的或是实践的,如科学、技术,甚至可以是超自然的、形而上的,如宗教、民间传说等。文化的量因社会环境的不同而变化,⑦每个地方和每

① 参见[美]唐纳德·J.布莱克:《法律的运作行为》,唐越、苏力译,中国政法大学出版社2004年版,第19~23页。

② 参见[美]唐纳德·J.布莱克:《法律的运作行为》,唐越、苏力译,中国政法大学出版社2004年版,第43页。

③ 参见[美]唐纳德·J.布莱克:《法律的运作行为》,唐越、苏力译,中国政法大学出版社2004年版,第100页。

④ 参见[美]唐纳德·J.布莱克:《法律的运作行为》,唐越、苏力译,中国政法大学出版社2004年版,第101页。

⑤ 参见[美]唐纳德·J.布莱克:《法律的运作行为》,唐越、苏力译,中国政法大学出版社2004年版,第123页。

⑥ 参见[美]唐纳德·J.布莱克:《法律的运作行为》,唐越、苏力译,中国政法大学出版社2004年版,第127页。

⑦ 参见[美]唐纳德·J.布莱克:《法律的运作行为》,唐越、苏力译,中国政法大学出版社2004年版,第73页。

个人都展示了多种文化，但有的地方和人的文化会多一些，如图书馆的文化高于火车站，大学教授的文化高于其儿女。布莱克认为，在文化稀少之处，法律较少；文化丰富之处，法律较多。而具体到个人而言，文化的量由受教育程度和识字水平①决定，因此在本研究中首先选择被害人的受教育程度作为文化方面的测量。除此之外，已有研究表明，金融素养是影响诈骗损失金额的一个重要因素，家庭所具备的金融素养越丰富，则在诈骗中受损的可能性越小，②在此基础上，笔者认为，在诈骗行为的相关研究下，金融素养可以视为一种特殊的文化类型，因此本文设置金融素养作为文化方面的测量。

自布莱克法律运作理论问世以来，实证法学界涌现出大量研究，从不同的行为角度，对布莱克法律运作理论作出了检验——包括结案率、③死刑支持程度、④毒品处置、⑤少年司法裁判、⑥女性保护、⑦检察决定⑧等，这丰富了我们对法律行为运作规律的理解。

除此之外，布莱克法律运作理论逐渐成为分析报警意愿问题的一个关键视角，不同国家、地区的学者基于布莱克法律运作理论对报警意愿进行了研究，⑨并产生了较为混杂的结果，这表明有必要在不同的文化背景下对布莱克法律运作理论作出检验。

（二）诈骗报警意愿的实证研究

基于布莱克法律运作理论，分层作为社会生活的“纵向方面”，研究中多将

---

① 参见［美］唐纳德·J. 布莱克：《法律的运作行为》，唐越、苏力译，中国政法大学出版社2004年版，第75～77页。

② 参见刘阳、张雨涵：《居民金融素养与家庭诈骗损失》，载《消费经济》2020年第2期。

③ See Sui Kwong Wong, *Crime Clearance Rates in Canadian Municipalities: A test of Donald Black's Theory of Law*, International Journal of Law, Crime and Justice, Vol. 38:1, p. 17－26(2010).

④ See Marian J. Borg, *Vicarious Homicide Victimization and Support for Capital Punishment: A Test of Black's Theory of Law*, Criminology, Vol. 36:3, p. 537－568(1998).

⑤ See Allison T. Chappell & Scott R. Maggard, *Applying Black's Theory of Law to Crack and Cocaine Dispositions*, International Journal of Offender Therapy and Comparative Criminology, Vol. 5:3, p. 264－278(2004).

⑥ See Allison T. Chappell & Scott R. Maggard, *Applying Black's Theory of Law to Juvenile Justice Decisions*, American Journal of Criminal Justice, p. 461－482(2020).

⑦ See Hong Lu & Terance D. Miethe, *Provincial Laws on the Protection of Women in China: A Partial Test of Black's Theory*, International Journal of Offender Therapy and Comparative Criminology, Vol. 51:1, p. 25－39(2007).

⑧ See Shih-ya Kuo et al., *Prosecutorial Decision Making in Taiwan: A Partial Test of Black's Behavior of Law*, International Journal of Offender Therapy and Comparative Criminology, Vol. 54:6, p. 1023－1046(2010).

⑨ See Heith Copes et al., *Reporting Behavior of Fraud Victims and Black's Theory of Law: An Empirical Assessment*, Justice Quarterly, Vol. 18:2, p. 343－363(2006); Jody Clay Warner & Jennifer McMahon Howard, *Rape Reporting: "Classic Rape" and the Behavior of Law*, Violence and Victims, Vol. 24:6, p. 723－743(2009); Shih-Ya Kuo et al., *Crime Reporting Behavior and Black's Behavior of Law*, International Sociology, Vol. 27:1, p. 51－71(2012).

年龄、收入、性别作为变量进行研究。但在分层方面,大多数研究得出的结果并不一致。年龄是有关报警意愿的研究中最为常见的一个变量。有学者表示,年龄越大,受到欺诈的可能性越低。① 虽然都得出了年龄与被害风险负相关的关系,但并未探究年龄对报警意愿的影响。有学者就年龄与报警意愿的关系作出结论,即年龄在25至54岁的被害人较55岁以上的被害人更少报告被害情况。②还有学者将年龄与对警察的信任度一起进行研究,③认为年龄越大,越相信警察执法的公平度。但该研究仍未对年龄与报告意愿作进一步研究。

收入、性别也是研究中常出现的自变量,但不同的研究得出的结论不尽相同。有学者认为,男性受欺诈可能性更大,报警意愿也更大。④ 在收入这一变量和报警意愿的关系上,有研究得出了被害人收入越高,其报警意愿越大的结论。⑤ 但有研究表示,收入以及性别对被害人的报告意愿并没有显著影响,⑥但对于其背后的原因,并没有进行相应的分析与研究。

布莱克认为,法律的量是用文化来衡量的。就具体的社会主体而言,受社会主流文化影响越深(表现为教育程度越高),其对法律的认可度越高。受教育程度作为文化部分中的主要表现形式,学者多以受教育程度作为自变量对报警意愿的影响进行研究。有研究认为受教育程度越低,受到欺诈可能性越大,报警意愿越低。⑦ 但也有研究发现,被害人受教育程度对报告意愿并没有显著影响。⑧

有关社会控制方面,有研究将报告途径的多寡对报警意愿的影响作为研究

① See Heith Copes et al., *Reporting Behavior of Fraud Victims and Black's Theory of Law: An Empirical Assessment*, *Justice Quarterly*, Vol. 18:2, p. 343 - 363(2006); Schoepfer Andrea & Piquero Nicole Leeper, *Studying the Correlates of Fraud Victimization and Reporting*, Journal of Criminal Justice, Vol. 37:2, p. 209 - 215(2009).

② See Mengliang Dai & Yunjiao Gao, *Behavior of Bicycle Theft Victims: A Test of Black's Theory of Law*, Security Journal, Vol. 34:1, p. 148 - 164(2021).

③ See Kelly M. Socia et al., *Public Perceptions of Police Agency Fairness and the Willingness to Call Police*, American Review of Public Administration, Vol. 51:5, p. 360 - 373(2021).

④ See Schoepfer Andrea & Piquero Nicole Leeper, *Studying the Correlates of Fraud Victimization and Reporting*, Journal of Criminal Justice, Vol. 37:2, p. 209 - 215(2009).

⑤ See Schoepfer Andrea & Piquero Nicole Leeper, *Studying the Correlates of Fraud Victimization and Reporting*, Journal of Criminal Justice, Vol. 37:2, p. 209 - 215(2009).

⑥ See Judy Van Wyk & Karen A. Mason, *Investigating Vulnerability and Rporting Behavior for Consumer Fraud Victimization: Opportunity as a Social Aspect of Age*, Journal of Contemporary Criminal Justice, Vol. 17:4, p. 328 - 345(2001); Mengliang Dai & Yunjiao Gao, *Behavior of Bicycle Theft Victims: A Test of Black's Theory of Law*, Security Journal, Vol. 34:1, p. 148 - 164(2021).

⑦ See Schoepfer Andrea & Piquero Nicole Leeper, *Studying the Correlates of Fraud Victimization and Reporting*, Journal of Criminal Justice, Vol. 37:2, p. 209 - 215(2009).

⑧ See Mengliang Dai & Yunjiao Gao, *Behavior of Bicycle Theft Victims: A Test of Black's Theory of Law*, Security Journal, Vol. 34:1, p. 148 - 164(2021).

方向。[①] 该研究认为，当报告途径越多时，网络欺诈被害人的报告障碍越大。另有研究将被害人和警方接触对公平性和被尊重的感知与报警意愿或对警方的信任程度作为研究对象。关于该要素的结论，不同的研究都得出了相同的结论：被害人与警察接触形成良好印象的、受到尊重和感到满意程度越高的，其报告意愿越强烈。[②]

此外，文献中发现与报警意愿可能具有相关关系的变量还有很多，如犯罪的严重程度[③]、被害人承担的其他经济风险的大小[④]等。

综上，现有的文献虽然鲜有使用布莱克法律运作理论直接解释诈骗被害人的报警意愿，但是其对布莱克法律运作理论提及的若干变量对各类报警意愿的影响，均存在比较充分的探索。虽然这些研究得出的结论并不完全一致，但是无疑对诈骗被害人报警意愿提供了有效的参考。考虑到中文文献中尚缺乏研究诈骗被害人报警意愿的实证研究，这些文献能为相关因素对诈骗被害人报警意愿提供较好的预测。因此，根据布莱克法律运作理论和相关实证研究，本研究提出以下假设：

假设一：布莱克法律运作理论中的分层部分对报警意愿有显著的影响。文献中通常使用性别、年龄、户籍、家庭收入、年龄、户籍所在地等因素作为衡量行为人社会地位高低（分层）的变量。基于此，本文进一步提出如下子假设：

假设 1－1：男性比女性的报警意愿更高。

假设 1－2：被害人年龄越大，报警意愿越大。

假设 1－3：非农村户籍人口比农村户籍人口报警意愿强烈。

假设 1－4：被害人家庭收入与报警意愿呈正相关关系。

假设二：形态因素对报警意愿存在显著的影响。根据布莱克法律运作理论，已婚人士社会化程度多高于未婚人士社会化程度，基于此，本文提出如下假设：

---

① See Russell G. Smith, *Coordinating Individual and Organisational Responses to Fraud*, Crime, Law and Social Change, Vol. 49:5, p. 379－396(2008).

② See Judy Van Wyk & Karen A. Mason, *Investigating Vulnerability and Rporting Behavior for Consumer Fraud Victimization: Opportunity as a Social Aspect of Age*, Journal of Contemporary Criminal Justice, Vol. 17:4, p. 328－345(2001); Kelly M. Socia et al., *Public Perceptions of Police Agency Fairness and the Willingness to Call Police*, American Review of Public Administration, Vol. 51:5, p. 360－373(2021).

③ See Heith Copes et al., *Reporting Behavior of Fraud Victims and Black's Theory of Law: An Empirical Assessment*, Justice Quarterly, Vol. 18:2, p. 343－363(2006); Bradford W. Reyns & Ryan Randa, *Victim Reporting Behaviors Following Identity Theft Victimization Results from the National Crime Victimization Survey*, Crime & Delinquency, Vol. 63:7, p. 814－838(2015); Cassandra, Cross, *Victims' Motivations for Reporting to the "Fraud Justice Network"*, Police Practice and Research, Vol. 19:6, p. 550－564(2018); Mengliang Dai & Yunjiao Gao, *Reporting Behavior of Bicycle Theft Victims: A Test of Black's Theory of Law*, Security Journal, Vol. 34:1, p. 148－164(2021).

④ See Schoepfer Andrea & Piquero Nicole Leeper, *Studying the Correlates of Fraud Victimization and Reporting*, Journal of Criminal Justice, Vol. 37:2, p. 209－215(2009).

假设 2：已婚人士受到诈骗后报警意愿较未婚人士更强烈。

假设三：组织因素对报警意愿存在显著的影响。布莱克认为参与组织程度越高的群体，往往是运用法律越积极的群体，因此本研究提出：

假设 3－1：与机构之外的人讨论的被害居民报警意愿更强烈。

假设 3－2：平时寻求组织帮助的被害居民的报警意愿更强烈。

假设四：社会控制因素对报警意愿存在显著的影响。社会控制方面，前文提到，本文以被害人是否向银行报告（另一种社会控制）作为对社会控制的测量，因此提出以下假设：

假设 4：被害后向银行报告的被害人报警意愿更强烈。

假设五：本文根据布莱克法律运作理论中关于文化对法律行为的不同影响，以受教育程度和是否具有金融素养作为此部分的测量标准提出以下假设：

假设 5－1：被害人受教育程度越高，报警意愿越强烈。

假设 5－2：具备一定金融素养的被害人报警意愿更强烈。

三、研究方法

（一）数据

本研究所用数据来自西南财经大学中国家庭金融调查（China Household Finance Survey，CHFS）与研究中心 2015 年第三轮中 CHFS 网[①]。CHFS 于 2011 年、2013 年、2015 年、2017 年和 2019 年成功实施五次调查，选取的群体包含全国 29 个省级行政区、367 个县（区、县级市）、1481 个社区，覆盖 40，011 户家庭和 127，012 名个体。本研究使用的数据为 CHFS 2015 年的调查数据，由于其对诈骗被害情况具有详细的测量。考虑到本次研究的目的，仅选取了调查中实际遭受诈骗损失的共 1249 个样本点；删除 9 个存在缺失值的样本点，最后分析的样本量为 1240 份。

（二）测量

本研究的因变量为报警意愿，通过询问被访者在遭受诈骗损失之后是否向公安机关报告来衡量。具体而言，被访者先经过一系列过滤问题以确定其为诈骗犯罪实际遭受损失的被害人，然后被访者将被继续询问在遭受损失之后采取的措施，而被访者对是否“通知公安机关等治安管理机构”的回答将作为因变量的测量标准（0 = 未报告，1 = 已报告）。

本研究的自变量则主要根据布莱克法律运作理论构造。为了正式检验这一理论，我们试图按照布莱克法律运作理论提出的五个范畴来构造和编码变量。其一，对分层而言，本研究将分层操作化为性别（0 = 男性，1 = 女性）、年龄、户籍

① 如需了解有关此数据的更多信息，请登录 https：//chfs. swufe. edu. cn/。

(0 = 非农户口,1 = 农村户口)与家庭收入(年收入)。其二,对形态而言,本研究将形态概念化为婚姻状态(0 = 未婚或者其他情况,1 = 已婚)。其三,对组织而言,本研究将组织操作化为被害人遭受诈骗后是否向“银行等金融机构”以及“公安机关等治安管理机构”之外的人揭露或者讨论的行为,以及平时与本社区居民发生矛盾或纠纷是否寻求“政府”“社会组织”“社区干部”“企业单位”等正式社会控制机构的调解。其四,对社会控制而言,本研究将社会控制操作化为被害人遭受诈骗后是否向“银行等金融机构”报告。其五,对文化而言,本研究将文化操作化为受教育程度和金融素养。具体而言,受教育程度为被访者的学历(1 = 小学及以下,2 = 初中,3 = 高中、中专或职高,4 = 大学及其以上)。而金融素养则被定义为三个金融常识性问题的回答情况,包括利率计算、通货膨胀预期和投资风险选择。① 回答正确的个数将被视为对金融素养的测量,如 0 = 全部回答错误,3 = 全部回答正确。

考虑到先前文献发现损失金额与报案意愿也存在较强的相关关系,本次研究将损失金额设置为控制变量,从而考察在损失金额类似的情况下,布莱克法律运作理论提及的若干变量是否对报案意愿产生显著影响。

(三)分析方法

本研究的主要分析工具为 STATA16.1。具体而言,主要包含如下步骤:首先,对研究涉及的若干自变量与因变量均进行描述性统计分析。其次,为了探索不同因素对报警意愿的影响,对被害后选择报案和未报案的个体进行描述性统计,并使用 T 检验的方法比较了两组相应变量的均值差是否达到统计学显著,α 设置为 0.05。再次,为了综合判断若干因素对报案意愿的影响,本研究还使用了 Logistics 回归模型,将是否报案作为因变量,逐步加入布莱克法律运作理论中的若干变量,以观察这些变量在控制了其他条件下,是否依然对报案意愿产生显著影响。为了克服异方差性的影响,本研究对回归系数的假设检验均采用了稳健标准误。最后,根据 Logistics 回归分析的结果,本研究还将使用中介效应模型探究布莱克法律运作理论中涉及的五个方面是否存在进一步的中介关系。

四、研究结果

(一)样本描述性统计分析

本次研究变量的描述性统计结果见表 1。可以看出,只有 23.63% 的诈骗被害人选择向警方报案。进一步分析布莱克法律运作理论中五个方面的变量,有如下发现:在分层方面,诈骗被害人中女性占比为 26.45%,年龄平均 52 岁,跨度为 16 ~ 92 岁,

① 参见刘阳、张雨涵:《居民金融素养与家庭诈骗损失》,载《消费经济》2020 年第 2 期。

农村户籍人数占比为27.26%,家庭年收入平均在94,811.09元。在形态方面,样本人群中已婚占比为83.71%。在组织方面,受到诈骗后选择与机构之外的人讨论的比例为19.11%,寻求组织帮助的占比为18.95%。在社会控制方面,被害后向银行报告占比仅为2.34%。在文化方面,受教育程度为小学及以下的居民占比为33.15%,初中的占比为27.02%,高中、中专或职高的比例为21.29%,大学及其以上的比例为18.55%。金融素养均值为1.05,这说明仅能回答三个问题中的一个问题。最后,控制变量的描述性统计表明,损失金额的平均值为16,819.43元。

表1　描述性统计分析(N=1240)

	均值(标准差)n/%	最小值	最大值
因变量			
报警意愿=是	293(23.63%)	0	1
控制变量			
损失金额	16,819.43(98,852.59)	4	2,000,000
BTL*:分层			
性别=女	328(26.45%)	0	1
年龄	52.95(15.39)	16	92
户籍=农村	335(27.26%)	0	1
家庭收入	94,811.09(271,642)	10	5,000,000
BTL:形态			
婚姻状态=已婚	1038(83.71%)	0	1
BTL:组织			
被害后与机构之外的人讨论	237(19.11%)	0	1
平时寻求组织帮助	235(18.95%)	0	1
BTL:社会控制			
被害后向银行报告	29(2.34%)	0	1
BTL:文化			
受教育程度=小学及以下	411(33.15%)	0	1
受教育程度=初中	335(27.02%)	0	1
受教育程度=高中、中专或职高	264(21.29%)	0	1
受教育程度=大学及其以上	230(18.55%)	0	1
金融素养	1.05(0.95)	0	3

注:*BTL为布莱克法律运行理论(Black's Theory of Law)的英文缩写。

（二）是否报警的独立样本 T 检验分析

表 2 显示了遭遇诈骗后选择报警与不报案的个体在若干变量上的均值差异，以及这些差异的 T 检验结果。如表 2 所示，分层当中，性别、年龄、户籍在选择是否报警上存在显著差异。换言之，遭受诈骗后男性、年龄较低、非农户籍以及家庭收入较高的个体，更加倾向于报警。对于形态和组织而言，报警与未报警的个体并未呈现显著差异。对社会控制而言，被害后选择向银行汇报的个体，也更加倾向于报警。对文化而言，受教育程度越高且金融素养更高的个体，更倾向于报警。

表 2 是否报警的独立样本 T 检验（N = 1240）

	未报警组均值（N = 947）	报警组均值（N = 293）	均值差异（T 检验）
控制变量			
损失金额	10, 881. 512	36, 011. 249	-25, 129. 737***
BTL：分层			
性别 = 女	0. 243	0. 334	-0. 092***
年龄	53. 389	51. 526	1. 863*
户籍 = 农村	0. 317	0. 130	0. 187***
家庭收入	82, 540. 200	134, 471. 597	-51, 931. 398***
BTL：形态			
婚姻状态 = 已婚	0. 843	0. 819	0. 024
BTL：组织			
被害后与机构之外的人讨论	0. 200	0. 164	0. 036
平时寻求组织帮助	0. 180	0. 222	-0. 042
BTL：社会控制			
被害后向银行报告	0. 011	0. 065	-0. 054***
BTL：文化			
受教育程度 = 小学及以下	0. 380	0. 174	0. 206***
受教育程度 = 初中	0. 269	0. 273	-0. 004
受教育程度 = 高中、中专或职高	0. 192	0. 280	-0. 088***
受教育程度 = 大学及其以上	0. 158	0. 273	-0. 115***
金融素养	1. 003	1. 208	-0. 205***

注：* $p < 0.05$，*** $p < 0.001$。

(三)回归分析

由于表 2 仅展示了双变量结果,该结果极大可能受到了其他变量的干扰。为了进一步探索自变量对报警意愿的影响,本研究进行了 Logistics 回归分析,表 3 展示了回归分析的主要结果。为了探究若干假设,本次研究主要使用六个回归模型。

表 3　报警意愿的 Logistics 回归分析

	模型一	模型二	模型三	模型四	模型五	模型六
损失金额	0.431*** (0.036)	0.410*** (0.037)	0.410*** (0.037)	0.408*** (0.037)	0.400*** (0.037)	0.399*** (0.037)
BTL:分层						
性别=女		0.248 (0.162)	0.230 (0.169)	0.244 (0.170)	0.249 (0.171)	0.277 (0.175)
年龄		-0.005 (0.005)	-0.005 (0.005)	-0.006 (0.005)	-0.004 (0.005)	0.004 (0.005)
户籍=农村		-0.833*** (0.208)	-0.828*** (0.208)	-0.812*** (0.209)	-0.810*** (0.212)	-0.550* (0.222)
Log(收入)		0.018 (0.059)	0.021 (0.059)	0.025 (0.059)	0.015 (0.059)	-0.052 (0.063)
BTL:形态						
已婚			-0.074 (0.205)	-0.078 (0.206)	-0.042 (0.205)	-0.041 (0.208)
BTL:组织						
与他人讨论				-0.227 (0.198)	-0.332 (0.204)	-0.257 (0.206)
向组织求助				0.199 (0.186)	0.179 (0.187)	0.123 (0.187)
BTL:社会控制						
向银行报告					1.425*** (0.411)	1.406*** (0.407)
BTL:文化						
小学及以下						Ref
初中						0.721** (0.225)
高中、中专和职高						0.842*** (0.238)
大学及其以上						0.988*** (0.273)

续表

	模型一	模型二	模型三	模型四	模型五	模型六
金融素养						0.031 (0.092)
截距	-4.427*** (0.288)	-4.102*** (0.747)	-4.071*** (0.753)	-4.063*** (0.756)	-4.041*** (0.747)	-4.438*** (0.748)
N	1240	1240	1240	1240	1240	1240
PseudoR^2	0.127	0.148	0.148	0.150	0.158	0.172
AIC	1188.227	1167.822	1169.690	1171.111	1161.399	1150.162
BIC	1198.472	1198.559	1205.550	1217.217	1212.627	1221.882

注:括号内为稳健标准误;*p<0.05,**p<0.01,***p<0.001。

模型一为基准模式,其中仅包含控制变量。根据表3可以发现,损失金额与报警意愿呈现显著的正相关关系(b=0.431,p<0.001),但本研究将损失金额作为控制变量,故对此并没有进行相应研究假设,此相关关系根据研究数据所得出。

模型二在模型一的基础上增加了布莱克法律运作理论中的分层方面,包含了性别、年龄、户籍和收入四个变量。而这四个变量中,仅发现农村户籍与报警意愿呈现显著的负相关关系(b=-0.833,p<0.001),即在控制了其他变量之后,农村户籍的居民的报警意愿依然显著低于非农户籍的居民,这也表明假设1-3得到了数据的支持。值得一提的是,在加入分层下的四个变量之后,损失金额的系数由原来的0.431下降到了0.410,并且依然保持了p<0.001的水平显著,表明损失金额对报警意愿的效应并不受到分层差异的影响。

模型三在模型二的基础上进一步增加了形态方面的内容,即婚姻状况。而模型四则在模型三的基础上增加了组织方面的变量。可以看出,无论是形态还是组织,对报警意愿而言均无显著影响。

模型五在模型四的基础上增加了社会控制方面的内容,表现为被害后是否向银行报告这一变量。通过观察可以发现,向银行报告的意愿与报警意愿呈现显著的正相关关系(b=1.425,p<0.001),假设4得到了初步支持。但本研究在先前的假设中忽略了社会控制元素的重要性,没有对其进行假设,数据结果的显示给予了先前的假设一个全新的结果,其中原因有待进一步讨论。

模型六在模型五的基础上增加了文化方面的内容,包括受教育程度和金融素养两个变量。根据该模型可以发现,文化程度越高的人群,报警意愿越高,二者呈现显著的正相关关系,其结果支持了假设5-1。但是,金融素养对报警意愿并未呈现显著的影响。

根据表3中回归分析的结果,我们似乎可以发现布莱克法律运作理论中的五个方面并非对报警意愿均产生影响。仅有分层、文化和社会控制对报警意愿会产生显著的影响。但是这三个方面是否平行地作用于报警意愿,还是内部可能存在递进的关系,这一点并未被布莱克法律运作理论直接提及。根据表3中若干模型,可以发现在引入更多变量之后,绝大多数变量的系数未发生明显的改变。但仔细对比模型五和模型六,可以发现在引入文化方面之后,分层中的户籍因素的系数从-0.810下降至-0.550,下降了37.5%。因此,布莱克法律运作理论中的文化和分层之间可能存在某种中介关系,即户籍身份可能影响个体的教育获得,从而进一步影响其报案意愿。这一推论的前提,即户籍身份对个体教育获得,在被本研究相关数据证明的同时,也有相关文献进一步论证,①具有合理性。

基于此,本研究对"农村→受教育程度→报警意愿"这一中介效应进行了KHB检验(见表4)。② 根据KHB检验结果可以发现,受教育程度对农村户籍与报警意愿之间的关系起到显著的部分中介作用。具体而言,农村户籍对报警意愿的影响可能分为两个部分:首先,户籍本身作为一种分层要素,影响了报警意愿(直接效应,占比67.89%);其次,农村户籍的居民由于其可能受教育程度较低,从而倾向于不报警,即可能出现"分层→文化→报警意愿"的中介路径(间接效应,占比100%-67.89%=32.11%)。

表4 BTL文化对BTL分层的中介作用(N=1240)

	系数	标准误差	占比
直接效应			
农村户籍→报警意愿	-0.550***	0.222	67.89%
间接效应			
农村户籍→小学及其以下→报警意愿	0.0176	0.023	-2.17%
农村户籍→初中→报警意愿	-0.116**	0.039	14.29%
农村户籍→高中→报警意愿	-0.148***	0.004	18.31%
农村户籍→大学及其以上→报警意愿	-0.014	0.041	1.68%
总效应			
农村户籍→被害后报警	-0.810***	0.212	100%

注:**p<0.01,***p<0.001。

① 参见李颖晖、王奕轩:《父母教育期望的户籍分层:农村父母的教育期望劣势及其影响因素分析》,载《兰州学刊》2019年第10期;徐伟琴、方芳:《谁获得了高等教育——基于户籍身份和家庭背景的双重视角》,载《重庆高教研究》2020年第1期。

② See Kritian Bernt Karlson, Anders Holm & Richard Breen, *Comparing Regression Coefficients between Same-Sample Nested Models Using Logit and Probity: A New Method*, Sociological Methodology, Vol. 42:1, p. 286-313 (2012).

五、讨论

随着社会的迅速发展与科学技术的不断进步，传统诈骗形式逐渐朝以电信网络为载体的新形式发展，不仅进一步提高了犯罪的隐蔽性和侦破难度，也让诈骗被害者报警意愿受到了种种抑制。基于此，本研究基于布莱克法律运作理论，通过分析 CHFS 中诈骗被害者的数据，尝试寻找诈骗被害者报警意愿背后的影响因素。主要的研究结论如下：

分层方面中户籍与报警意愿存在负相关关系，社会控制元素与报警意愿存在正相关关系，文化元素与报警意愿存在正相关关系。值得一提的是，上述提及的若干方面中并非所有的变量均与报警意愿存在显著的关联。例如，分层元素中，只有户籍这一自变量与报警意愿存在显著的关联，也即农村户籍的人口更不愿意选择报警。而在社会控制方面，由于只有一个自变量归入当中，即被害后是否选择向银行报告，结果发现选择向银行报告的被害居民更愿意选择报警。需要指出的是，本研究的结论与之前的结论①相反，即报告途径越多，网络欺诈被害人的报警障碍越大。其可能的原因在于，我国与国外在司法现状与警察信任方面存在差异：我国诈骗案的报告途径相对于国外较少，大多数都只会选择向警方报告，故选择其他报告途径与向警方报告差别不大；我国人民对警察和公安机关的信任较高。② 最后，在文化方面，虽然双变量统计中发现金融素养与受教育程度均与报案意愿呈现显著的正相关关系，但是在回归分析中金融素养的系数并不显著，这可能说明受教育程度是影响报案意愿的文化方面因素中最为重要的因素。上述结论在被本研究的数据证实的同时，也被国外先前所做的实证研究印证。③

布莱克法律运作理论下形态和组织方面与报警意愿之间的关系并不显著，有待未来研究进一步探讨。笔者认为，其中可能的原因在于本研究对形态和组织方面测量的变量在不同国家的意涵存在差异。比如，对于形态方面中婚姻关

---

① See Russell G. Smith, *Coordinating Individual and Organisational Responses to Fraud*, Crime, Law and Social Change, Vol. 49:5, p. 379 – 396(2008).

② 参见卫莉莉：《公民法律意识对警察信任影响之实证研究》，载《中国人民公安大学学报（社会科学版）》2019 年第 3 期；许博洋、周由、孙懿贤：《“功能性—表达性模型”与中国警察信任——基于全国样本的多重中介与调节模型分析》，载《山东大学学报（哲学社会科学版）》2022 年第 3 期；Rengifo A. F., Slocum L. A. & Chillar V., *From Impressions to Intentions: Direct and Indirect Effects of Police Contact on Willingness to Report Crimes to Law Enforcement*, Journal of Research in Crime and Delinquency, Vol. 56:3, p. 412 – 450(2018).

③ 参见刘阳、张雨涵：《居民金融素养与家庭诈骗损失》，载《消费经济》2020 年第 2 期；Schoepfer Andrea & Piquero Nicole Leeper, *Studying the Correlates of Fraud Victimization and Reporting*, Journal of Criminal Justice, Vol. 37:2, p. 209 – 215(2009).

系这一变量,布莱克认为“假设社会是一个圆圈,每个人在社会上都处于或边缘或中心的位置,越位于中心的人,社会一体化程度越高,社会一体化程度越高,法律量越高”。[①] 也即,对这个社会的作用越大,就越是这个社会必不可缺少的一分子,所以他们能够享受更多权利承担更多义务;但在我国视野下,婚姻状况不能代表社会一体化程度,我国已婚的人更容易将重心放在家庭,而融入社会的机会相对减少,社会一体化程度也就相对降低,故婚姻状况并不能增加这方面的作用和能力。对于组织方面,前文也提到,因为中外政策和文化的差异,人们选择报告时会倾向于选择官方救济途径——向警察报告,故组织方面的变量与报告意愿之间的关系不显著。

布莱克法律运作理论并未对社会生活五个方面的内部机制进行进一步的假设,因此其理论可能认为五个方面平行作用于法律量的改变。本研究结果发现分层和文化之间可能存在递进关系,即可能存在“分层→文化→报警意愿”的中介机制。具体而言,户籍类型不仅可能直接作用于报警意愿,而且可能通过受教育程度间接作用于报警意愿。因此,本研究的发现可能意味着一种“修正后的布莱克法律运作理论”(见图2)存在的可能性。

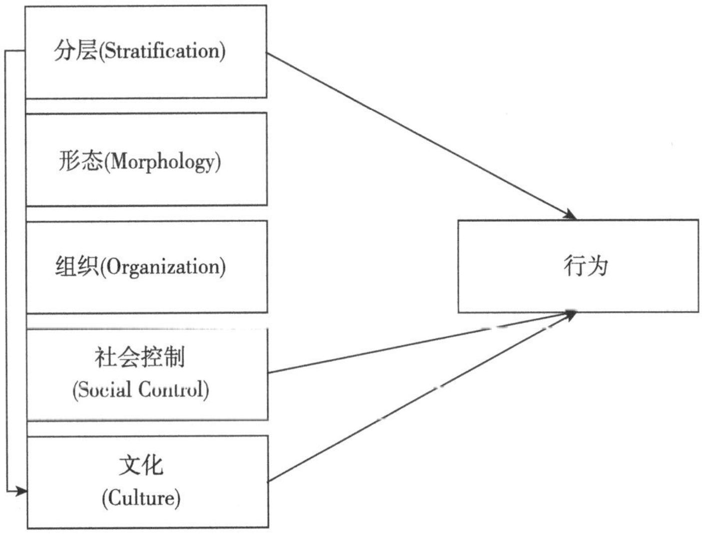

图2　修正后的布莱克法律运作理论

本研究虽填补了我国对于电信诈骗被害人报警意愿研究的空白,对布莱克法律运作理论的跨文化适用进行了试验与探讨。但仍存在许多不足:第一,本研

① 参见[美]唐纳德·J.布莱克:《法律的运作行为》,唐越、苏力译,中国政法大学出版社2004年版,第58~59页。

究由于使用的是截面数据，无法进行有效的因果推断；虽然对于截面数据可能适用诸如工具变量、倾向值匹配、断点回归、双重差分等技术对因果关系进行逼近，但是由于数据和研究设计等诸多限制，无法在本研究予以使用，亟待将来的研究进一步探索。第二，本研究对于布莱克法律运作理论涉及诸多指标的选取，主要依靠已有国外文献。这些指标在我国情境中是否具有相同的内涵，可能需要进一步考量。不仅如此，由于研究资料选取的限制，可能无法寻找到针对布莱克法律运作理论最为恰当的指标，因而建议未来研究者自行开展问卷调查数据并进一步验证理论的适应性。第三，本研究所使用的是 2015 年 CHFS 的调查数据，本研究能多大程度用于解释当今诈骗被害人的报案意愿问题，其结果还不得而知。

Why Remain Silent

—An Empirical Study on The Reporting Willingness of Fraud Victims Based on Black's Theory of Law

Lin Meiyu　Wang Ci　Song Yifei　Xia Yiwei

Abstract: Based on the 2015 Chinese Household Financial Survey (CHFS), this study explores how five social life aspects (stratification, morphology, organization, social control, and culture) described by Black's theory of the operation of law, affect the willingness of fraud victimized residents to report to the police. The findings suggest that stratification, social control and culture had significant impacts on the willingness to report to the police. Specifically, non-rural, reporting to the bank after being victimized, and higher educated residents have a generally higher willingness to report to the police. The relationship between morphology, organization and willingness to report was not statistically significant. In addition, the study also found that the possible existence of a mediating mechanism "stratification → culture → willingness to report", i. e., the five social aspects may not parallelly influence the willingness to report. The results of this study not only fill the gap of empirical research on victims' willingness to call the police in China, but also provide an empirical basis for the development of relevant strategies and measures.

Key words: Fraud victimization; Residents' willingness to report; Influencing factors; Mediating mechanisms; Black's theory of the operation of law

诈骗被害的后续影响
——基于 CFPS 的实证研究*

■ 谭钧文　许　上　谭诗浩**

［内容摘要］　本研究基于 2012—2020 年中国家庭追踪调查数据，结合社会认知理论中公众概念体系里对于个人和社会的两个核心假设，探讨遭受诈骗对被害人的后续影响。研究发现，诈骗被害会导致被害人的社会信任感降低，出现"社会认知后果"；同时造成被害人的自评幸福感降低，出现"自我认知后果"。此外，社会信任感下降的影响在两年内逐渐消退，持续时间较短；而自评幸福感下降的影响持续时间较长，虽然并不会随着时间的推移而恶化，但难以恢复。本研究不仅可以弥补我国对于被害人后续影响研究的空白，同时也为相关被害人援助服务的调整提供实证依据及政策建议。

* 本文系中央高校基本科研业务费项目"诈骗犯罪的被害人学分析：基于 CHFS 的实证研究"（项目编号：JBK2101043）与四川省哲学社会科学规划研究项目"大数据背景下诈骗犯罪被害的基层社会治理研究"（项目编号：SC21A032）的阶段性成果。

** 谭钧文，西南财经大学法学院硕士研究生；许上，中国政法大学比较法学院硕士研究生；谭诗浩，莱顿大学法学院硕士研究生。

[关键词] 诈骗被害 后续影响 社会认知理论 社会认知后果 自我认知后果

一、引言

近年来，电信网络诈骗犯罪形势十分严峻，已成为发案最多、上升最快、涉及面最广、人民群众反映最强烈的犯罪类型。习近平总书记在 2021 年 4 月 8 日对打击治理电信网络诈骗犯罪工作作出重要指示，强调“坚持以人民为中心，全面落实打防管控措施，坚决遏制电信网络诈骗犯罪多发高发态势”。在以习近平同志为核心的党中央坚强领导下，各地区各部门各行业和全国公安机关全链条重拳打击涉诈犯罪生态系统，全方位筑牢技术反诈防护网，全领域铲除涉诈犯罪滋生土壤，全维度强力挤压涉诈犯罪生存空间，取得了明显成效。

牢固树立以人民为中心的发展思想，坚决维护人民财产安全和合法权益，不仅要遏制快速上升的势头，从源头进行管控整治，还应该“寻找能为解决被害人痛苦的手段”①，即进行诈骗的被害人调查和实证研究，知悉被害人面临的困境和需求，从而更好地实现对被害人的援助和救济。

学界对被害调查和被害人困境问题的研究长期着重于如家庭暴力、②校园暴力③等暴力受害，很少关注财产受害等非暴力受害，因而诈骗一度被认为是“无被害人”的。④ 但是，由于新兴的电信诈骗更迭发展速度快、涉案金额多和追回难度高等特征，诈骗的性质发生改变，跨越了财产犯罪和人身犯罪之间的界限，可能造成与暴力受害一样严重的影响⑤。尽管如此，很多国家的被害人援助计划在确定被害人资格时依然是按照暴力或非暴力的二分法，⑥即只关注暴力受害。迄今为止，对于诈骗性质的变化能产生怎样的严重影响，是否需要对当前被害人援助服务进行调整，避免其对暴力犯罪的唯一关注，学界还欠缺批判性思考和相关实证研究。

---

① David Garland, *The Culture of Control: Crime and Social Order in Contemporary Society*, The University of Chicago Press, 2001, p. 143; Sandra Walklate, *Imagining the Victim of Crime*, Open University Press, 2007, p. 1 - 10.

② 参见张琪：《涉家暴离婚诉讼中的照顾者正义》，载《当代法学》2020 年第 6 期。

③ 参见程力、沈晓敏：《从惩戒到关系修复：北美校园暴力治理范式的转变》，载《全球教育展望》2022 年第 4 期。

④ See Button, M. , Lewis, C. & Tapley, J, *Not a Victimless Crime: The Impact of Fraud on Individual Victims and Their Families.* Security Journal, Vol. 27:1, p. 36 - 54(2014).

⑤ See Marsh, *Criminal Justice: An Introduction to Philosophies*, Theories and Practice. Routledge Press, 2004, p. 127.

⑥ See Cross, (*Mis*) *Understanding the Impact of Online Fraud: Implications for Victim Assistance Schemes*, Victims & Offenders, Vol. 13:6, p. 758(2018).

综上,本研究将整合社会认知理论中个体对于社会概念体系中的假设,①通过分析具有全国代表性调查数据,探究居民遭受诈骗后对内部和外部判断的影响。本研究的结果不仅可以填补国内有关诈骗被害后续影响的实证研究的空白,同时也为相关被害人援助服务的调整提供实证依据。

二、文献综述

(一)被害后续影响

被害人因他人行为而遭受的人身伤害或财产损失会导致一系列的负面结果。根据文献梳理,被害后果可分为三类:客观实质后果、自我认知后果和社会认知后果。

第一,被害的客观实质后果直接表现为来自施害人的侵害导致的被害人的财产损失和人身伤害;还包括无法使用案涉物品、更换案涉物品的麻烦和金钱支出以及因受伤而无法工作等损失带来的"不便、滋扰和其他实际问题",即因侵害后果衍生的其他客观性损害。

第二,自我认知后果是指被害的个人经历会导致被害人发生对内部评价的变化,具体表现为情绪反应和自我认知障碍。首先,负面情绪,如沮丧、愤怒和抑郁等,是最广泛的被害后果之一。② 在产生愤怒、恐惧、震惊和不安全感等情绪反应的同时,还可能诱发令人痛苦的疾病,③如过度的惊吓反应、睡眠障碍、记忆障碍或注意力不集中等。不同的犯罪类型都会产生自我认知后果:严重暴力犯罪的被害人报告说明了暴力被害后会有广泛的情绪反应,④同时也有证据表明财产犯罪也会产生情绪后果。⑤ 其次,根据心理动力学理论,被害人在被害时产生强烈的情感体验,会因自发思维运用否认、压抑等一系列防卫机制;如此,负性认知定式,使被害人消极地认为自己对被害这一负性事件负有责任。根据行为主义分析中艾布拉姆森和塞利格曼的习得性无助理论⑥,被害后,被害人可能会

① See Janoff-Bulman & Frieze, *A Theoretical Perspective for Understanding Reactions to Victimization*, Journal of Social Issues, Vol. 39:2, p. 1 - 17(1983).

② See Shapland & Hall, *What Do We Know about the Effects of Crime on Victims?*, International Review of Victimology, Vol. 14:2, p. 175 - 217(2007).

③ See Lurigio, *Are All Victims Alike? The Adverse, Generalized, and Differential Impact of Crime*, Crime & Delinquency, Vol. 33:4, p. 452 - 467(1987).

④ See Gale & Coupe, *The Behavioural, Emotional and Psychological Effects of Street Robbery on Victims*, International Review of Victimology, Vol. 12:1, p. 1 - 22(2005).

⑤ See Shapland & Hall, *What Do We Know about the Effects of Crime on Victims?*, International Review of Victimology, Vol. 14:2, p. 175 - 217(2007).

⑥ See Abramson & Seligman, *Learned Helplessness in Humans: Critique and Reformulation*, Journal of Abnormal Psychology, Vol. 87:1, p. 75 - 90(1978).

处于一个向习得性无助状态演化的过程，在产生持续性的负面情感后，被害人会将被害原因归结为内部的、稳定的和整体性的因素，认为自己一无是处，是个失败者，出现自我认知障碍。

第三，被害会产生社会认知后果，影响对环境和社会的认知，[①]表现为对被害风险认知能力和环境风险感知能力的提升、风险缓解行为的出现和个人脆弱度的提高。根据朗特里和兰德的发现[②]，入室盗窃被害与犯罪风险认知呈正相关，而迪顿和查迪[③]以及卢里吉奥[④]认为这一结论可以扩展到更多的犯罪类型，即被害后对于风险认知会有普遍的提升。并且，人们为了避免持续被害和高危生活方式的风险，经常会做出微妙的风险缓解行为。“人们不是对他们所做的事情进行实质性的改变，而是倾向于改变他们做事的方式”[⑤]，包括应用风险最小化和规避风险的技术，如携带防御性武器、集体旅行等。[⑥] 此外，被害者会表现出“一种新的脆弱感和对自我作为潜在被害目标的意识”，对个人脆弱性的判断有所提高，后果可能会进一步延伸到社会行为和日常生活的变化上，如“避免假定的危险场所和情况”。[⑦]

上述的三类被害后果中，客观实质后果具有直观性和确定性，相应救济也具有针对性，即相应的财产和人身补偿，如在诈骗被害中，实质后果为财产损失，救济方式为追回财产，关于此后果的研究争议较小。而自我认知后果和社会认知后果的产生具有主观性和复杂性，是更深层次的，相应的被害人需求不确定，值

---

① See Rühs, Greve & Kappes, *Coping with Criminal Victimization and Fear of Crime: The Protective Role of Accommodative Self - regulation*, Legal and Criminological Psychology, Vol. 22:2, p. 359 – 377 (2017).

② See Rountree & Land, *Burglary Victimization, Perceptions of Crime Risk, and Routine Activities: A Multilevel Analysis across Seattle Neighborhoods and Census Tracts*, Journal of Research in Crime and Delinquency, Vol. 33:2, p. 174 (1996).

③ See Ditton & Chadee, *People's Perceptions of Their Likely Future Risk of Criminal Victimization*, British Journal of Criminology, Vol. 46:3, p. 505 – 528 (2006).

④ See Lurigio, *Are All Victims Alike? The Adverse, Generalized, and Differential Impact of Crime*, Crime & Delinquency, Vol. 33:4, p. 452 – 467 (1987).

⑤ See Hindelang, Gottfredson & Garofalo, *Victims of Personal Crime: An Empirical Foundation for a Theory of Personal Victimization*, Ballinger Press. 1977.

⑥ See Averdijk, *Reciprocal Effects of Victimization and Routine Activities*, Journal of Quantitative Criminology, Vol. 27:2, p. 127 (2011); Jacques & Reynald, *The Offenders' Perspective on Prevention*, Journal of Research in Crime and Delinquency, Vol. 49:2, p. 269 – 294 (2012); Jacobs & Wright, *Street Justice: Retaliation in the Criminal Underworld*, Cambridge University Press, 2016, p. 24 – 25.

⑦ See Tyler, *Impact of Directly and Indirectly Experienced Events: The Origin of Crime-related Judgments and Behaviors*, Journal of Personality and Social Psychology, Vol. 39:1, p. 13 – 28 (1980); Averdijk, *Reciprocal Effects of Victimization and Routine Activities*, Journal of Quantitative Criminology, Vol. 27:2, p. 127 (2011).

得深入挖掘,因此本研究将重心放于这两种后果上,从被害心理学入手,借助于相关心理学理论进行分析。

(二)社会认知理论

根据社会认知理论,人们在正常的日常生活中形成了对于自己和社会的假设和理论,日复一日,人们在这些假设和理论的基础上行动,这些假设和理论使他们能够设定目标、计划活动和规范他们的行为;这是一个随着时间的推移而发展起来的概念系统,它为人们提供了对自己和环境的可行期望。并且,在这个概念系统的基础上行动时,人们通常不知道它的中心假设。

人们在不断地检验和修正这一概念系统,被害时,这个概念系统受到严重的挑战,迫使人们证明和客观化自己的基本假设。但这一概念系统往往无法解释被害的经历,就会受到质疑,并且破坏了它们通常能够运作的稳定性,导致被害人对世界和自己的基本假设的崩溃,引发强烈的心理危机,即前文提到的自我认知后果和社会认知后果。

吉诺夫·布尔曼认为,大多数人的概念系统中共有三种重要假设,分别是:对于个人免受伤害的假设;对世界的感知是有意义的和可理解的假设;自己是有价值的存在的假设。① 在她的研究中,为了方便讨论,将这三种具有高度相关性的假设以离散信念的形式呈现,这并不是概念系统的实际结构。因此,为了方便研究,我们根据人们的两种思维导向,防御性(对内部的)思维和进攻性(对外部的)思维,将以上三种重要假设糅合为两个中心假设:对于个人积极评价的假设和对于社会积极评价的假设,以对应被害的自我认知后果和社会认知后果(见表1)。

表1 概念对应表

思维类型	思维方向	假设类型	当事人状态	假设状态
防御性思维	对内部的	自我认知假设	未被害	积极评价
			被害后	消极评价
进攻性思维	对外部的	社会认知假设	未被害	积极评价
			被害后	消极评价

首先,对个人积极评价的假设认为,人们都拥有积极的自我认知,通常认为自己是有价值的、正派的人,保持着相对较高的自尊水平;同时,人们往往高估自

① See Janoff-Bulman & Frieze, *A Theoretical Perspective for Understanding Reactions to Victimization*, Journal of Social Issues, Vol. 39:2, p. 1 – 17(1983).

己，认为自己能在生活中获取积极结果，免受不幸的威胁。① 从根本上，人们往往觉得自己是幸福的，并且值得拥有这种幸福。被害的经历导致对这些自我评价的严重质疑，威胁到个人平衡感，从而激活消极的情感和自我形象。为了维持个人平衡和自主感，被害人会去规避主要问题，产生愤怒、悲伤、恐惧的情绪，认为自己是软弱、无助、需要帮助和失控的。同时，被害人还容易体验到一种越轨感，他们不幸地从社会中被单独挑出来，这使他们与其他人不同，这种偏差的自我认知强化了负面自我形象。② 这些情绪反应和自我认知障碍可以被人们的自评幸福感概括③：在出现持续性负面情绪和自我否定的过程中，人们的福祉受到明显影响，会导致自评幸福感降低。因此，本研究将以自评幸福感作为自我认知后果的测量形态。

其次，对社会积极评价的假设认为，社会中的事件是可以理解的和有序的，而人们理解社会的一种方式是把发生在人们身上的事情看作可控的。从根本上说，根据勒纳的公正世界理论，社会对待一个善良和有价值的人是公正的、正义的和守护的，人们认为社会是安全的、值得信任的、可控制的，在这个有意义的世界中，人们知道会发生什么以及为什么会发生负面事件。④ 而被害是无意义的，不符合人们认知的社会运行的基本规律。因此，被害人不再认为自己在良性环境中是安全的，而出现了“社会充满危险和恶意”的脆弱性的新认识，因此提高了自己的风险认知能力，改变了某些行为。被害人变得敏感、脆弱，甚至杞人忧天、鳃鳃过虑，这可以概括为被害会对被害人原有的信任体系产生冲击。虽然被害一般是施害者个人的恶意的直接结果，但被害人会将对有些人的不信任抽象扩大为对世界的不信任，因此其对社会的普遍信任期望可能会发生变化。⑤ 因此，本研究将以对社会普遍信任感作为社会认知后果的测量形态。

在承担了被害的后果、接受了破碎的假设后，被害人原有的能有效发挥作

① See Weinstein & Lachendro, *Egocentrism as a Source of Unrealistic Optimism*, Personality and Social Psychology Bulletin, Vol. 8:2, p. 195 - 200(1982).

② See Coates & Winston, *Counteracting the Deviance of Depression: Peer Support Groups for Victims*, Journal of Social Issues, Vol. 39:2, p. 171 - 196(1983).

③ See Jensen, "*Crime Doesn't Pay*": *Correlates of a Shared Misunderstanding*, Social Problems, Vol. 17, p. 189 - 201(1969).

④ See Abramson & Seligman, *Learned Helplessness in Humans: Critique and Reformulation*, Journal of Abnormal Psychology, Vol. 87:1, p. 75 - 90(1978).

⑤ See Fische, *A Phenomenological Study of Being Criminally Victimized: Contributions and Constraints of Qualitative Research*, Journal of Social Issues, Vol. 40:1, p. 169(1984); Macmillan, *Violence and the Life Course: The Consequences of Victimization for Personal and Social Development*, Review of Sociology, Vol. 27:1, p. 12(2001).

用的概念体系不再能继续作为行动指南,因此会持续处于这种影响之下。同时,被害人会对这种状态作出反应,即试图理解自己的经历,寻找被害的意义,①并重新建构核心假设以恢复心理平衡状态。霍罗维茨认为,概念系统中被动摇的部分将不得不重建,被害人将面临重新建立有意义的世界观的任务,使事件再次变得有意义,并重新获得积极的自我形象,包括对价值、力量和自主性的自我认知;同时将被害的经历纳入其中。② 被害人从接受后果到作出反应再到理解意义和重塑系统的过程需要一定的时间,因此被害的后果影响是一个持续性的过程。

被害人解释其被害经历,一般通过因果归因,这可以满足理解事件的需要。被害往往引起的是自发的归因,这种内责归因是消极的、强烈的、重要的、出乎意料的和具有压力的③,能够有效解释为什么事件特别发生在被害人身上。④ 自责归因意味着被害人对情感表达的需求可能会持续数月甚至数年,即自我认知后果的持续性更强。

在本研究中,我们选择"是否遭受诈骗"为自变量;对于被害可能出现的"自我认知后果"和"社会认知后果",本研究分别选择"自评幸福感"和"社会信任感"为因变量来综合概括;同时,选择性别、年龄、受教育程度、婚姻状况、工作状况、自评社会地位、自评收入和户籍为控制变量。根据上述文献分析和社会认知理论,本研究提出以下假设:

假设1:诈骗被害会导致被害人"社会信任感"降低,出现"社会认知后果"。

假设2:诈骗被害会导致被害人"自评幸福感"降低,出现"自我认知后果"。

假设3:诈骗被害的影响有持续性,需要一定时间恢复。同时,不同的后果的持续影响力不同,因此我们作出如下子假设:

假设3a:诈骗被害的"社会认知后果"具有较弱的持续性,恢复时间短。

假设3b:诈骗被害的"自我认知后果"具有较强的持续性,恢复时间长。

---

① See Bulman & Wortma, *Attributions of Blame and Coping in the "Real World": Severe Accident Victims React to Their Lot*, Journal of personality and social psychology, Vol. 35:5, p. 351 - 363(1977).

② See Abramson & Seligman, *Learned Helplessness in Humans: Critique and Reformulation*, Journal of Abnormal Psychology, Vol. 87:1, p. 75 - 90(1978).

③ See Wortman & Dintzer, *Is an Attributional Analysis of the Learned Helplessness Phenomenon Viable: A Critique of the Abramson-Seligman-Teasdale Reformulation*, Journal of abnormal psychology, Vol. 87:1, p. 75 - 90(1978).

④ See Davis & Christopher, *Self-Blame Following a Traumatic Event: The Role of Perceived Avoidability*, Personality and Social Psychology Bulletin, Vol. 22:6, p. 557 - 567(1996).

三、研究方法

（一）数据

本研究使用的数据主要源于中国家庭追踪调查（China Familg Panel Studies，CFPS），[①]从 CFPS 项目随机抽取 15,000 个家庭进行调查，覆盖全国 25 个省市的 4 万多人，调查结果每两年公布一次，截至当前已公布 2010～2020 年的数据文件。本研究使用的数据为 2012～2020 年所展开的五轮追访数据。根据研究方法和研究目的，本研究选取从 2012～2020 年参加 CFPS 调查的受访者，最终满足条件的样本量为 10,515 个。

（二）测量

本研究的自变量为是否遭受诈骗，CFPS 2014 对于受访者是否在过去两年遭受诈骗进行提问，将受访者是否遭受过“财物被骗”作为自变量（遭受过 = 1，未遭受过 = 0）。

诈骗对被害人的后续影响的测量基于社会认知理论，该理论认为：被害时，被害人对世界和自己的基本概念体系（以对个人的积极评价和对社会的积极评价两个假设为核心）会出现崩溃，这种崩溃会引发强烈的心理危机，即产生自我认知后果和社会认知后果。根据问卷可提供的相关题项，选取自评幸福感和社会信任感分析诈骗对被害人的后续影响，因变量选取如下：自评幸福感的考察指标来自 CFPS 2014～2020 年（CFPS 2012 并未对该指标进行提问）各轮调查问卷中的题项“您觉得自己有多幸福？”，受访者对幸福进行 1 到 10 分赋值（得分越高表示受访者认为自己越幸福）；社会信任感的考察指标来自 CFPS 2012～2020 年各轮调查问卷中的题项“您认为大多数人是可以信任的，还是和人相处越小心越好？”（大多数人是可以信任的 = 1，越小心越好 = 0）。

控制变量包括：受访者的性别（男性 = 1，女性 = 0）、年龄、户籍（农村 = 1，非农村 = 0）、受教育年限、工作状况（有工作 = 1，没有工作 = 0）、婚姻状态（在婚和同居 = 1，其他 = 0）、收入水平（“您的收入在本地属于？”，1 到 5 分评分，1 = 很低，5 = 很高）、自评社会地位（“您在本地的社会地位？”，1 到 5 分评分，1 = 很低，5 = 很高）。

考虑到追访期间个体的婚姻状态、是否有工作、收入水平和自评社会地位可能发生变化，这种变化有可能影响受访者的自评幸福感和社会信任感。因此，对于婚姻状态、是否有工作、收入水平和自评社会地位，采用每轮的调查数据作为

---

① 本项目使用数据部分为 CFPS 的限制性数据，已申请并获得 CFPS 项目组的授权。

控制变量分别纳入对应年份的模型中。

(三)分析方法

本研究的主要分析工具为 STATA15。具体而言,主要包含如下步骤:首先,对研究涉及的若干自变量与因变量均进行描述性统计分析。其次,为了探索是否受骗对自评幸福感和对社会信任感的影响,对受骗和未受骗个体的自评幸福感和社会信任感进行描述性统计,并使用 T 检验的方法比较两组相应变量的均值差是否达到统计学显著,α 设置为 0.05。再次,为了综合判断诈骗对被害人的影响,本研究还使用了 Logistics 回归模型,将诈骗后 2014 年、2016 年、2018 年、2020 年接受调查时自评幸福感和社会信任感分别作为因变量,是否受骗作为自变量,并且加入控制变量,分析诈骗是否对被害人后续产生显著影响以及影响的持续性。最后,为了进行有效的因果推论,本研究对于 2014 ~ 2020 年的模型,分别加入因变量上一期的滞后项作为自变量以评估受骗对被害人的相对影响,以分析诈骗对被害人自评幸福感和社会信任感的相对影响。

四、研究结果

(一)样本描述性统计分析

本次研究变量的描述性统计结果见表 2。在 2014 年的调查中,有 2.1% 的受访者表示在过去两年中遭受了财产诈骗。对于个体特征的具体描述如下:

(1)受访者社会信任感和自评幸福感。从样本各年的社会信任感和自评幸福感均值来看,各年社会信任感和自评幸福感指标接近。

(2)受访者性别。从样本的性别分布情况看,男性占比 49.1%;女性占比 50.9%,男女比例接近。

(3)受访者年龄。受访者年龄选用 CFPS 2012 的数据,其中样本的平均年龄为 40.69 岁,各出生年代占比为:20 世纪 60 年代以前为 33.0%;20 世纪 60 年代为 23.6%;20 世纪 70 年代为 17.7%;20 世纪 80 年代为 15.2%;20 世纪 90 年代及以后为 10.5%。

(4)受访者受教育程度。该指标为受访者的受教育年数,样本的平均受教育年数为 8.558 年。

(5)受访者婚姻状况。受访者中再婚或同居的占总样本 85% 左右,占比较高。

表 2 描述性统计分析(N=10,515)

变量名称			均值	加权后均值	标准差	最小值	最大值
自变量	是否被骗		0.024	0.021	0.152	0	1
因变量	2012 年社会信任感		0.512	0.555	0.500	0	1
	2014 年社会信任感		0.502	0.570	0.500	0	1
	2016 年社会信任感		0.534	0.559	0.499	0	1
	2018 年社会信任感		0.522	0.578	0.500	0	1
	2020 年社会信任感		0.533	0.598	0.499	0	1
	2014 年自评幸福感		7.544	7.599	2.160	0	10
	2016 年自评幸福感		7.545	7.599	2.158	0	10
	2018 年自评幸福感		7.510	7.574	2.146	0	10
	2020 年自评幸福感		7.473	7.468	2.114	0	10
控制变量	年龄		42.680	40.692	15.143	14	91
	性别=男		0.491	0.493	0.499	0	1
	受教育程度		7.422	8.558	4.729	0	19
	2014 年婚姻状况		0.845	0.857	0.362	0	1
	2016 年婚姻状况		0.847	0.859	0.360	0	1
	2018 年婚姻状况		0.809	0.854	0.393	0	1
	2020 年婚姻状况		0.782	0.846	0.413	0	1
	2014 年自评收入		2.209	2.415	1.252	0	5
	2016 年自评收入		2.220	2.352	1.724	0	5
	2018 年自评收入		2.683	2.830	1.315	0	5
	2020 年自评收入		2.644	2.894	1.382	0	5
	2014 年自评社会地位		2.975	2.944	0.988	1	5
	2016 年自评社会地位		2.849	2.823	1.056	1	5
	2018 年自评社会地位		3.165	3.129	1.073	1	5
	2020 年自评社会地位		3.182	3.126	1.059	1	5
	工作状况=有工作		0.803	0.844	0.397	0	1
	户籍=农村户籍		0.734	0.674	0.442	0	1
	出生年代	20 世纪 60 年代以前	0.330	0.264	0.470	0	1
		20 世纪 60 年代	0.236	0.269	0.425	0	1
		20 世纪 70 年代	0.177	0.237	0.382	0	1
		20 世纪 80 年代	0.152	0.169	0.359	0	1
		20 世纪 90 年代及以后	0.105	0.061	0.307	0	1

注：本研究使用权重为 CFPS 官方推荐的跟踪调查权重。

（二）受骗和未受骗的独立样本 T 检验分析

表 3 显示了受骗与未受骗个体在自评幸福感和社会信任感上的均值差异，以及这些差异的 T 检验结果。表 3 显示，对于自评幸福感指标，受骗组和未受骗组样本在 2014 ~ 2020 年各轮调查中的差异显著，均通过了 0.001 水平的显著性检验，这表明遭受诈骗可能会对被害人的自评幸福感产生显著的负向影响，且这种影响难以恢复，但各轮均值差值的差异不大，表明这种影响并不会随着时间的推移而进一步恶化；对于社会信任感，受骗组和未受骗组样本在 2014 ~ 2018 年各轮调查中的差异显著，分别通过了 0.001、0.01、0.05 水平的显著性检验，而 2020 年调查中差异不显著，这表明遭受诈骗最初可能对被害人社会信任感产生显著的负向影响，随后这种影响得到恢复。

表 3　受骗和未受骗的独立样本 T 检验（N = 10, 515）

因变量	均值方差的 T 检验				
	未受骗组均值	受骗组均值	均值差值	差分的 95% 置信区间	
				下限	上限
2014 年自评幸福感	7.562	6.874	0.688***	7.507	7.580
2016 年自评幸福感	7.562	6.874	0.689***	7.508	7.581
2018 年自评幸福感	7.530	7.031	0.499***	7.482	7.555
2020 年自评幸福感	7.492	6.877	0.615***	7.441	7.513
2014 年社会信任感	0.503	0.427	0.074**	0.493	0.510
2016 年社会信任感	0.536	0.491	0.045*	0.527	0.544
2018 年社会信任感	0.524	0.455	0.069*	0.514	0.531
2020 年社会信任感	0.535	0.512	0.023	0.526	0.543

注：* $p<0.05$，** $p<0.01$，*** $p<0.001$。

（三）回归分析

表 4 仅分析了是否遭受诈骗这一变量对自评幸福感和社会信任感的影响结果，该结果极大可能受到其他变量的干扰。为了进一步探索受骗对自评幸福感和社会信任感的影响，本研究进行了回归分析，表 4、表 5 显示了回归分析的主要结果。

1. 受骗对于被害人社会信任感的影响

表 4 分析了遭受诈骗对被害人社会信任感的影响。该表从左到右的 4 个模型结果，分别对应 2014 年之前两年内遭受诈骗对被害人在 2014 年、2016 年、2018 年和 2020 年社会信任感的影响。表 4 表明：受骗的经历在两年内对被害人社会信任感产生显著的负向影响，两年后该效应随着时间逐渐减弱且影响不显著，具体表现为：对 2014 年被害人社会信任感有显著的负向影响（$b = -0.796$，$p < 0.001$）；对

2016 年、2018 年和 2020 年被害人社会信任感有一定的影响，但均未通过显著性检验，影响可以忽略。以上 4 组模型结果表明，诈骗对被害人社会信任感的影响不具有持续性，随着时间推移，这种影响逐渐减弱。因此，假设 3a 得到了实证支持。

为了对研究结论进行有效的因果推论，在各个回归模型中分别加入因变量上一期的滞后项作为自变量，以进一步评估受骗对被害人的相对影响。表 4 第 4 行中的模型，为 2014～2020 年各模型中加入了因变量上一期滞后项后的结果，可以发现：遭受诈骗在两年内对被害人的社会信任感产生显著影响，而在遭受诈骗的两年后不再继续对被害人的社会信任感产生影响。加入滞后项的结论与未加滞后项的模型结论吻合，进一步验证了假设 3a。

表 4　社会信任感的 Logistics 回归分析

变量名称		2014 年社会信任感	2016 年社会信任感	2018 年社会信任感	2020 年社会信任感
未控制前一期	是否被骗	-0.796*** (0.204)	-0.205 (0.226)	-0.402 (0.204)	-0.378 (0.218)
	控制变量	√	√	√	√
	截距	-1.244** (0.434)	-0.615 (0.678)	-2.251** (0.675)	-2.072* (0.913)
控制前一期	是否被骗	-0.744*** (0.201)	-0.039 (0.230)	-0.354 (0.210)	-0.339 (0.219)
	2012 年社会信任感	1.124*** (0.134)			
	2014 年社会信任感		1.116*** (0.126)		
	2016 年社会信任感			1.432*** (0.115)	
	2018 年社会信任感				1.460*** (0.128)
	控制变量	√	√	√	√
	截距	-1.548** (0.441)	-0.709 (0.731)	-2.773*** (0.659)	-2.747* (1.238)
N		10515	10749	10529	9984

注：(1)选取年龄、性别、受教育程度、婚姻状况、自评收入、自评社会地位、是否为农村户籍、出生年代、是否有工作作为控制变量加以控制。(2) *p<0.05，**p<0.01，***p<0.001。(3)括号内为标准误。

2. 受骗对于自评幸福感的影响

表 5 分析遭受诈骗对被害人自评幸福感的影响，其四个模型分别对应 2014 年之前两年内遭受诈骗对被害人在 2014 年、2016 年、2018 年和 2020 年自评幸

福感的影响。可以看出:受骗的经历显著且持续对被害人的自评幸福感产生负向影响,具体表现为:在2014年、2016年、2018年和2020年影响系数为－0.083($p<0.01$)、－0.078($p<0.05$)、－0.066($p<0.05$)、－0.075($p<0.05$)。因此,假设3b得到了实证支持。

为保证结果的稳健性,同样加入因变量上一期滞后项作为自变量进行回归分析,分析受骗对自评幸福感的相对影响。由于CFPS在2012年并未对自评幸福感进行提问,故仅在2016年、2018年、2020年数据中加入滞后项。与未加入滞后项的结果不同,加入滞后项后,2016年、2018年、2020年的相对影响不显著。

综合未加入滞后项和加入滞后项的结果可知:遭受诈骗可能会对被害人的自评幸福感产生显著的负向影响,且难以恢复,但这种影响并不会随着时间的推移而恶化,这也与独立样本T检验所得出的结论相一致。

表5 自评幸福感的多元回归分析

因素		2014年自评幸福感	2016年自评幸福感	2018年自评幸福感	2020年自评幸福感
未控制前一期	是否被骗	－0.083** (0.032)	－0.078* (0.034)	－0.066* (0.026)	－0.075* (0.033)
	控制变量[a]	√	√	√	√
	Ln(alpha)	－50.881 (.)	－26.826 (.)	－27.818 (.)	－51.326 (.)
	截距	(0.081)	(0.075)	(0.085)	(0.123)
控制前一期	是否被骗	－0.083** (0.032)	0.007 (0.008)	－0.038 (0.021)	－0.055 (0.030)
	2014年自评幸福感		0.156*** (0.006)		
	2016年自评幸福感			0.046*** (0.003)	
	2018年自评幸福感				0.059*** (0.004)
	控制变量	√	√	√	√
	Ln(alpha)	－50.881	－26.814	－53.232	－27.143
	截距	1.734*** (0.081)	0.785*** (0.025)	1.424*** (0.062)	1.209*** (0.117)
N		10,563	10,333	10,133	9815

注:a.选取年龄、性别、受教育程度、婚姻状况、自评收入、自评社会地位、是否为农村户籍、出生年代、是否有工作作为控制变量加以控制。

(1) * $p<0.05$, ** $p<0.01$, *** $p<0.001$。

(2)括号内为标准误。

（四）回归系数置信区间可视化分析

由于模型回归系数较多，因而对回归系数进行置信区间进行可视化，以诈骗回归系数的置信区间变化趋势来展示遭受诈骗对自评幸福感和社会信任感的影响。

图 1 为 2014 ~2020 年社会信任感的置信区间，是否控制滞后项对置信区间的影响不大，从中可以发现：2014 年的置信区间全部在 0 下方，表明遭受诈骗对被害人社会信任感产生了显著影响，随后各年置信区间包含 0 点，表明随后各年遭受诈骗对被害人的影响概率很小，与回归的结果相一致，进一步证明了结论：遭受诈骗在两年内对被害人的社会信任感产生显著影响，而在遭受诈骗两年后将不再继续对被害人的社会信任感产生影响。

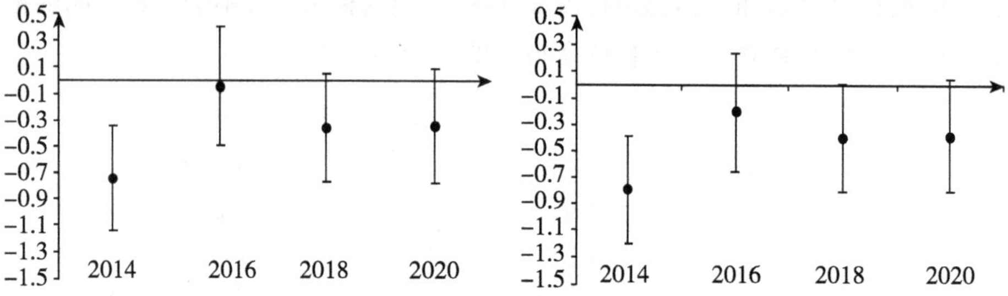

（a）未控制滞后项　　（b）控制滞后项

图 1　2014 ~2020 年社会信任感置信区间

同理，图 2 为 2014 ~2020 年自评幸福感系数的置信区间，图 2（a）未控制滞后项，图 2（b）控制了滞后项。图 2（a）各年置信区间未包括 0，且各年系数均在 0 下方，各年置信区间保持稳定，表明受骗的经历显著且持续对被害人的自评幸福感产生负向影响。图 2（b）加入滞后项，其中 2016 年、2018 年、2020 年的置信区间包含 0 点，表明后续相对影响可以忽略。综合图 2，进一步证明结论：受骗对被害人的自评幸福感会持续产生负向影响，但这种影响并不会随着时间的推移而恶化。

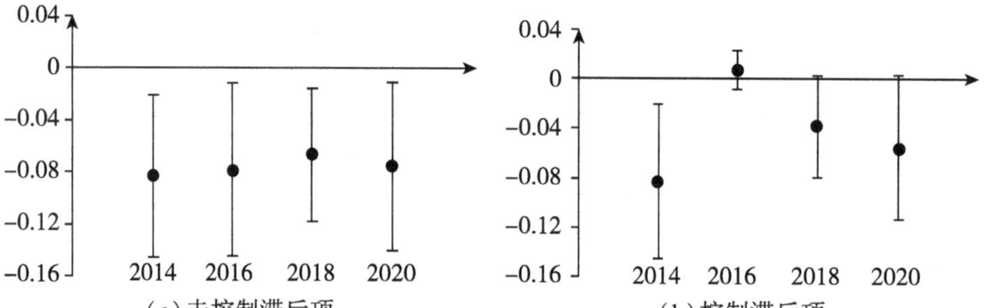

（a）未控制滞后项　　（b）控制滞后项

图 2　2014 ~2020 年自评幸福感置信区间

五、讨论

近年来犯罪被害人的诉求在司法系统和其他机构的回应中得到了更多的认可,我国已经开展了改善家庭暴力、校园暴力等暴力被害人处境的运动。然而,新型的网络诈骗形式已经跨越了财产犯罪和人身犯罪之间的界限,不仅造成财产的损失,而且会产生和暴力受害同样严重的影响。值得注意的是,我国很少有研究关注诈骗被害人,对于诈骗受害的救济只是尝试追回其财产,因缺乏相关实证研究而无法进行救济服务体系的调整。鉴于学界中这一空白,本研究基于社会认知理论,通过分析 CFPS 中具有全国代表性的数据,尝试从经验和理论两方面探讨诈骗受害影响。主要的研究发现如下:

第一,诈骗受害会导致被害人的社会信任感降低,产生"社会认知后果",也会导致被害人的自评幸福感降低,出现"自我认知后果"。根据数据分析结果,诈骗后,被害人的社会信任感和自评幸福感都显著降低,受害对被害人的普遍信任体系造成了冲击,导致其对社会的信任感降低。同时,被害人也出现了消极情绪和自我认知障碍,诈骗经历降低了个体的主观幸福感,表明诈骗会破坏人们的基本概念体系,损害人们对个人和社会的积极假设。这说明诈骗性质的改变导致其影响更加严重,被害人出现了同暴力受害一致的自我认知后果①和社会认知后果②。先前研究认为诈骗仅造成财产损失这一直接客观后果,即诈骗是"无被害人"③的,本研究的结论挑战了这一观点。

第二,社会信任感下降的影响在两年内逐渐消退,持续时间较短;而自评幸福感下降的影响持续时间较长,虽然并不会随着时间的推移而逐渐恶化,但难以恢复。这说明,诈骗带来的冲击对有关个人的假设的作用力大于对有关社会的假设的作用力。因此,这佐证了被害人会采用自责归因,即被害人认为自己应对受害的负性事件负有主要责任,社会负有次要责任。由此,防御性的思维占据上风,负性自我认知定式,在自我抑制和否认的过程中,对个人的基本假设会被严重破坏;而其进攻性的思维较弱,即被害人较少倾向于将受害的威胁来源抽象化,放大到整个社会,因而对社会的基本假设破坏较小。

除了上述的理论贡献,本研究的发现对被害人的援助服务也有一定的意义。

① See Shapland & Hall, *What Do We Know about the Effects of Crime on Victims?*, International Review of Victimology, Vol. 14:2, p. 175 - 217(2007).

② See Averdijk, *Reciprocal Effects of Victimization and Routine Activities*, Journal of Quantitative Criminology, Vol. 27:2, p. 125 - 149(2011).

③ See Button, M., Lewis, C. & Tapley, J. *Not a Victimless Crime: The Impact of Fraud on Individual Victims and Their Families*, Security Journal, Vol. 27:1, p. 36 - 54(2014).

首先，本研究倡导调整目前被害人援助服务中对暴力受害的唯一关注，将诈骗受害等因社会发展与技术进步而性质恶化的受害纳入其中。其次，鉴于诈骗受害的特征，可提出相关救济的政策建议：建立多元化救济机制，从公共政策和社会服务两方面进行互补，满足被害人的多样需求。在公共政策方面，诈骗虚假信息过多和转款速度迅捷的特点对公安追回被骗财产造成了巨大的挑战，我国应该不断提高对电信诈骗的打击力度，同时不断进行技术提升，强化实质后果的救济；并且完善基层机关服务体系，友善服务、及时跟进，塑造可靠形象，帮助被害人重建信任感。在社会服务方面，由于公共机关的救济存在相对滞后和有限的性质，只能起到初步作用，无法关注受害的持续性影响，因此被害后被害人概念体系的恢复更需要社会的支持。首先，与被害人相关联的群体（如被害人居住社区）和组织（如被害人的工作单位），应该对被害人提供关心、支持、鼓励甚至专业的心理治疗，使其重新认识到社会的善意并值得信任，同时避免不当通报的行为，以免加深其对社会的割裂感和不信任感。其次，成立由拥有类似受害经历的人组成的同伴支持小组，减少被害人对越轨行为的偏差自我认知。最后，被害人需要无条件可用的、态度积极的支持，需建立长期稳定的、良好的社会氛围，倡导群众，特别是被害人的家人和朋友关心包容被害人，而非孤立或忽略他们，以协助“自我认知后果”的持续恢复。

本研究虽然填补了我国对诈骗受害后续影响研究的空白，为调整相关被害人援助服务提供实证依据，但仍存在如下三个方面的不足：第一，由于 CFPS 2012 并未对受访者自评幸福感指标进行提问，故 2014 年自评幸福感的模型中未能加入因变量上一期滞后项进行回归分析，故模型具有一定的缺陷，亟待将来的研究找到更为周全的指标进一步探索。第二，本研究采用的自变量为是否遭受诈骗，数据来自 CFPS 2014 中的提问：“在过去的两年内，您遇到过下列哪些情况？”将回答“遭遇过财务诈骗”的视为诈骗被害人，由于“两年内”并非精准的时间信息，故本研究不能对诈骗后续影响的持续时间进行精准分析，而只能对其趋势进行大致评估，有待后续研究对被害人受诈骗后续影响的具体持续时间进行进一步分析。第三，由于 CFPS 问卷中对于 2016 年自评幸福的记录是“与上一期是否有区别，如没有则跳过”，导致 2016 年的数据有缺失，本研究采用 2014 年的自评幸福指数来代替 2016 年的自评幸福指数，数据上具有一定误差。第四，个人的常规活动不是静态的，而是动态的过程。由于 CFPS 仅在 2014 年对受访者的受诈骗经历进行相关提问，故不排除受访者在 2015～2020 年内有受骗的可能性，对于回归结果可能产生影响，但模型得出的结论仍具有较高的参考意义与研究价值。

The Subsequent Impact of Being Defrauded on Victims: Empirical Analysis Based on CFPS

Tan Junwen　Xu Shang　Tan Shihao

Abstract: By analyzing a nationally representative panel survey in China (China Family Panel Studies) from 2012 to 2020 and combining two core hypotheses from social cognitive theory, this study aims to explore the subsequent impact of being defrauded on victims. The present finding reveals that fraud victimization significantly reduces the victim's sense of social trust, resulting in "social cognitive consequences". Additionally, fraud victimization substantially diminishes the victim's self-assessment of happiness, leading to "Consequences of Self-perception". Furthermore, the impact of reduced social trust gradually diminishes within two years, indicating a relatively short duration of effects. On the contrary, the effects of decreased self-assessed well-being persist for a longer time without worsening. As the first few studies employed a large-scale longitudinal design to investigate the loss of trust and happiness after fraud victimization, the current study could shed light on a broader literature understanding of the consequences of property crime victimization.

Key words: fraud victimization; subsequent impact; social cognitive theory; consequences of social cognition; consequences of self-perception

电信网络诈骗犯罪多元化跨境电子数据取证的完善路径*

刘　华　王浩民**

［内容摘要］　现代信息网络科技的发展催生了极具破坏性的跨境电信网络诈骗犯罪，电子数据作为打击跨境电信网络诈骗犯罪的最佳证据，对于案件的侦破具有非同小可的意义。尽管我国刑事法律规范对跨境电子数据的取证方式和条件作出了较为明晰的规定，但现有的制度框架无法满足我国打击电信网络诈骗犯罪的现实需求。当前我国基于"数据储存地管辖模式"为主的电子数据跨境取证方式仍然存在取证过程难、跨境单边取证手段可能侵害被取证国的数据主权以及跨境电子取证司法协助矛盾突出的问题。我国可以从规范电子数据跨境取证过程、严

* 本文系贵州省2018年度社科规划联合基金课题"乡村振兴战略实施的司法保障机制研究"（项目号:2018GZLH05）和2021年度最高人民检察院检察理论研究一般课题"网络犯罪证明问题研究"（项目号:GJ2021C28）的阶段性成果。

** 刘华，贵州大学法学院博士研究生；王浩民，贵州大学法学院硕士研究生。

格规制电子数据跨境单边取证方式以及简化电子数据取证刑事司法协助程序，来完善多元化的电信网络诈骗犯罪跨境电子数据的取证制度。

[关键词] 电子数据 电信网络诈骗 跨境取证 单边取证 司法协助

跨境电信网络诈骗犯罪相较于传统的诈骗犯罪，具有操作性强、发案率高、涉案人数多、诈骗金额大等显著特点。中共中央办公厅和国务院办公厅于2022年4月18日发布《关于加强打击治理电信网络诈骗违法犯罪工作的意见》，强调对电信网络诈骗犯罪予以依法严厉打击。历年来，我国不断推出关于规制电信网络诈骗犯罪的相关司法解释及指导意见，然而涉及我国的跨境电信网络诈骗行为却是屡禁不绝。① 2021年10月，公安部在其新闻发布会上表示，2021年1月至9月我国共破获26.2万件电信网络诈骗犯罪案，共抓获犯罪嫌疑人37.3万人，紧急止付高达2770亿元的案涉资金。② 2020年全国公安机关共破获电信网络诈骗案件25.6万件，共抓获犯罪嫌疑人26.3万人，避免了1200亿元的直接经济损失。③ 2019年上半年电信网络诈骗案发量为5.8万件，共抓获犯罪嫌疑人5.1万人。④ 对比这三年的案件数据可以看出，近年来电信网络诈骗的破坏力度与日俱增，而其中有相当的一部分案件都是跨境性质的。如此高发的电信网络诈骗案件必然会倒逼侦查制度的革新，尤其是在跨境电子取证方面。本文重点探讨如何在我国现有刑事跨境电子取证制度的框架范围内实现进一步的路径完善，从我国当前跨境取证的现状着手，提出我国公安机关在跨境电子取证的过程中所面临的问题，探求切实有效的解决方案，希冀为我国刑事跨境电子取证制度的优化、电信网络诈骗犯罪的高效打击提供参考。

一、我国跨境电信网络诈骗犯罪的发展现状

跨境电信网络诈骗犯罪是指犯罪分子以非法占有为目的，利用境内境外两个空间，采用非直接接触的远程实施方式通过拨打电话、发送短信、互联网操作等途径，设置骗局、虚构事实，诱使被害人将其钱款通过转账等方式到达犯罪分

---

① 参见《加强打击治理电信网络诈骗违法犯罪工作》，载光明网，https://m.gmw.cn/baijia/2022-04/19/1302906867.html。

② 参见《公安部通报打击电信网络诈骗犯罪之"断流"专案行动成效》，载中华人民共和国国务院新闻办公室官网2021年10月26日，http://www.scio.gov.cn/xwfbh/gbwxwfbh/xwfbh/gab/Document/1715567/1715567.htm。

③ 参见《2020年全国公安机关破获电信网络诈骗案件25.6万起》，载中华人民共和国公安部官网2021年1月2日，https://www.mps.gov.cn/n2254098/n4904352/c7633761/content.html。

④ 参见《腾讯发布〈电信网络诈骗治理研究报告(2019上半年)〉，揭秘网络诈骗七大新特征》，载百度网2019年8月9日，https://baijiahao.baidu.com/s?id=1641369564111873628&wfr=spider&for=pc。

子指定金融账户的行为。①

（一）跨境电信网络诈骗犯罪的特征

1. 跨境犯罪集团中人员角色分工明确且层次性特征显著

在跨境电信网络诈骗犯罪集团中，不同成员之间分工明确，彼此配合，共同按照预先拟定好的行骗剧本进行演绎，最终达到非法占有被害人财物的目的。通常情况下，跨境电信网络诈骗团伙中的成员按照各自所分配的任务和所处的时间层次，分为四类人员。② 第一类人是核心领导者。其负责在前期从全球各地四处招募行骗人员与其共同组成电信网络诈骗集团，进而开展骗术培训。与此同时，从“菜商”处购买其窃取的大量公民个人信息也是此类人员的核心职责之一。第二类人是话务员。这类人是诈骗剧本的主角，他们按照剧情和相关线索在与被害人交流的过程中逐步获取其信任并诱使被害人将钱款汇入其指定的金融账户。第三类人是技术服务人员。这类人又细分为二，一是为整个诈骗提供网络、通信线路、制作伪基站和黑链接等服务的一般技术人员；二是拆账技术员，他们负责在被害人将钱款打入指定账户后立即将该笔款项拆成若干小笔金额，再汇入预先准备的金融账户上。第四类人是取款人员。在得知拆账成功的消息后，位于世界各地不同的指定取款人会立即将这些款项从金融机构取出。

2. 跨境电信网络诈骗犯罪案涉地域分布广泛

跨境电信网络诈骗犯罪分子为了躲避侦查，会将整套电信网络诈骗的流程拆解成若干小块，在全球各地分散实施，分布开展，通过其精心地调度遣使，最终实现跨地区、跨国境的互联并通。在跨境电信网络诈骗案件中，人员和地域的分配关系往往错综交织。从目前我国破获的跨境电信网络诈骗案件的分析来看，核心领导者、实施主要犯罪的话务员都是我国不同地域的居民，技术员所处的改号平台窝点、赃款的窝藏地都散落在天南地北。

随着境内的电信网络诈骗活动受到我国司法机关的持续打压，境外犯罪分子逃避侦查的措施也在“水涨船高”。一方面是空间的移转，原来的电信网络诈骗窝点集中在东南亚、美国、非洲等地域。犯罪分子似乎已经意识到这些传统的作案片区未来会受到越来越强烈的管控与打击，因此近几年一些犯罪团伙开始向尼泊尔、蒙古国等网络监管不健全的地区窜匿，试图利用国与国之间的管辖壁垒来逃避制裁。③ 另一方面是资源的更替。犯罪分子为避免使用我国网络而留

① 参见王娆：《电信网络诈骗案件的证据收集问题研究》，载《法大研究生》2017 年第 2 期。

② 参见曹晓宝：《电信网络诈骗案件的取证策略与证据体系构建》，载《中国刑警学院学报》2018 年第 2 期。

③ 参见黄子诚：《澜湄次区域打击跨国电信网络诈骗犯罪的国际合作研究》，载《网络安全技术与应用》2022 年第 2 期。

下大量明显的证据，纷纷通过租借境外网络资源的形式来掩盖作案痕迹。如此一来，诈骗实施地和网络资源提供地都源于境外，这使原本复杂的电子取证工作更为棘手。

(二)跨境电信网络诈骗犯罪中的电子数据

刑事诉讼中的电子数据是指犯罪过程中产生的，通过计算机、现代通信技术等电子化形式储存、利用的能够用以证明案件发生事实的证据种类。电子数据具有三个非常明显的特征。一是非物质性。电子数据的实质是按照特定的编码规则组成的数字组合，不能直接被人们感知，需要与之匹配的电子介质的辅助才能够呈现出来。二是智能性。电子数据一经人设计后往往就会自动按照特定的程式来运作，在跨境电信网络诈骗中技术人员将语音包设计好后，这一语音包就会自动且不间断地通过各种电信传输渠道给不特定的境外潜在被害者拨打电话。三是脆弱性。电子数据能够很轻易地在电子介质中被复制、修改、删除。

我国《刑事诉讼法》规定的各类证据，在电信网络诈骗案件当中都可能会成为公安机关调查取证的对象。但公安机关在取证的过程中，往往更加重视书证、言词类的嫌疑人供述、证人证言以及电子数据这四种证据。在这几类证据当中，电子数据无疑是电信网络诈骗案件中的帝王证据。虽然单一的电子数据作为间接证据并不能直接证明案件事实，但大量的电子数据信息糅合在一起，不仅可以充分将犯罪分子与其罪行串联在一起，而且还能够将某一犯罪人在整个诈骗集团中的地位和作用一一梳理清晰。①

在跨境电信网络诈骗犯罪中，侦查取证所获得的电子数据主要包括三种类型。第一种是公共数据，指公共机构在依法行使管理职能和提供公共服务的过程中所生成、收集并运用一定的技术手段加以储存的信息。② 它在本文中即是指公安机关通过境外网络等公共信息渠道能够直接获取的关于电信网络诈骗犯罪的相关电子数据，通常表现为公安机关通过网络在线提取境外公开数据的方式进行搜集。第二种是准公开数据。这一类数据具有一定程度的涉密性，公安机关可以通过讯问或者技术侦查手段获得的账号密码等验证信息进入境外计算机系统从而收集电子数据。③ 第三种是不公开数据。这一类数据与国家安全紧密相关。2021 年我国颁布的《数据安全法》凸显了“核心数据”这一概念，其是指关系国家的安全、民生等重大事项的电子数据，④《数据安全法》对这种数据规

① 参见罗文华等：《电信网络诈骗罪名体系中的证据问题——以 7 种罪名 135 个案例为样本》，载《中国刑警学院学报》2020 年第 6 期。

② 参见徐珉川：《论公共数据开放的可信治理》，载《比较法研究》2021 年第 6 期。

③ 参见王立梅：《论跨境电子证据司法协助简易程序的构建》，载《法学杂志》2020 年第 3 期。

④ 参见《数据安全法》第 21 条。

定了严格的安全保障制度。尤其是在电信网络诈骗犯罪中涉及的刑事电子数据,相较于其他数据而言,往往与国家公权力紧密相连,其出境问题较为敏感,常常涉及国家安全利益、国家主权的考量。①

二、我国电信网络诈骗犯罪跨境电子数据取证的现状

(一)当前我国跨境电子数据取证的立法考察

我国关于跨境电子取证的法律规范,最早可以追溯至2005年由公安部出台的《计算机犯罪现场勘验与电子证据检查规则》(以下简称《检查规则》),其第3条规定,可以利用网络手段对境外的电子数据进行远程勘验,从而提取和固定远程计算机系统中所留存的数据信息。2014年《最高人民法院、最高人民检察院、公安部关于办理网络犯罪案件适用刑事诉讼程序若干问题的意见》(已失效,以下简称《网络意见》)表明,在网络犯罪中,如果电子数据储存介质在境外,侦查人员可以采取相应手段进行提取。2016年《最高人民法院、最高人民检察院、公安部关于办理刑事案件收集提取和审查判断电子数据若干问题的规定》(以下简称《数据规定》)第9条规定,可以通过在线方式提取电子数据;必要时,才能对境外信息系统进行网络远程勘验。2018年颁布的《国际刑事司法协助法》(以下简称《协助法》)第25条对我国办案机关需要外国协助调取电子数据的事项进行了阐明。2019年施行的《公安机关办理刑事案件电子数据取证规则》(以下简称《取证规则》)赋予公安机关对于公开数据以及境内远程电子数据以直接提取的权力。上述各项规定促使我国关于电子数据跨境取证的相关规范初步形成,为我国打击网络犯罪案件尤其是跨境电信诈骗案件提供了坚实的制度基石。

通过对上述文件进行梳理可以发现,2005年的《检查规则》只是简单说明了对电子数据可以采取勘验这一形式;2014年的《网络意见》仅仅规定了跨境电子证据的取证过程;2016年的《数据规定》对跨境电子证据的取证方式作出了严格规定;2018年的《协助法》注重于对跨境取证程序的阐述;2019年的《取证规则》对跨境电子数据可提取的范围进行了一定的限缩。由此可知,随着我国跨境电子数据取证的相关法律规范朝着精细化方向推进,跨境取证的程序规范日趋严格和谨慎。

(二)当前我国跨境电子数据的取证方式

在我国,跨境电子数据取证分为刑事司法协助、单边跨境取证两种途径。我国《协助法》贯彻双边协作取证的思想,采取对等原则,一方面,我国向境外请求

① 参见郑曦:《刑事数据出境规则研究》,载《法律科学》2022年第2期。

司法协助进行电子数据取证时应当满足相应的程序要求，经主管机关批准并通过对外联系机关向境外国家提出协助请求；另一方面，境外司法机构也要遵照相应的程序向我国对外联系机关提出电子数据的取证协助请求。① 由于刑事司法协助取证方式的程序较为繁杂，我国实践当中常常采用单边跨境取证方式。单边跨境取证，是指取证国一方在未与被取证国达成相关合意的前提下，单独利用计算机技术对境外电子数据进行跨境提取的方式，其主要涵盖三种方法。第一种方法是“电子数据网络在线提取”，即对境外互联网公开渠道中的信息进行远程提取。② 第二种方法是“电子数据远程勘验”，③即将境外涉及电信网络诈骗犯罪相关的网络场域当作一个犯罪现场，由侦查人员通过网络对境外涉案计算机中的信息进行勘验，从中提取出与犯罪具备关联的电子数据。④ 实践中，此种手段主要是用于提取准公开数据。第三种方法是“远程技术侦查措施”，即我国《刑事诉讼法》涉及的技术侦查手段在跨境电子取证领域的延展。⑤ 远程技术侦查措施，可以被认为是一种更加严格的电子数据远程勘验方式，因为远程勘验属于一种一般性的侦查取证活动，而相较而言远程技术侦查措施则有着更为苛刻的审批程序、执行机关、适用范围等的限制。⑥

（三）当前我国跨境电子数据取证的管辖模式

1. 刑事电子数据主权

在对电子数据施行跨境取证时，考虑到数据在其生成、传输、利用的过程中必然会与多个主权国家或地区产生不同程度的联结，而跨境电子数据的流动与数据主权问题紧密相关。⑦ 目前，国际上关于在刑事管辖中如何确定电子数据的权利归属问题尚待解决，⑧因此我国在跨境取证时面临的首要问题便是刑事电子数据的管辖争议。当前，在我国的法律规范和学术理论中并没有对数据主权的概念作出一个明确的规定。国外有学者认为，数据主权是指一国为约束在

---

① 参见我国《国际刑事司法协助法》第 2 章。

② 参见我国《公安机关办理刑事案件电子数据取证规则》第 23 条。

③ 参见《最高人民法院、最高人民检察院、公安部关于办理刑事案件收集提取和审查判断电子数据若干问题的规定》第 9 条第 3 款：“为进一步查明有关情况，必要时，可以对远程计算机信息系统进行网络远程勘验。”

④ 参见叶媛博：《论多元化跨境电子取证制度的构建》，载《中国人民公安大学学报（社会科学版）》2020 年第 4 期。

⑤ 参见《刑事诉讼法》第 150 ~ 152 条。

⑥ 参见万春等：《〈关于办理刑事案件收集提取和审查判断电子数据若干问题的规定〉理解与适用》，载《人民检察》2017 年第 1 期。

⑦ 参见张琨蓓、陈星月：《跨境数据流动法律规制协调性之检视与重塑》，载《重庆社会科学》2022 年第 3 期。

⑧ 参见陈曦笛：《法律视角下数据主权的理念解构与理性重构》，载《中国流通经济》2022 年第 7 期。

其境内生成或储存的数据而形成的国家干预控制权限和司法主权管辖权限。① 也有国内学者认为，数据主权是指一国对其掌控的数据享有的独占、处理以及管理并排除境外势力干预的最高排他性权利。② 将上述定义运用到跨境取证范畴中，可知刑事电子数据主权强调公安机关在跨境调取电子数据环节中所面临的正当性管辖冲突。③

2. 电子数据刑事取证管辖模式

在跨境电子数据的提取过程中，会不可避免地面临电子数据主权冲突的问题，其中一个最主要的因素在于各国之间的刑事法律对于管辖的适用规定是有明显差异的。一般而言，我国对于跨境电信网络诈骗类案件能够进行立案审查只是表明我国取得了该案的立法管辖权，然而这不代表我国可以在他国行使包括侦查在内的执法管辖权。④ 刑事取证管辖权便是刑事执法管辖权的下位概念。当前，电子数据的刑事取证管辖权在世界范围内主要有两种管辖模式。⑤

第一种是“数据储存地管辖模式”。这一模式严格遵循数据的物理属性，以电子数据实际的储存位置来决定刑事取证管辖的界限。在这一模式下，一方面，一国对于位于其境内的电子数据具有当然的取证权限；⑥另一方面，由于在跨境取证时会触碰他国的管辖壁垒，因此，采用此种模式的国家在跨境调取电子数据时只能遵照传统的适用于普通实物的程序规则，即运用刑事司法协助方式进行，否则，很容易出现越境违法取证的情形。我国对于刑事电子取证管辖采取的就是较为严格的数据储存地管辖模式，在《协助法》中规定了明确的司法协助取证程序，体现了对刑事电子数据取证管辖权的限制。

第二种是“数据控制者管辖模式”。它是指办案机关通过与跨境云服务提供者开展合作或直接向其发送指令的形式，获取其掌控的涉案电子数据。⑦ 该模式与数据储存地管辖模式的区别在于两点：一是该模式突破了传统以地域确定管辖的理念，不考虑电子数据的实际储存地，只要涉案电子数据为与境内司法机关有合作关系或约束关系的跨境云服务提供者所控制，便可以直接进行取证，

---

① See Irion & Kristina, *Government Cloud Computing and National Data Sovereignty*, Policy & Internet, 2015, p. 40 – 71.

② 参见齐爱民、祝高峰：《论国家数据主权制度的确立与完善》，载《苏州大学学报(哲学社会科学版)》2016 年第 1 期。

③ 参见裴炜：《向网络信息业者取证：跨境数据侦查新模式的源起、障碍与建构》，载《河北法学》2021 年第 4 期。

④ See Anthony J. Colangelo, *What is Extraterritorial Jurisdiction*, 99 Cornell Law Review(2014).

⑤ 参见廖斌、刘敏娴：《数据主权冲突下的跨境电子数据取证研究》，载《法学杂志》2021 年第 8 期。

⑥ 参见梁坤：《基于数据主权的国家刑事取证管辖模式》，载《法学研究》2019 年第 2 期。

⑦ 参见梁坤：《基于数据主权的国家刑事取证管辖模式》，载《法学研究》2019 年第 2 期。

从而避免了间接的刑事司法协助程序。二是该取证模式的适用范围小于数据储存地管辖模式。数据控制者管辖模式完全依赖于跨境云服务者,其所使用的仅限于云服务者掌握的境外数据。以美国为例,其于 2018 年出台的《澄清合法使用境外数据法》(以下简称《云法案》)规定,电子通信服务或远程计算机提供者有协助美国执法部门调查取证的义务,①它们须按照规定向美国政府披露其所掌控或监管的电子数据,无论该数据是否在美国境内储存。② 美国通过该法案确立了其电子数据刑事取证的长臂管辖制度,使电子数据的跨境取证不再单一按照传统的数据储存地管辖模式,而运用数据控制者管辖模式适当地扩张管辖范围,极大便利跨境电子数据的取证。③

三、我国电信网络诈骗犯罪跨境电子数据取证的现实困境

(一)电子数据自身因素导致跨境取证过程难

首先,电子数据线索痕迹难追寻。一方面,电子数据隐藏性很深,相当数量的电子数据信息都潜藏在看不见的程序后台中。④ 这些隐藏的信息有的只能通过特定的设备或者由特定的软件才能读取出来,有的必须要在程序后台的测试中才能实现转化,还有的数据经过了人为的加密和隐藏,无法轻易破解。正因如此,即使取证人员采取远程技术进入境外窝点现场涉案嫌疑人所使用的计算机信息系统当中,由于与犯罪最直接核心的数据往往都经过犯罪分子的后台隐藏、加密处理,侦查人员在短时间内也很难提取到关键线索。

其次,电子数据分散性很广。一起跨境电信网络诈骗的被害人可能遍布全国各个省份,而犯罪分子因其层次性的组织架构也可能遍布在世界的各个角落。侦查人员在办案时的思路往往都是以案件为导向,逐步扩展到人。因此在搜集证据时,需要将每一个被害人与每一犯罪嫌疑人进行一一对应,并且被害人损失的数额与犯罪嫌疑人实际获利也要能够匹配。而要想达到定案的标准,就必须充分地收集案涉证据,但是被害人和犯罪嫌疑人的数量很多,分布很广,再加上跨境取证难度不小,因此这给侦查人员收集电子数据带来了十分庞大的压力。

最后,电子数据稳定性弱,极易毁损灭失。电子数据在平时的存储、传输、利

---

① 参见邵怿:《网络数据长臂管辖权——从"最低限度联系"标准到"全球共管"模式》,载《法商研究》2021 年第 6 期。

② See D. Callaway & L. Determann, *The New US Cloud Act-History, Rules, and Effects*, Computer & Internet Lawyer, 2018, p. 3.

③ 参见王志刚、张雪:《跨境电子数据取证的困境与出路》,载《重庆邮电大学学报(社会科学版)》2021 年第 5 期。

④ 参见陈廷、解永照:《网络犯罪案件中电子数据的取证、审查难点及对策思考》,载《浙江警察学院学报》2016 年第 3 期。

用的过程中很容易因外部电子环境的变化或受到人为的操纵干预而发生改变。① 在跨境电信网络诈骗案中，犯罪分子的反侦查能力和敏感性往往非常高，在被害人报案后，从报案到公安机关获取证据一般都需要一段时间，这段时间内一旦他们感觉到危险正逐渐朝着自己逼近，会立即采取紧急措施进行转移，并且将之前留有犯罪痕迹的数据都进行删除或改写。即使诈骗团伙在之前没有察觉，当一部分犯罪成员被抓获后，身处境外其余地方的另一部分犯罪分子也可以通过远程操控的方式使窝点破获地的电子证据顷刻间灰飞烟灭。如果公安机关在实施跨境远程取证前不采取措施抢先一步固定好证据，很容易导致证据链条断裂。

（二）跨境单边取证会突破电子数据刑事管辖界限

跨境单边取证，往往是一种未经他国批准或授权而通过远程技术进入他国信息系统进行电子数据提取的行为。② 这一取证方式在客观上可能侵犯他国的电子数据储存地管辖权，是一种涉嫌侵犯数据主权的违法活动。③ 对于上文中提及的公开电子数据，由于该信息已经在境外网站上披露，侦查人员可以在线以拍摄、截屏、下载的方式直接获取，④有学者认为这相当于是一种行使域内管辖权的情况。⑤ 故此种单边取证不会侵犯他国的数据主权。对于网络远程勘验和远程技术侦查措施，网络远程勘验常用于侦查人员利用在前期侦查活动中从犯罪嫌疑人处获得的涉案平台的账号和密码等验证信息，来提取其在境外活动时留存的电子数据。而远程技术侦查措施是侦查人员基于计算机平台，借助于专业的取证软件或工具远程获取境外计算机服务器上储存的电子数据。⑥ 尽管上述两种跨境单边取证方式都为我国立法所规范，但此种未经电子数据所在地同意并授权而径自取证的行为，既会侵犯他国的数据主权，也很可能因电子数据搜集手段的不合法在后续的诉讼环节中出现非法证据排除的情形。

在实践中，我国单边取证的方式运用得较为普遍，原因在于跨境电子取证原则之间的冲突。在跨境电子数据收集层面，最重要地体现为两大原则。一是合法性原则。合法性原则强调证据收集的方式以及手段的合法，⑦在跨境电子取证领域则表现为尊重涉案数据所在国的数据主权。二是效率性原则。由于在电

① 参见叶青主编：《诉讼证据法学》（第2版），北京大学出版社2013年版，第334页。

② 参见王立梅：《论跨境电子证据司法协助简易程序的构建》，载《法学杂志》2020年第3期。

③ 参见叶媛博：《我国跨境电子取证制度的现实考察与完善路径》，载《河北法学》2019年第11期。

④ 参见《公安机关办理刑事案件电子数据取证规则》第25条。

⑤ 参见[美]迈克尔·施密特总主编：《网络行动国际法塔林手册2.0版》，黄志雄等译，社会科学文献出版社2017年版，第107页。

⑥ 参见洪刚：《信息网络犯罪技术侦查的法律控制》，载《中国应用法学》2022年第1期。

⑦ 参见陈光中主编：《证据法学》（第3版），法律出版社2015年版，第152页。

信网络诈骗犯罪案发后，涉案电子数据很有可能被迅速篡改或销毁，即使后续采用技术恢复手段也很可能只能修复部分数据，[①]因此跨境电子取证十分注重对电子数据的及时获取。然而，跨境电子数据取证的合法性原则和效率性原则存在巨大冲突。如果一味强调合法性原则，就意味着必须严格遵照刑事司法协助程序来进行跨境取证，由于该程序异常烦琐，在取证及时性上便大打折扣；而如果只将焦点聚集在效率性原则，那就会突出并强化网络远程勘验和远程技术侦查的适用力度，这又会牺牲合法性。目前，我国在跨境电子数据取证中效率性原则显然占据上风，这会在取证过程中出现挑战他国的数据管辖边界的问题。

（三）刑事司法协助矛盾突出

适用电子数据储存地管辖模式的我国，受数据主权的制约，要想对跨境电信网络诈骗案件进行数据调取，必然离不开国际刑事司法协助程序的辅助。然而，我国跨境电子取证的流程和手续繁杂，周期漫长，[②]无法满足公安机关对跨境电子取证的现实需求。

我国跨境电子数据取证依照《协助法》第25条的规定[③]，遵循着传统的取证机制。此外，《公安机关办理刑事案件程序规定》也规定，各地公安机关在侦办跨国电信网络诈骗案件中，如需寻求他国的刑事司法协助，须按照相关规定制作刑事司法协作请求书，经省级公安机关审核后报送公安部，[④]再由公安部转送被请求国的中央主管机关，最后由该机关通知涉案电子数据所在地的警务部门取证。[⑤] 可见，从我国公安机关发出取证申请到最后被请求国执法机构接收到跨境取证司法协助的请求这一过程，遵循了一个“倒U型”的流程结构。[⑥] 该取证方式虽然充分体现了合法性原则、尊重了他国的数据主权，但也因为取证流程缓慢和低效而广受批评，其无法为电子数据跨境取证提供一个实质性的解决机制。电信网络诈骗案件一般都由基层公安机关管辖。案发后，区县级公安经初查认

---

① 参见黄海强：《论大数据时代下的刑事电子数据收集程序》，载《山西警察学院学报》2019年第2期。

② 参见王立梅：《论跨境电子证据司法协助简易程序的构建》，载《法学杂志》2020年第3期。

③ 我国《国际刑事司法协助法》第25条规定：“办案机关需要外国就下列事项协助调查取证的，应当制作刑事司法协助请求书并附相关材料，经所属主管机关审核同意后，由对外联系机关及时向外国提出请求”。

④ 《公安机关办理刑事案件程序规定》第374条第1款规定：“公安部是公安机关进行刑事司法协助和警务合作的中央主管机关，通过有关法律、国际条约、协议规定的联系途径、外交途径或者国际刑事警察组织渠道，接收或者向外国提出刑事司法协助或者警务合作请求。”第380条规定：“需要请求外国警方提供刑事司法协助或者警务合作的，应当按照我国有关法律、国际条约、协议的规定提出刑事司法协助或者警务合作请求书，所附文件及相应译文，经省级公安机关审核后报送公安部。”

⑤ 参见刘梦：《跨境网络犯罪中非正式电子取证的合法性及其效力》，载《政法学刊》2021年第5期。

⑥ 参见冯俊伟：《跨境电子取证制度的发展与反思》，载《法学杂志》2019年第6期。

为该案件中的电子证据亟须跨境调取的，应当首先向市级公安机关提出申请，经过市级、省级公安机关的层层审批，最终要由公安部作出是否核准的通知。若公安部经审查通过以后，要按照我国的国际司法协助程序向被申请国请求调取案涉电子数据，这样一番流程下来，一般都需要历经好几个月。不仅是我国，美国的刑法司法协助程序从启动到结束也需要 10 个月的时间。① 而在这段时间，犯罪分子有足够的时间对涉案电子数据进行删除、篡改并进行窝点的转移。因此，按照我国传统的国际协作取证程序取证，会导致侦查周期不断延长，极易造成司法资源的浪费。

四、我国电信网络诈骗犯罪跨境电子数据取证的路径优化

（一）规范电子数据跨境取证的过程

1. 保障跨境提取电子数据的程序和工具的合法性

根据“毒树之果”的原理，如果用以搜集电子数据的工具本身的安全性和合法性都不能保障，那么用这一工具所取得的电子数据的真实性和合法性也必然是存疑的。② 而且使用不安全可靠的工具收集电子数据，很难保证电子数据是被真实完整地进行了提取，因为在提取过程中很容易因工具自身的性能不安全稳定而使被提取对象发生质的改变，而这种性变很有可能是不可逆的，也就是即便后续采用技术手段也难以恢复。因此，在对电信网络诈骗犯罪案件进行跨境取证前，首先应当请求被取证国做好网络犯罪现场的保护工作，之后对取证的软件、工具以及整个网络环境进行严密勘验，以确保被取证国一方的设施条件不会对后续的取证工作产生影响。

2. 做好跨境电子数据取证的固定工作

网络犯罪现场保护完毕、正式开始搜集时，侦查人员应当对侦查过程进行详细的记录。具体表现为对每一数据的原始储存位置进行记录，以及对其域名进行标注并及时固定。这是为了防止在跨境电子数据的取证过程中，因电子数据稳定性较差而发生毁损灭失的风险。

（二）严格规制电子数据单边跨境取证方式

当前，我国对于跨境电子数据取证依旧坚持数据存储地管辖模式，然而我国的侦查程序规范和实践操作却有违数据存储地管辖模式的原理。严格意义上的

① 参见梁坤：《美国〈澄清合法使用境外数据法〉背景阐释》，载《国家检察官学院学报》2018 年第 5 期。

② 参见尹鹤晓：《电子数据侦查取证程序研究》，中国人民公安大学 2019 年博士学位论文，第 128 页。

数据存储地管辖模式，要求所有涉及跨境电子取证的案件均须通过司法协助的方式来进行。但我国《数据规定》以及《取证规则》这两部规范文件中所规定的电子数据取证措施，很明显体现了浓郁的跨境单边主义取证的特征。而数据存储地管辖模式和电子数据单边跨境取证方式在部分情况下是矛盾的。

在数据储存地管辖模式与数据控制者管辖模式相互博弈的今天，笔者认为，尽管数据控制者管辖模式是电子数据跨境取证的一大趋势，且在未来会逐步压缩数据存储地管辖模式的空间；但数据控制者管辖模式在现今的适用范围较窄，且我国目前尚未与各国跨境云服务提供者建立广泛的合作关系，加之该模式所潜在的国际刑事取证管辖冲突和风险较大，因此我国目前应当继续坚持数据存储地管辖模式，并在此基础上对这一模式作适当的调整，而调整的重点便在于对电子数据跨境单边取证方式的规制。

1. 限制电子数据远程技术侦查取证手段的使用

远程技术侦查措施不同于一般的电子数据远程勘验，它通常运用于与涉案电子数据所在国无条约且无授权的情况下，对犯罪现场计算机系统中的非公开数据采取破解或侵入的方式进行获取。由于侵入性和破坏性较强，对他国的数据主权是一种严重侵犯，因此我国务必要在相关刑事法律中予以严格的限制。在进行网络远程勘验前，应当先进行评估，只有对案件具有重大意义且采用前两种取证方式都无果的前提下，才能考虑使用跨境电子数据技术侦查措施。此外，由于技术侦查措施往往表现为秘密性和强制性，而在我国《刑事诉讼法》以及《数据规定》）中均无涉及电子数据远程技术侦查措施监督机制的条款，这极容易导致在无制约环境下远程技术侦查措施的滥用，如此将会加剧对被取证国数据主权的侵害以及取证的违法程度。所以笔者认为，今后应在《数据规定》中一方面对远程技术侦查措施的适用作进一步严格的限制，另一方面增加相应的监督制约条款，可以考虑由检察机关行使远程技术侦查措施的审批权，在每一次远程侦查技术措施实施前都做好事先审查，进行全面完善的风险评估。①

2. 推进跨境电子数据取证多边条约的签订

刑事司法协助和单边跨境取证是为我国当前所采用的跨境电子数据取证模式。然而，在国际上除了上述两种模式，双边或多边条约的模式也十分盛行。1999 年莫斯科 G8 峰会发布了《八国集团打击跨国有组织犯罪部长会议公报》（以下简称《会议公报》）。根据《会议公报》附件 1 中的规定，取证国可以跨境调取的数据限于境外公开数据以及能够从具备法定权限的主体处所获取到的数

① 参见吴跃文：《跨境快捷电子取证的探索与展望——以打击整治电信网络诈骗犯罪为例》，载《山东警察学院学报》2019 年第 6 期。

据。2004 年生效的《网络犯罪公约》是由欧盟成员国、美国、加拿大等 30 多个国家签订的[①]。《网络犯罪公约》第 32 条 b 款吸收了《会议公报》中关于跨境电子数据取证的内容[②]，在此基础上《网络犯罪公约》还对跨境电子数据取证进行了细化。例如，《网络犯罪公约》第 18 条规定的提供令制度，[③]第 21 条规定的数据实时搜集措施[④]以及第 29 条规定的电子数据保护制度。[⑤] 截至 2021 年 6 月，共有 68 个国家加入这一世界上影响力最大的打击网络犯罪的国际公约。[⑥] 然而，《网络犯罪公约》规定的跨境电子数据取证权利过于宽泛，尚未得到国际社会的广泛认可[⑦]，并且我国对数据主权考虑的立场与《网络犯罪公约》相反，因此我国直至现在未加入该公约。2021 年 5 月，联合国通过了启动"关于打击将信息和通信技术用于犯罪目的的全面国际公约"（以下简称"联合国打击网络犯罪公约"）谈判安排的决议。[⑧]

由此可见，采用签订双边或多边条约的形式来共建电子数据跨境取证的协作机制，越来越成为一种打击跨境网络犯罪的国际共识。目前，在《网络犯罪公约》推广存在障碍以及联合国正如火如荼地推动制定网络犯罪公约的背景下，笔者认为，我国接下来应当积极推动"联合国打击网络犯罪公约"草案的制定，在该草案中确立我国关于跨境电子数据取证的立场。因为以缔结双边或部分多边条约来规定跨境电子取证规范，很容易造成打击电信网络诈骗犯罪电子数据跨境取证刑事立法的碎片化。[⑨] 而联合国作为最具权威和代表性的国际组织，其所制定的条约涵摄面广，在其规范框架下制定并完善电子数据跨境取证的规定，能够最大限度地确保我国多边跨境电子取证的有效开展。

---

① 参见皮勇：《〈网络犯罪公约〉中的证据调查制度与我国相关刑事程序法比较》，载《中国法学》2003 年第 4 期。

② 参见胡健生、黄志雄：《打击网络犯罪国际法机制的困境与前景——以欧洲委员会〈网络犯罪公约〉为视角》，载《国际法研究》2016 年第 6 期。

③ 提供令制度，是指缔约国可要求其国内个人或网络服务者提供向取证国提交其持有或控制的位于本国内的计算机数据。

④ 数据实时搜集措施，是指对于取证国一方国内刑事法确立的严重犯罪可以在另一缔约方的计算机系统内进行数据内容的实时搜集。

⑤ 电子数据保护制度，是指缔约国一方在跨境取证时，可向另一方主张不低于 60 天的电子数据保护期限，以便取证国能够有充裕的时间对电子数据采取相应的搜查扣押措施，防止电子数据在此期间毁损灭失。

⑥ 参见王肃之：《网络犯罪国际立法的模式之争与中国方案》，载《南大法学》2021 年第 5 期。

⑦ Elaine Fahey, *The EU's Cybercrime and Cyber-security Rulemaking: Mapping the International External Dimension of EU Security*, European Journal of Risk Regulation, Vol. 5: 1, p. 48 (2014).

⑧ 叶伟：《〈联合国打击网络犯罪公约〉：进展、前景与展望》，载《北京航空航天大学学报（社会科学版）》2021 年第 5 期。

⑨ Héctor Orásolo, *International Criminal Law: Transnational Criminal Organizations and Transnational Justice*, Brill, 2018, p. 154.

3. 建立跨境电子数据取证白名单制度

尽管我国相关法律规范阐明,我国公安机关可以采取网络提取方式和电子数据远程勘验方式调查取证,但并未对这两种方式所适用的电子数据的取证范围进行明确的限定。因此,对公共数据的界限有时会发生判断上的模糊与冲突。取证国认为是公共数据的,被取证国所在地的制度和观念可能并不认为该数据属于公开范畴。此外,即使是取证国通过侦查渠道获得犯罪嫌疑人账号、密码等验证信息,欲通过远程勘验技术跨境提取的准电子数据,或许也被取证国的制度出于强烈的对个人隐私权利的考量,认为这种取证方式是非法的。因此,笔者认为,我国当前迫切需要对除远程技术侦查之外的电子数据单边取证措施建立跨境电子数据取证白名单制度。这一制度的建立需要充分考虑境外主要电信网络诈骗犯罪实施地国家的相关法律规范和观念,而将我国无须司法协助程序就能取得的境外电子数据列入白名单。白名单中的数据包括但不限于以下内容:一是我国通过境外网络能够直接查询(包括储存在公共网络空间中但需要输入验证信息才能进入的网站)并提取到的电子数据。二是我国通过讯问等侦查手段获取到的犯罪嫌疑人在境外计算机或服务器上的账号、密码,以此为途径所提取到的电子数据,如电信网络诈骗犯罪中犯罪嫌疑人的作案痕迹、个人身份信息、金融账户流水信息等。三是原本储存在公共网络空间,现已被境外网站或服务器删除但我国通过合法技术手段能够恢复并提取的电子数据。通过建立跨境电子数据取证白名单制度,不仅能够提高我国跨境电子取证效率,而且还能避免一部分侵犯他国数据主权的风险。

4. 规定特殊情形下的跨境电子数据比例取证原则

当一起跨境电信网络诈骗犯罪突发并且公安机关得知储存在境外的电子数据存在极大的不确定风险时,如果既没有与被取证国缔结有关协议,也不能采取缓慢的刑事司法协助手段,那么我国可以在法律规范中授权公安机关实施跨境单边取证。但这种单边取证方式需要采取比例原则综合考量跨境电子取证的必要性以及对被取证国数据主权造成的侵害程度,在进行风险评估的基础上选用最恰当的电子数据跨境单边取证措施。

(三)简化跨境电子数据取证的刑事司法协助程序

“倒 U 型”的刑事司法协助程序之所以效率很低,是因为其在文书制作、逐层审核这两个层面所耗费的时间太多,以及境外规范适用所触碰的壁垒难以解决。[①] 要想简化跨境电子数据取证司法协作程序,降低时间成本,缔结双边或多边条约是一个很重要的前置条件。一方面,条约的存在实际是以条款的形式消

① 参见王立梅:《论跨境电子证据司法协助简易程序的构建》,载《法学杂志》2020 年第 3 期。

解了一部分繁杂的跨境电子数据取证协助程序；另一方面，双方之间关于跨境电子数据取证的条约能够破除取证国与被取证国之间在电子数据取证法律适用问题存在的障碍。然而，刑事司法协助程序的开展并不以条约的缔结为前提，在取证国与被取证国之间不存在条约关系时，也可以采用一些临时性的机制来实现跨境电子取证刑事司法协助程序的简化。

1. 打通电信网络诈骗犯罪跨境电子数据取证警务协作渠道

警务协作是两国在条约存续期间，通过境内外双方执法者直接合作的方式来打击跨国犯罪的一种十分有效的手段。自 1984 年我国加入国际刑警组织之后，警务合作制度在我国不断发展，如我国于 20 世纪 90 年代至今在澜沧江—湄公河次区域（以下简称澜湄次区域）不断开展针对跨国犯罪警务合作的实践。[①] 2017 年 12 月我国与柬埔寨、缅甸、老挝等国共同建立了“澜沧江—湄公河综合执法安全合作中心”，联合打击澜湄次区域的跨国违法犯罪。[②] 2019 年 9 月我国警方在柬埔寨首都设立“中柬执法合作协调办公室”，这是我国在世界范围内设立的首个双边警务合作中心。[③] 历年来，我国通过警务合作打击跨国电信犯罪取得了相当大的成效，诸如 2016 年我国与柬埔寨、马来西亚等国通过警务合作抓获嫌疑人 193 人，2017 年我国与欧洲、非洲、东盟等地区开展警务合作抓获电信网络诈骗犯罪嫌疑人 1000 余人。[④] 笔者认为，在今后我国与境外电信网络诈骗犯罪频发国之间应当建立多条专业化的电子数据跨境取证警务合作渠道；与此同时，通过开展外警合作交流论坛、共建电信网络诈骗案件电子取证实验室等措施，增强他国对我国电子取证刑事司法程序的理解，在今后的跨境取证过程中促进效率不断提升。

2. 构建电信网络诈骗犯罪电子数据派员调查取证制度

派员调查取证，是指我国向缔结有双边或多边条约的国家派出调查人员，在被请求国主管机关的许可以及主导的情形下参与的证据跨境调查取证活动。[⑤] 派员调查取证以委托调查取证为基础，取证国一方的调查人员可以直接在被取证国参与调查取证活动。尽管这种取证方式在缔结条约的基础上还需要个案的审批，并且也是被取证国一方主导的因而具有从属性质，但该制度一旦建立起来

---

① 参见郭莲：《中老缅泰澜湄流域警务合作探索与实践——以中泰警务合作为例》，载《云南警官学院学报》2021 年第 6 期。

② 参见刘奕湛、赵珮然：《澜沧江—湄公河综合执法安全合作中心启动运行》，载百度网 2017 年 12 月 28 日，https://baijiahao.baidu.com/s?id=1588025035038031671&wfr=spider&for=pc。

③ 参见吴跃文：《跨境快捷电子取证的探索与展望——以打击整治电信网络诈骗犯罪为例》，载《山东警察学院学报》2019 年第 6 期。

④ 参见黄园、王彬：《新时代国际警务合作路径探索》，载《新疆警察学院学报》2021 年第 3 期。

⑤ 参见黄风：《向外国请求刑事司法协助的程序问题》，载《人民检察》2011 年第 13 期。

会提高取证国跨境取证的效率,并且也有助于全面获取证据。我国很早就确立了派员调查取证制度,①但目前为止还没有将这一制度运用到电子数据跨境取证中。笔者认为,在今后可以将派员取证调查制度引入针对电信网络诈骗犯罪案件的跨境电子数据取证中,向东南亚以及世界主要的电信网络诈骗犯罪地的国家派遣专属调查人员。一旦我国对相关电信网络诈骗活动进入了侦查程序,处于上述国家中的调查人员便可以在当地开展便捷的电子数据调查取证活动。

3. 尝试建立电信网络诈骗犯罪个案司法协助机制

实践中常常出现我国与被取证国之间没有相关跨境电子数据取证条约进行司法程序衔接的情况,我国可以考虑建立针对电信网络诈骗犯罪跨境取证的个案司法协助机制应对。在个案司法协助机制的构建中,可以采用"司法协助函"的形式来助推。近年来,司法协助函在一些重大网络犯罪的跨境取证方面发挥了关键作用。司法协助函具有专案专办的性质,尽管其不能大面积推广,但其在个案的适用中是非常便利高效的。例如,美国执法部门在开展对于黑市网站的调查中发现有网站利用境外冰岛的服务器进行毒品和违禁品的交易,由于美国政府并未与冰岛缔结相关的电子数据司法协助条约,因此美国执法部门采取向冰岛提交司法协助函的形式,在征得冰岛政府同意后,美国执法部门对位于冰岛的涉案服务器进行了监控和取证。② 由于利用司法协助函进行的个案司法协助既不会侵犯他国的数据主权,又能够提高跨境取证效率,笔者建议在我国电信网络诈骗犯罪案件中适用该制度。此外,个案司法协助机制有别于上文提及的电子数据比例取证原则。个案司法协助机制尽管较传统的司法协助模式而言减少了许多烦琐的流程,但从协助函的发出到最后收到被取证国同意的批复,也需要一定时间。而电子数据比例取证原则的情况适用明显要比个案司法协助紧急得多。

五、结语

打击跨境电信网络诈骗犯罪,最关键也是最有效的举措便是完善电子数据跨境取证制度。基于我国当前的刑事法律规范,对这一制度的探究便是要寻求一种能够在取证合法性与高效性之间居于平衡的跨境电子数据取证模式。一方面,基于刑事司法协助程序的数据储存地管辖模式能充分尊重被取证国的数据主权,在合法性方面找不到一丝疏漏,但会使取证的效率性能得不到保障;另一

---

① 我国与加拿大于1994年签订的《中华人民共和国和加拿大关于刑事司法协助的条约》第14条首次在我国引入了派员调查取证的条款。

② See Peter Swire & Justin D. Hemmings, *Mutual Legal Assistance in an Era of Globalized Communications: The Analogy to the Visa Waiver Program*, 71 New York University Annual Survey of American Law(2016).

方面，我国广泛适用的单边跨境取证方式能够极大地提高跨境取证效率，但会冲击被取证国的数据主权壁垒，合法性被削弱。因此本文提出的多元化完善路径的总体思路是在坚持数据储存地管辖模式的基础上，对刑事司法协助程序进行调整，并对单边跨境取证方式进行严格规范。这一思路是对在跨境电子取证中不同利益进行综合考量。上述处理意见的提出大体是站在国际关系这一种维度展开诠释。然而，对电子数据自身特性的忖量也不可或缺，在跨境电子取证过程中由于电子数据的独特性质可能会遭遇诸多障碍，这也是在跨境电子数据取证过程中所不得不关注的一隅。今后在跨境电信网络诈骗犯罪的取证活动中若能既考虑电子数据性质的内部因素，又能对外综合国家之间的利益进行权衡，便能通过正当又高效的取证方式有力打击跨境电信网络诈骗犯罪。

Improved path for diversified cross-border electronic data forensics for telecommunication network fraud crimes

Liu Hua　Wang Haomin

Abstract: The development of modern information network technology has given rise to a very destructive cross-border telecommunication network fraud crime, electronic data as the best evidence to combat cross-border telecommunication network fraud crime, for the detection of the case has a non-trivial significance. Although China's criminal law norms on cross-border electronic data forensics and conditions have made more explicit provisions, but the existing institutional framework can not meet the realistic needs of China's fight against telecommunications network fraud crimes. At present, our country based on the "data storage jurisdiction mode" based on the electronic data cross-border forensics still exists in the forensics process is difficult, cross-border unilateral forensics may infringe on the data sovereignty of the country to be forensic, as well as cross-border electronic forensics judicial assistance contradictions prominent problems. In the future, China can standardize the process of cross-border forensics of electronic data, strictly regulate the cross-border unilateral forensics of electronic data, and simplify the procedures of criminal judicial assistance in the forensics of electronic data in order to improve the diversified cross-border electronic data forensics system for telecommunication network fraud crimes.

Key words: Electronic data; telecommunication network fraud; cross-border forensics; unilateral forensics; mutual legal assistance

刑事程序

被告人中心视野下刑事庭前会议实质化问题研究

■郭　航　田　漫*

［内容摘要］　2012 年《刑事诉讼法》修改时增设了庭前会议程序，在十年改革发展中，庭前会议程序的运行效果与制度预期之间仍然存在较大偏差，甚至出现了程序虚置现象。从理论要求而言，庭前会议程序应当发挥排除非法证据、防止法官预断、化解程序障碍的功能，但从立法规定和司法实践来看，其又无法逾越强职权主义、全案移送主义和发现真实主义的三重制度障碍。要有效实现庭前会议程序的功能，必须确立以被告人为中心的庭前会议实质化发展范式，确立以被告人为中心的改革取向，创设回应型的司法运行范式，坚持正当程序的诉讼理念。在具体完善措施上，宜确立以被告人参与权为中心的程序运行方式，创设以排除法官预断为目标的二元审理模式、构建以有利于被告人为标准的效力确认机制，如此才能深入推进

* 郭航，法学博士、博士后，中南财经政法大学法学院讲师，证据法学教研室主任；田漫，法学硕士，宜昌市夷陵区房屋征收服务中心，综合股工作人员。

以审判为中心的刑事诉讼制度改革。

［关键词］ 庭前会议 排除预断 被告人参与权 庭审实质化

一、引论

我国于2012年修改《刑事诉讼法》时增设了庭前会议程序，将之定位于公诉案件的庭前准备程序。2016年，“两高三部”联合发布了《关于推进以审判为中心的刑事诉讼制度改革的意见》，提出了完善庭前会议程序；对适用普通程序审理的案件，健全庭前证据展示制度，听取出庭证人名单、非法证据排除等方面的意见。2017年年底，最高人民法院颁布《人民法院办理刑事案件庭前会议规程（试行）》（以下简称《庭前会议规程》），其总体目的在于规范庭前会议的适用，解决与审判有关的程序性事项，提升庭审效率与质量，实现庭审实质化，深入推进以审判为中心的刑事诉讼制度改革。①　2022年是我国确立刑事庭前会议程序的第十年，庭前会议程序在构建之初曾被誉为整个审判程序改革中最耀眼的明珠之一，然而从这十年的实施状况来看，虽然其在解决程序性争议、提高诉讼效率上发挥了一定功效，但实际运行效果与制度预期之间仍存在较大偏差，也引发了理论界的持续关注与探讨。②　在当前认罪认罚从宽制度已经普遍适用于刑事案件的情况下，如何继续深化以审判为中心的刑事诉讼制度改革，为不认罪认罚的被告人守住制度保障的底线显得更为重要。作为法庭审理程序的准备阶段，庭前会议程序是深化以审判为中心的刑事诉讼制度改革的关键突破口，仍然有继续研究的必要。那么，庭前会议程序应当实现何种制度功能？我国究竟需要何种模式的庭前会议程序？庭前会议程序的实践问题暴露了哪些深层制度矛盾？本文试图在分析庭前会议程序实践问题的基础上，厘清庭前会议程序的应然功能，探讨其与当前刑事诉讼体制机制之间存在的三重矛盾，提出庭前会议程序的有效运行模式。

---

① 参见戴长林、鹿素勋：《人民法院办理刑事案件庭前会议规程（试行）理解与适用》，载《人民法院报》2018年1月31日，第6版。

② 学界对我国庭前会议程序的司法实践展开了丰富的理论探讨和实证研究，指出了其在实施过程中出现的诸多问题，总体上包括适用率偏低、适用范围模糊、启动主体权利失衡、参与主体利益忽视、处理事项和程序效力不明、制度功能发挥有限等问题。参见叶峰：《审判中心模式下庭前会议的司法困境与出路——基于F省F市运行现状的实证分析》，载《法律适用》2005年第12期；闵春雷、贾志强：《刑事庭前会议制度探析》，载《中国刑事法杂志》2013年第3期；杨宇冠等：《非法证据排除与庭前会议实践调研》，载《国家检察官学院学报》2014年第3期；左卫民：《未完成的变革：刑事庭前会议实证研究》，载《中外法学》2015年第2期；卞建林、陈子楠：《庭前会议制度在司法实践中的问题及对策》，载《法律适用》2015年第10期；秦宗文、鲍书华：《刑事庭前会议运行实证研究》，载《法律科学》2018年第2期；步洋洋：《审判中心语境下的刑事庭前会议制度新探》，载《河北法学》2018年第7期；贾志强：《刑事庭前会议制度实施状况研究》，载《中国刑事法杂志》2020年第6期。

二、庭前会议实质化的应然功能

庭前会议程序是审判程序的准备阶段,其主要目的在于保障审判程序充分发挥认定案件事实的功能。在审判程序中认定案件事实,是庭审实质化的核心要义。2016年,"两高三部"颁布的《关于推进以审判为中心的刑事诉讼制度改革的意见》提出了"诉讼证据出示在法庭、案件事实查明在法庭、控辩意见发表在法庭、裁判结果形成在法庭"的要求。要实现"四个在法庭"的要求,必须以庭前会议实质化为突破口,针对性解决侦查中心主义造成的问题。为此,庭前会议程序必须具备以下三个层次的功能。

(一)排除非法证据,实现正当程序

以审判为中心的刑事诉讼制度改革要求"诉讼证据出示在法庭",基于正当程序的诉讼理念和证据理论,提交法庭质证的证据必须首先具备证据能力。因此,庭前会议的功能之一应当落脚于对将要出示于法庭的证据材料予以庭前审查,排除不具备证据能力的证据材料。在我国现有刑事诉讼规范的框架下,主要是排除通过不符合法定程序获取的非法证据。

在庭前会议中排除非法证据能够起到两方面效果:一是能够促进在庭审中实现"证据能力优先于证明力"的证据"先行调查"原则。2010年"两高三部"颁布的《关于办理刑事案件排除非法证据若干问题的规定》第5条规定"被告人及其辩护人在开庭审理前或者庭审中,提出被告人审判前供述是非法取得的,法庭在公诉人宣读起诉书之后,应当先行当庭调查",这一规定确立了"先行调查"原则和证据能力优先于证明力原则。[①] 2017年颁布的《人民法院办理刑事案件排除非法证据规程(试行)》第18条进一步明确了"先行调查"原则:"在对证据收集合法性的法庭调查程序结束前,不得对有关证据宣读、质证。"2021年颁布的《最高人民法院关于适用〈中华人民共和国刑事诉讼法〉的解释》第134条重申了这一原则。在法庭对证据证明力进行调查之前,通过庭前会议程序能够先行调查证据能力,防止非法证据排除程序中断法庭审理,为实现"诉讼证据出示在法庭"获取充足的时间与空间。二是增强庭审程序正当性,保障被告人的合法权利。将不符合法定程序获取的非法证据提交到法庭,使法官在审判程序中接触到非法证据,有污染法官心证之嫌,从本质上侵犯了被告人的合法权利。通过庭前会议预先排除非法证据,防止其出现在正式的庭审程序之中,能彰显司法机关坚持正当程序原则的公正司法立场,进一步保障被告人合法权利,增强司法公信力。

---

① 参见王彪:《刑事诉讼的中国问题与地方经验》,北京大学出版社2022年版,第198页。

在英美法系国家,排除非法证据是庭前会议程序的主要功能之一。在美国,被告人可以在审前程序中提出排除证据动议,要求对基于非法搜查和扣押的证据予以排除,由初审法官决定是否对该证据予以排除。① 大多数州都要求被告人在审前阶段就提出排除非法证据的申请,以排除警察以非法方法获取的被告人有罪供述或者其他证据,如果法官决定某项证据不具备可采性,该证据即不得在审判中出示,甚至不能在审判中被提及,以防污染陪审团的心证。② 在英国,当案件进入刑事法院后会启动答辩与指导听证会,被告人可以就证据可采性问题在听证中提出,主持法官可以就控辩双方的申请或自行就证据的可采性,或者就案件其他法律问题作出裁定,该裁定对整个审判程序具有法律效力。③

我国《庭前会议规程》第 1 条第 3 款规定:“被告人及其辩护人在开庭审理前申请排除非法证据,并依照法律规定提供相关线索或者材料的,人民法院应当召开庭前会议。”从这一规定可以看出,我国的庭前会议程序在正式开庭审理前能够处理排除非法证据问题,但对排除非法证据尚没有确定效力,距离其制度预设还有一定的完善空间。在我国的庭前会议程序中,控辩双方仅能在庭前会议中提出简单的声明或异议申请,庭前会议本身一般并不能解决取证程序合法性以及是否排除该异议证据的问题。④ 我国司法实践中存在不同做法,部分法院在庭前会议阶段即对非法证据予以认定并直接排除,在正式庭审前就解决了相关争议;另有部分法院认为庭前会议属于非法证据排除的申请环节,仅能就该问题“了解情况、听取意见”,非法证据的认定与排除应在正式庭审中进行;还有部分法院则采取“二分法”的处理方式,即争议不大的非法证据排除问题可在庭前会议中直接解决,属于争议较大、情况复杂的非法证据排除问题则留待正式庭审再处理。⑤ 无论各地在实践中采取何种方法,实际上都能够论证庭前会议确实能够承载排除非法证据的制度功能。

(二)防止法官预断,切断侦审联结

以审判为中心的刑事诉讼制度改革要求“案件事实查明在法庭”,其目的在于防止法官在庭前阶段就对案件形成预断,导致庭审虚化的情况发生。在对案件事实的处理上,庭前会议程序定位于庭前准备程序,即对控辩双方将要出示于

① 参见[美]罗纳尔多·V. 戴尔卡门:《美国刑事诉讼——法律和实践》(第 6 版),张鸿巍等译,武汉大学出版社 2006 年版,第 112 ~ 113 页。

② 参见王兆鹏:《美国刑事诉讼法》(第 2 版),北京大学出版社 2014 年版,第 10 页。

③ 参见卞建林、刘玫主编:《外国刑事诉讼法》,中国政法大学出版社 2008 年版,第 36 ~ 39 页;施鹏鹏、陈真楠:《刑事庭前会议制度之检讨》,载《江苏社会科学》2014 年第 1 期。

④ 参见单民、董坤:《检察机关适用非法证据排除规则若干问题探讨》,载《河北法学》2014 年第 9 期;步洋洋:《审判中心语境下的刑事庭前会议制度新探》,载《河北法学》2018 年第 7 期。

⑤ 参见叶青:《庭前会议中非法证据的处理》,载《国家检察官学院学报》2014 年第 4 期。

法庭的证据予以形式审查、梳理争议焦点，归纳整理、确立庭审重心，以便法官在正式开庭时有效查明案件事实，进而起到防止法官预断、切断侦审联结的功能。

为防止法官预断，域外部分法治国家在庭前会议程序中设置了种种规定以避免法官在审判程序之前受到证据的影响，产生先入为主的心证。例如，在德国，为贯彻言词辩护及直接审理原则，刑事诉讼中设置了中间程序切断侦审联结。中间程序由职业法官主持，职业法官可以“单纯地对卷宗文书之内容知悉之”，但审判长及制作裁判文书的法官不得知悉卷宗文书的内容，也不得将卷宗内容作为裁判依据。① 阅卷法官在阅卷过程中可以自行调查或委托检察官补充侦查，通过不可撤销的决定收集证据。随后召开只有职业法官参加的评议会，职业法官向法庭报告调查结果，再由法庭作出案件是否进入审判程序的决定，陪审法官不能参加该评议会。② 日本旧《刑事诉讼法》曾规定，检察官在提起公诉时一般把起诉书与全案卷宗同时提出，法官在分析案卷以后进行审判，这就导致法官从检察官那里承继了被告人的嫌疑，容易形成先入为主的认识。现行《刑事诉讼法》则贯彻了学界所熟知的“起诉书一本主义”，③由法庭人员主持审前整理程序，审判法官则不参加。④ 在美国刑事诉讼程序中，由治安法官和预审法官处理审前准备程序事项，只有需要正式审判的刑事案件才会交由主审法官和陪审团进行正式审判。在英国的刑事诉讼程序中，治安法官对按照公诉书起诉的可诉罪案件进行审查，以确定是否有充分的指控证据，是否有必要将案件移送刑事法院进行法庭审判。在答辩与指导听证会中，主持法官也非案件的主审法官，从而保证了排除法官预断的功能。⑤ 1994 年作出的《世界刑法学会第十五届代表大会关于刑事诉讼中的人权问题的决定》第 4 条规定：“在审理和判决时，无罪推定原则要求法官对诉讼双方公正不倚。为了使这种公正确实存在，必须严格区分起诉职能与审判职能，负责判决的法官必须是未参与预审的法官。”⑥由此可见，上述国家无一不是通过庭前准备程序来切断侦审联结，实现排除法官预断

---

① 参见[德]克劳思·罗科信：《刑事诉讼法》（第 24 版），吴丽琪译，法律出版社 2003 年版，第 430 页。

② 参见卞建林、刘玫主编：《外国刑事诉讼法》（第 2 版），中国政法大学出版社 2008 年版，第 333 页。

③ 参见[日]田口守一：《刑事诉讼法》（第 7 版），张凌、于秀峰译，法律出版社 2019 年版，第 275 ~ 276 页。

④ 参见卞建林、刘玫主编：《外国刑事诉讼法》（第 2 版），中国政法大学出版社 2008 年版，第 478 ~ 480 页。

⑤ 参见卞建林、刘玫主编：《外国刑事诉讼法》（第 2 版），中国政法大学出版社 2008 年版，第 36 ~ 39 页。

⑥ 参见谢佑平、万毅：《刑事控审分离原则的法理探析》，载《西南师范大学学报（人文社会科学版）》2002 年第 3 期。

的功能。

防止法官预断、切断侦审联结是公正审判的必然要求。实现公正审判的核心机制是控辩平等、裁判者中立。作为事实认定者和法律适用者的法官，其行为及心态应当不偏不倚，不倾向于任何一方当事人，才能客观、公正地聆听控辩双方的对质，进而产生内心确信。[①] 而要保证法官的行为及心态的中立性，不能仅靠内化的审判思维，还有赖于外化的阻断机制，也即通过庭前会议程序有效切断侦审联结，防止法官在正式开庭审判之前对案件形成预断。域外司法实践已经证明，通过庭前会议程序切断侦审联结能让审判法官在庭前无法知悉案件事实，只有通过法庭审理程序才能发现疑点、厘清事实、查明真相。这是保证庭审在查明事实、认定证据、保护诉权、公正裁判中发挥决定性作用的根本之举，也是摆脱侦查中心主义掣肘、增强司法机关审判权力的必由之路。

（三）化解程序障碍，避免庭审延误

以审判为中心的刑事诉讼制度改革要求"控辩意见发表在法庭"，而发表控辩意见的方式应是畅通高效的，对于阻碍庭审效率的事项应在审前阶段有所准备、尽早解决，避免庭审延误。除处理管辖权异议、申请回避、申请不公开审理等事项之外，证人、被害人不出庭作证，侦查人员拒绝出庭作证或者说明情况也是常见的程序障碍。要化解程序障碍，避免庭审延误，关键在于赋予庭前会议程序作出决定的实质效力。庭前会议程序的处理决定是否具有法律效力，是决定该程序是否具有实质意义的重要标志。

域外法治国家为发挥庭审的实质作用，增强庭审的对抗性，无一不是设立了独立的具有拘束力的庭前准备程序。例如，在美国，为了保障公正审判，防止在审判程序的证据突袭造成庭审中断，控辩双方均可提出审前动议。除前文提到的被告人提出排除证据的审前动议之外，审前动议还包括：主张起诉存在缺陷、证据开示、改变管辖、延期审判、撤销案件的动议等。[②] 此外，美国《联邦刑事诉讼规则》第 16 条规定了控辩双方的开示义务。[③] 法官有权对审前动议作出裁决，其裁决均具有约束力。在英国，控辩双方需要在答辩与指导听证会上，将以下内容答复给法官：案件中的争议问题；将向法庭作证的证人数目；所有实物证据或表格；控方证人准备出庭的顺序；可能在法庭中出现的法律要点证据的可采性问题等。主持法官可以就控辩双方的申请或自行就证据的可采性，或者就案

① 参见龙宗智：《刑事庭审制度研究》，中国政法大学出版社 2001 年版，第 151 页。

② 参见龙宗智：《刑事诉讼庭前审查程序研究》，载《法学研究》1999 年第 3 期。

③ 参见宋英辉、孙长永、朴宗根等：《外国刑事诉讼法》，北京大学出版社 2011 年版，第 79 页。

件其他法律问题作出裁定,该裁定对整个审判程序具有法律效力。[①] 1996 年针对审判持续时间长且复杂的案件设立了"预先庭审"程序,由主审法官主持,在陪审团不在场的情况下解决案件中的法律问题。该程序中作出的裁定同样对庭审具有拘束力。[②] 日本《刑事诉讼法》第 316 条规定了审理前整理程序中的争点整理、证据整理和证据开示,同时规定对于上述证据开示程序有必要进行调整时,由法院进行裁定,法院可以就有关证据开示的时间、方法和条件作出裁定,可以作出证据开示命令,可以命令提出作出上述裁定所需要的证据及提交证据一览表。经过审理前整理程序而设定的争点,在正式的审理程序中应当进行开头陈述,从而赋予了庭前准备程序对庭审程序的约束效力。[③] 在德国,《刑事诉讼法》第 201 条规定,法院审判长将公诉书送达被告人,并告知被告人有权在指定期限内提出查证申请、有权对开启审判证据提出异议;法院有权对申请和异议作出裁定,且其他人不得对裁定提出异议。[④] 由此可见,域外法治国家为发挥庭前会议程序对庭审实质化的促进作用,都较为注重庭前准备阶段所作出的裁决的约束作用,以实现化解程序障碍、提高庭审效率的功能。

从我国庭前会议的处理方式上看,庭前会议中控辩双方能对管辖、回避、调取证据、提出证据异议等与审判相关的程序性问题提出和交换意见,这是一种内部协商会议与信息交流程序,[⑤]已经能够实现一定程度上的化解程序障碍功能。通过庭前会议程序化解庭审过程中的程序障碍也是实现庭审实质化、提高审判质量的突破之举。在庭前会议程序中提出出庭的证人、被害人、侦查人员及鉴定人名单,要求其出庭作证,能够为当庭质证做好准备,破除当前庭审虚化的关键阻碍。除此之外,在庭前会议程序中对出示新的证据材料,未随案移送的证据材料,申请重新鉴定、勘验、调取证据等问题进行解决,对事实争点的整理厘清,能够促进庭审更为有效地集中解决控辩双方争议较大的事实和法律问题,有助于事实认定及法律适用的准确性,[⑥]这也是有利于被告人权利保障的程序机制。但有学者指出,庭前会议对可能导致庭审中断的问题只能"了解"而不"处理",控辩双方在庭审中重复发表庭前所作质证意见,必然占用庭审时间,其在解决庭审延误问题上仍有突破空间。[⑦]

---

① 参见施鹏鹏、陈真楠:《刑事庭前会议制度之检讨》,载《江苏社会科学》2014 年第 1 期。

② 参见卞建林、刘玫主编:《外国刑事诉讼法》,中国政法大学出版社 2008 年版,第 36~39 页。

③ 参见[日]田口守一:《刑事诉讼法》(第 7 版),张凌、于秀峰译,法律出版社 2019 年版,第 346~366 页。

④ 参见《德国刑事诉讼法典》,宗玉琨译注,知识产权出版社 2013 年版,第 176~177 页。

⑤ 参见施鹏鹏、陈真楠:《刑事庭前会议制度之检讨》,载《江苏社会科学》2014 年第 1 期。

⑥ 参见闵春雷、贾志强:《刑事庭前会议制度探析》,载《中国刑事法杂志》2013 年第 3 期。

⑦ 参见左卫民:《未完成的变革,刑事庭前会议实证研究》,载《中外法学》2015 年第 2 期。

简言之，从程序理论和域外实践经验来看，庭前会议程序是庭审程序的庭前准备程序，其能通过排除非法证据有效发挥保障正当程序的功能，通过防止法官预断增强法庭事实认定的功能，通过化解程序障碍实现避免庭审延误的功能。这三种功能是保障以审判为中心的刑事诉讼制度改革的应然要义，缺一不可，否则，无法真正实现庭审实质化。

三、庭前会议实质化的实施障碍

庭前会议程序纳入我国《刑事诉讼法》十余年以来，在司法实践中逐渐暴露出程序设置、司法运行、诉讼效力等方面的不足。那么，庭前会议程序为何会出现这些问题？必须认识到，庭前会议程序的功能发挥受到刑事诉讼制度的整体制约，而我国的刑事诉讼制度与以审判为中心的刑事诉讼制度改革之间存在制度性矛盾，这成为庭前会议实质化的实施障碍。

（一）强职权主义压制被告人程序参与权

我国的刑事诉讼模式总体上呈现职权主义特征，法官具有较多权力。因此，我国的刑事诉讼模式也被称为强职权主义诉讼模式。在庭前会议程序中，强职权主义的特征尤为明显。从查明事实和正当程序上看，无论是要求证人、被害人、鉴定人出庭作证，还是提出非法证据排除、回避、管辖的申请，被告人都应当处于无可替代的关键地位。但在强职权主义的诉讼模式下，庭前会议的召开采行“方便法官原则”，启动权掌握在法官手中。被告人不仅没有程序启动权，甚至缺乏程序参与权。

一方面，被告人程序启动权沦为法官程序决定权的附庸。《庭前会议规程》第 1 条第 2 款规定：“控辩双方可以申请人民法院召开庭前会议。申请召开庭前会议的，应当说明需要处理的事项。人民法院经审查认为有必要的，应当决定召开庭前会议；决定不召开庭前会议的，应当告知申请人。”该条确立了庭前会议依职权启动的模式，辩护方之申请居于法官决定权之下，法官经审查认为必要时才会决定召开。不难发现，被告人受制于法官的程序决定权，无权启动庭前会议。

另一方面，被告人长期被排除于庭前会议之外，无法实现程序参与权。被告人的权利保护是审判中心主义实现的应有内涵，审判机关在庭前会议中理应落实对被告人的权利保障。被告人在庭前会议中的权利突出体现为程序参与权，即参加庭前会议并表达诉求的权利。《庭前会议规程》规定公诉人和辩护人应当参加庭前会议，被告人则根据案件具体情况由法院决定是否参加，被告人的程序参与权附属于法官的程序决定权。其原因主要在于：一是办案人员认为被告人能力有限，其是否参与对庭前会议的运转意义不大，辩护人足以起到被告人参与的作用。二是庭前会议决定的效力缺失致使对法官的激励不足。我国庭前会议采行“方便法官原则”,从投入上看,大多数被告人在审前阶段处于被羁押状态,法官如果决定被告人参加庭前会议,必须先在看守所办理提押手续再将被告人提押至法院,此种准备工作与正式庭审所需的准备差异甚小。① 从收益上看,即便被告人参加庭前会议,法官在庭前会议中也无法作出有效力的决定。正是基于投入与收益之间不成比例的考虑,法官通常会选择不通知被告人出席庭前会议。

有学者对法官此举持肯定意见,认为被告人并非都要参加庭前会议,由于个案的特殊性,如多名被告人异地羁押、个别被告人没有程序问题或程序争议等,全然要求被告人必须参加庭前会议不仅不利于提高诉讼效率,同时无法适应多元的司法现实。② 这一观点基本揭示了法官对庭前会议中被告人程序参与的态度。但必须认识到,这一观点只是诉讼效率或者查明案件事实层面的考量,没有将被告人的诉讼权利保障作为重要的决定因素,忽视了庭前会议参与主体的合法权利。③ 其实,庭前会议程序本身是司法精细化的体现,其程序设置重在避免庭审延误,而非提高诉讼效率,否则,废止庭前会议程序更有利于提高诉讼效率。因此,在诉讼效率和诉讼公正之间如何取舍,不言自明。

(二)全案移送主义导致法官预断的产生

2012 年修改的《刑事诉讼法》重新恢复了全案移送主义的案卷移送方式,现行《刑事诉讼法》第 176 条第 1 款规定:“人民检察院认为犯罪嫌疑人的犯罪事实已经查清,证据确实、充分,依法应当追究刑事责任的,应当作出起诉决定,按照审判管辖的规定,向人民法院提起公诉,并将案卷材料、证据移送人民法院。”由于全案移送主义的实施,法官在审前阶段已经查阅了案卷,对案件事实形成了心证,庭审从查明案件事实变成了对案件事实的确认,这既削弱了审判权在整个刑事诉讼程序中的决定性作用,也对庭审实质化造成了阻碍。相应地,我国的庭前会议程序也未能摆脱全案移送主义的影响,在当前立法框架下无法起到防止法官预断、切断侦审联结的作用。

一方面,庭前会议的主持者与庭审法官主体同一,没有防止法官预断的功能。2018 年《刑事诉讼法》第 187 条第 2 款规定,审判人员可以召集控辩双方就与审判相关的问题了解情况、听取意见。该条虽然没有明确庭前会议的主持者,

① 参见吉冠浩:《论庭前会议功能失范之成因——以庭前会议决定的效力切入》,载《当代法学》2016 年第 1 期。

② 参见步洋洋:《审判中心语境下的刑事庭前会议制度新探》,载《河北法学》2018 年第 7 期。

③ 参见卞建林、陈子楠:《庭前会议制度在司法实践中的问题及对策》,载《法律适用》2015 年第 10 期。

但司法实践中往往由案件的承办法官主持。《庭前会议规程》则对庭前会议主持者予以明确，第3条第1款规定："庭前会议由承办法官主持，其他合议庭成员也可以主持或者参加庭前会议。根据案件情况，承办法官可以指导法官助理主持庭前会议。"该条不仅将承办法官确定为庭前会议主持者，还将合议庭其他成员、法官助理纳入庭前会议的主持者范围。尽管随着审判中心主义制度改革的深入推进，最新的刑事诉讼法司法解释仍然规定"庭前会议由审判长主持，合议庭其他审判员也可以主持庭前会议"。从以上规定的主体范围来看，当前庭前会议并未贯彻预断排除原则，无论是审判长还是合议庭其他成员作为主持者，在庭前会议中事先接触案卷材料、控辩双方的意见，都与庭审实质化的要求大相径庭。

另一方面，主审法官在审前阶段阅览全部案卷，已经对案件事实形成心证。我国《刑事诉讼法》及相关规范在一定程度上考虑到了法官预断问题，为了避免法官因在庭前会议中解决实体问题对案件产生预断，规定庭前会议中只能解决程序性争议，不牵涉实体争议。实际上，由于全案移送主义的影响，法官在审判程序开启时即获得了全部案卷，无论庭前会议是否涉及实体争议，都不影响其在庭审前阅卷。实践中，主审法官在庭前会议召开之前就已经查阅了案卷，对案件产生了心证。笔者在调研中发现，有法官认为全案移送主义是导致庭审虚化的直接原因，审前会议程序也在一定程度上是为了解决法官阅卷后对案件事实产生的疑问服务。这就表明，全案移送主义是对预断排除原则的直接阻碍，其不仅架空了审判程序，也架空了庭前会议程序。

相较而言，域外法治国家无论是否移送案卷，都普遍注重将庭前准备程序中的法官与庭审程序中的法官相区分，通过庭前准备程序排除法官预断、切断侦审联结，以确保审判程序的中立性和公正性。我国的庭前会议程序却并未采取任何措施避免法官预断，无法抵消全案移送主义对公正审判产生的消极影响。

（三）发现真实主义阻碍程序价值的实现

发现真实是我国刑事诉讼制度的底色，受制于"发现真实"的诉讼理念，刑事诉讼程序中一切都要让位于事实真相的发现，在此基础上确立的庭前会议程序也不可避免地带有浓厚的发现真实主义色彩。虽然庭前会议程序具有实体价值、程序价值与效率价值，但以查明案件事实为内涵的实体价值始终是庭前会议程序的首要价值。

首先，庭前会议程序在认定证据能力问题上缺乏确定效力。虽然我国《刑事诉讼法》相关规定已经确立了证据能力优先于证明力规则，《庭前会议规程》也就开庭审理前申请排除非法证据问题作出了较多规定，却仍然没有下决心将不具备证据能力的证据材料排除在庭审之外。其突出表现为：《庭前会议规程》

第 14 条规定，被告人及其辩护人在开庭审理前申请排除非法证据，并依照法律规定提供相关线索或者材料的，人民法院可以对有关证据材料进行核实。控辩双方在庭前会议中对证据收集的合法性未达成一致意见，人民法院应当开展庭审调查。从这一规定可以看出，当控辩双方对证据合法性存在争议时，法官在庭前会议中并没有权力直接对证据合法性进行认定或裁决，而只能将问题留到庭审阶段以庭审调查形式解决。这表明，法官的裁判权在排除非法证据问题上缺位，庭前会议并没有排除非法证据的效力。立法规定之所以在庭前会议程序排除非法证据的效力上表现得模糊，归根结底是唯恐其对发现真实有影响，不愿意赋予其真正的排除证据的效力。

其次，庭前会议程序以查明案件事实为制度设计宗旨。第一，查明案件事实是庭前会议的启动条件。《庭前会议规程》第 1 条规定，人民法院经审查认为有必要的，应当决定召开庭前会议。虽然立法并未规定何谓“有必要”，在实践中则是以辩护方的申请事由是否影响事实真相的发现为依据。该规定在程序的启动方式上，即为庭前会议制度奠定了侧重于实体真实的价值基调。第二，查明案件事实是准许被告人申请与否的裁量标准。《庭前会议规程》第 15 条、第 16 条中规定辩护方提出重新鉴定或勘验，向证人或有关单位、个人申请收集、调取证据材料的申请，均以法院是否认为有关证据材料可能会影响定罪量刑为裁量标准。2021 年的刑事诉讼法司法解释仅吸收《庭前会议规程》的规定，而对其规定无任何突破或改变。至此，我国庭前会议仍旧是极具发现真实主义价值取向的制度设计。

最后，庭前会议程序对认定争议事实缺乏确定效力。在发现真实主义的价值取向下，我国《刑事诉讼法》及相关规范对庭前会议中争议问题的处理方式的规定导致其无法实现庭审实质化的要求。2018 年《刑事诉讼法》第 187 条第 2 款规定：“在开庭以前，审判人员可以召集公诉人、当事人和辩护人、诉讼代理人，对回避、出庭证人名单、非法证据排除等与审判相关的问题，了解情况，听取意见。”对涉及审判问题的事宜采用“了解情况、听取意见”的方式解决，从该条文难以推断出审判人员在庭前会议中是否可以对争议事项作出决定、以何种方式作出处理、所作决定是否对正式庭审程序有拘束力。实践中，庭前会议对双方争议的事项通常是“只议不决”，或是由双方协商一致。正是庭前会议程序缺失“程序性法律后果”，导致法官无可作为，控辩双方达成的庭前协议没有法律效力。[①] 由于程序性决定效力欠缺，致使庭前会议程序中提出的问题或者已经达成一致意见的问题可能在庭审中再次被提出，法官需要对争论重复处理，这就架

① 参见刘晶：《刑事庭前准备程序的反思与重构》，载《东方法学》2014 年第 3 期。

空了庭前会议程序，削弱了法官积极适用庭前会议程序的积极性，即使适用也不再注重程序运行的严谨性。这也是庭前会议中被告人权利保障形式化的原因之一，既然庭前会议对争议不作实质处理，那么被告人是否参与庭前会议、其意见是否需要被认真听取也无必要重视。

四、庭前会议实质化的发展范式：以被告人为中心

就现阶段而言，我国刑事诉讼制度中呈现的发现真实主义的价值取向、全案移送主义的公诉方式和强职权主义的诉讼模式对庭前会议程序运转产生影响。当前的刑事司法改革，尤其是以审判为中心的刑事诉讼制度改革并未打破这三重阻碍，原因是其一直缺乏清晰的发展范式①。对此，笔者认为，应当以被告人为中心作为我国庭前会议程序的发展范式：树立以被告人为中心的庭前会议程序改革的价值取向，创设回应型司法为庭前会议程序的运行范式，使正当程序原则融入其中，发挥其应有的程序功能。

（一）树立以被告人为中心的改革取向

当前，我国庭前会议程序的运行现状仍然反映出“侦查中心”或“逮捕中心”②的价值面向，其功能侧重于发现案件事实真相而非权利保障。以“发现真实”为价值取向的庭前会议程序具有较强的职权主义特征，③采行“方便法官原则”，庭前会议在相当程度上承担了消除庭审“突发事件”的功能，满足法官控制庭审的需要，使法官对庭审成竹在胸。④ 强职权主义的庭前会议制度压制了被告人的程序参与权，使被告人越发成为刑事诉讼中的客体。

从法治文明的发展趋势来看，刑事诉讼程序的设置理应防止由于公权力的滥用而对公民权利产生侵害，国家对犯罪的追究和惩罚应当以保障被追诉人的公正审判权为前提。⑤ 要实现这一目标，必须加强被告人的诉讼主体地位，在庭前会议程序中则应树立以被告人为中心的改革取向。

在庭前会议程序中树立以被告人为中心的价值取向有着深刻的理论基础。从我国的法治理念上看，以被告人为中心是“以人民为中心”的法治思想在庭前会议程序中的直接体现。“以人民为中心”是习近平法治思想的根本立场，也是习近平总书记对当前和今后一个时期推进全面依法治国提出的“十一个坚持”

---

① 参见詹建红：《论我国刑事司法模式的回应型改造》，载《法学杂志》2020 年第 4 期。
② 参见王彪：《刑事诉讼的中国问题与地方经验》，北京大学出版社 2022 年版，第 17～19 页。
③ 参见左卫民：《未完成的变革：刑事庭前会议实证研究》，载《中外法学》2015 年第 2 期。
④ 参见秦宗文、鲍书华：《刑事庭前会议运行实证研究》，载《法律科学》2018 年第 2 期。
⑤ 参见熊秋红：《解读公正审判权——从刑事司法的角度考察》，载《法学研究》2001 年第 6 期。

之一。[①]“以人民为中心”，依法维护和保障人民权益，是推进全面依法治国的根本目的。为此，应当积极回应人民群众的要求，解决法治领域人民群众反映强烈的突出问题。[②]《刑事诉讼法》第12条规定：“未经人民法院依法判决，对任何人都不得确定有罪。”被告人虽然遭到了刑事指控，但仍然属于人民群众。被告人是刑事诉讼中的重要主体，其与案件事实发现和程序事项处理具有最为直接的利害关系。庭前会议程序讨论决定的事项与被告人息息相关，庭前会议程序需要注重被告人的权利表达与需求解决，不能忽视或者架空被告人的程序参与权。从域外的司法实践来看，被告人往往在审前准备程序中居于关键地位，其通过行使诉讼权利实质性参与庭前会议程序，有效推进了司法公正。为此，不能再以“发现真实”和“方便法官原则”为庭前会议程序的价值取向，而应树立“以被告人为中心”的价值取向，以实际行动体现“以人民为中心”的核心精神。

(二)创设回应型的司法运行范式

庭前会议程序是接收和处理被告人诉求的制度平台，其突出功能在于回应被告人对案件事实和程序事项产生的争议，提前解决可能导致庭审延误的事项。但是，我国庭前会议制度的设置立足于提高诉讼效率，便利法官认定案件事实，对被告人的需求表达与诉求解决反而持消极回避的态度。被告人无法有效参与庭前会议、争议无法得到妥善解决，法官作出的决定不具有效力，不仅削弱了庭前会议的程序价值，更无法使被告人在此种程序中感受到公平正义。

要实现以被告人为中心的发展范式，还应发挥庭前会议程序实质性解决争议纠纷的功能，为此，有必要借鉴域外的回应型司法理念。回应型司法理念源于回应型法，是指司法机关的职能与行为应当及时针对社会的需求进行必要的调整，从而及时回应社会成员的需求。[③]“回应型法”是伯克利学派提出的一种理论，其将现代法律分为三种类型(或发展阶段)，即压制型法、自治型法、回应型法。回应型法以相关法律因素范围的扩大为前提，在此前提下强调需要及时对各类社会问题、矛盾作出回应，以期实现程序正义和实体正义的一种法律范式。[④]樊崇义教授认为，回应型法具有开放性和能动性的特点，它对人们的期待、社会的需求持有积极、开放的态度，通过对法律本身的缺陷能动地予以修正，

---

① 参见付子堂：《以人民为中心是习近平法治思想的根本立场》，载《中国司法》2021年第11期。

② 参见周尚君：《坚持以人民为中心的法治思想》，载《法学杂志》2021年第1期。

③ 参见詹建红：《论我国刑事司法模式的回应型改造》，载《法学杂志》2020年第4期。

④ 参见李晗：《回应社会，法律变革的飞跃：从压制迈向回应——评〈转变中的法律与社会：迈向回应型法〉》，载《政法论坛》2018年第2期。

使公共政策和社会利益的基本诉求得以满足。① 与“回应型法”相契合，回应型司法理念要求司法机关在处理案件、解决纠纷的过程中克服形式主义，以积极的姿态回应各方在刑事诉讼程序中产生的诉求，并作出符合法律效果与社会效果相统一的决定。

树立回应型司法理念，积极回应被告人诉求，在新时代深入推进审判中心主义改革的背景下具有重要意义。首先，回应型司法理念有助于破解庭前会议程序所面临的诉讼效率与司法公正的双重难题。庭前会议程序的建立以提高诉讼效率为目标，为解决可能导致庭审延误的问题而存在。但正如前文所言，受发现真实主义、全案移送主义和强职权主义的影响，庭前会议程序的运行不仅不能有效提升诉讼效率，还限制了被告人的程序参与，其所提出的争议无法得到及时解决，庭前会议程序的公正价值呈现缺失状态。在回应型司法理念指导下，庭前会议制度能够作出适时调整，保障被告人的程序参与和争议解决，既不会延误庭审，也能实现司法公正。其次，回应型司法理念有助于化解司法活动的被动性与社会变革对能动司法的要求之间的矛盾。庭前会议是庭审活动的准备程序，法官在适用该程序时受到法定的职权和程序的双重约束，只能被动应对提交到庭前会议程序中的各种事项，这与社会变革背景下对司法活动提出的能动性要求不符，也与推进社会治理能力现代化的目标不符。回应型司法理念的贯彻和落实是化解上述矛盾的一条重要途径。面对被告人在庭前会议程序中不断提出的各种事实和程序争议，不知变通地固守庭前会议现行规则而不能对争议作出实质处理的观念并不是良策，立足于实现制度的最终目的，根据社会需求、司法公正的要求能动地调整庭前会议的程序设计才是上策。最后，回应型司法理念有助于实现“要努力让人民群众在每一个司法案件中都感受到公平正义”的目标，在提升社会认同感，特别是被告人的认同感的同时增强司法公信力。回应型司法理念强调司法机关要与公众进行交流并对其需求作出回应，注重吸收多方主体参与到司法活动之中协助解决纠纷，还意味着司法机关要根据社会实际需求对其职能和行为进行调整。在庭前会议程序中，被告人往往有强烈的愿望向法院表达其诉求并期待得到处理。法院在多方的参与下组织参与主体进行交流、沟通，并对被告人的需求予以回应，有助于被告人在庭前会议程序中感受到公平正义，增强对法院作出的决定的认同。

（三）坚持正当程序的诉讼理念

刑事诉讼的发展史，是一部不断从野蛮走向文明的历史，更是一部被追诉人

---

① 参见樊崇义：《司法规律的发展进路：从压制走向回应，从对抗走向合意》，载《人民法治》2016 年第 8 期。

诉讼权利不断扩大的历史。从这一角度来看,尊重与保障人权不仅是刑事诉讼一以贯之的价值追求,更是检验司法公正的标尺。习近平总书记曾提出,必须牢牢把握社会公平正义这一法治价值追求,努力让人民群众在每一项法律制度、每一个执法决定、每一宗司法案件中都感受到公平正义。① 随着公民权利意识的增强,被告人必然更注重自身权利的保障。将正当程序理念融入庭前会议程序的发展范式,加强对被告人的权利保障,不仅符合法治文明的发展趋势,而且践行了"以人民为中心"的法治思想。

目前,"发现真实"的诉讼观念深植于我国刑事诉讼传统。审判中心主义改革的提出与推进、庭前会议制度的建立与完善仍然立足于追求实体公正,缺乏将现代刑事诉讼所要求的正当程序原则融入其中。正当程序的缺位意味着被告人权利保障的缺失,进而阻滞庭前会议的程序价值实现。

在"以审判为中心"的刑事诉讼制度改革背景下,改革刑事庭前会议制度,从"发现真实"诉讼理念的主导转向正当程序原则的诉讼理念,重新审视庭前会议制度。以"正当程序"为指导理念,要求办案机关在遵循正当程序的前提下去寻求案件真实,在审查案件事实时,需要将被告人权利保障作为验证诉讼结果正当性的重要因素。在庭前会议程序改革中,可以从程序启动权是否完全由法官垄断、被告人参与庭前会议程序的需求是否得到满足、其程序参与度如何、被告人在程序中的其他权利是否得到保障、权利侵害的救济机制是否完善等方面来评估程序是否具有公正性。可以认为,以被告人为中心作为我国庭前会议程序的发展范式能够深入推进以审判为中心的刑事诉讼制度改革。

五、庭前会议实质化的功能实现

在推进以审判为中心的刑事诉讼制度改革的要求下,要有效实现庭前会议程序的功能,可以从以被告人为中心的庭前会议实质化的发展范式出发,在制度完善上从运行方式、审理模式和效力机制等方面加以改革,以庭前会议实质化来突破阻碍或者抵消影响。

(一)确立以被告人参与权为中心的程序运行方式

如上文所言,我国刑事诉讼制度中体现出的强职权主义诉讼模式导致被告人的程序参与权沦为法官程序决定权的附庸,被告人长期被排除在庭前会议之外,无法获得实质上的程序参与权。然而,包括庭前会议程序在内的几乎所有刑事诉讼程序,都围绕着被告人的定罪量刑而展开,没有被告人参与的庭前会议既是不完整的,更是不合理的。要克服强职权主义诉讼模式带来的被告人程序参

---

① 参见阮兴文:《使司法审判成为看得见的公平正义》,载《社会主义论坛》2021 年第 1 期。

与虚化问题，有必要建立以被告人参与权为中心的程序运行方式。可以借鉴域外有益经验，从以下几个方面着手：

首先，弱化法官对程序启动权的绝对控制。宜将庭前会议的程序启动权同时分享给控辩双方，规定人民检察院、被告人及人民法院均有权提出召开庭前会议，人民法院不再对是否需要召开庭前会议享有裁量决定权，从而强化被告人提起庭前会议的程序启动权。

其次，可以规定依据案件类型划定庭前会议的启动条件。一是对于采用刑事简易程序、速裁程序审理的刑事案件，可以不召开庭前会议；二是对于由合议庭审理的刑事案件及中院审理的刑事案件，考虑到案件重大复杂，应当召开庭前会议。对庭前会议启动条件法定化、类型化，能够在一定程度上摆脱发现真实主义对庭前会议程序产生的消极影响，强化被告人的诉讼权利。

最后，保障被告人在庭前会议中的程序参与权。一是形式参与，规定被告人及其辩护律师必须参加庭前会议。二是实质参与，即赋予被告人在庭前会议程序中的律师帮助权。此处可以借鉴日本审理前整理程序的相关规定，日本《刑事诉讼法》第 316 条之四规定："在审理前整理程序中，被告人没有辩护人的，该程序不得进行。在审理前整理程序中被告人没有辩护人的，审判长应当依职权指定辩护人。"[①]在我国，可以规定在被告人没有辩护律师的情形下，可以申请法律援助律师或者由法官指派值班律师在场为其提供法律帮助。

（二）创设以排除法官预断为目标的二元审理模式

排除法官预断、切断侦审联结是实现以审判为中心的刑事诉讼制度改革的关键环节，也是庭前会议程序应有的制度功能。在当前全案移送主义的案卷移送方式之下，庭前会议无法实现排除法官预断的目标，也架空了庭审程序实现"案件事实查明在法庭"的制度功能，使庭审实质化成为无法实现的愿景。

虽然我国的案卷移送方式采行全案移送主义，但仍然可以通过改造法庭审理模式的方式强化庭审程序对于查明案件事实的关键作用，进而向庭审实质化迈进。为此，有必要将我国的一元审理模式改造为二元审理模式，通过优化庭前会议程序来尽最大努力消除全案移送主义给庭审实质化带来的负面影响。具体做法为：

一方面，实现庭审法官与庭前会议主持者的分离，由立案庭法官主持庭前会议。从强化诉讼规律性和科学性的角度看，庭前会议主持者的归属蕴含着裁判者中立和排除庭前预断的问题。[②] 无论是正当程序的理念还是庭审实质化目

---

① 参见张凌、于秀峰编译：《日本刑事诉讼法律总览》，人民法院出版社 2017 年版，第 81 页。

② 参见闵春雷、贾志强：《刑事庭前会议制度探析》，载《中国刑事法杂志》2013 年第 3 期。

标,都要求刑事案件的裁判者保持中立,其对事实的心证应形成于法庭审理之中,而不可先发于庭前。按照我国刑事诉讼的特点,宜由立案庭法官担任庭前会议程序的主持者。其一,按照上文划分,由基层法院组成合议庭审理的刑事案件及中院审理的刑事案件,总体上这类案件数量相对较少,由立案庭法官负责主持庭前会议更为合理。另外,虽然基层法院审理的一审刑事案件总量远超中级以上法院,但在认罪认罚从宽制度确立之后,基层法院需要召开庭前会议程序的复杂案件的数量实际上并无想象中惊人。其二,立案庭法官本就承担着公诉审查的职责,由其行使在庭前会议中主持解决案件的程序性争议、争点整理的职权,顺应了现行制度,也降低了改革成本。

另一方面,将公诉审查程序纳入庭前会议程序,设置具有预审性质的庭前会议程序。当前的制度设计是将刑事案件的公诉审查程序与庭前准备程序分开,前者解决案件是否符合开庭审判的条件,后者是为将要开庭审理的案件做准备工作。这种制度设计看似分工明确,实际上在运作中不仅出现了功能重复问题,而且造成法官预断。现行《刑事诉讼法》司法解释第 232 条规定:"人民法院在庭前会议中听取控辩双方对案件事实、证据材料的意见后,对明显事实不清、证据不足的案件,可以建议人民检察院补充材料或者撤回起诉。建议撤回起诉的案件,人民检察院不同意的,开庭审理后,没有新的事实和理由,一般不准许撤回起诉。"从该条文不难看出,庭前会议程序不仅承担着解决程序性争议的职责,还负有补足公诉审查之职能,庭前会议制度的规定实质上使公诉案件需经过两次审查。但是立法并未赋予庭前会议裁决权,案件经控辩证据开示和证据异议后,审判人员认为证据不足的,不能裁定驳回起诉,导致庭前会议不具有直接的过滤不当起诉的功能。① 从节约司法资源的角度来看,将公诉审查程序纳入庭前会议程序具有必要性;从防止追诉权滥用、保障被告人权利角度而言,将公诉审查纳入庭前会议程序处理事项范围,由主持庭前会议的立案庭法官对公诉案件进行审查,不仅能将指控明显不当的案件排除在审判之外,还能够取得防止法官预断、切断侦审联结的效果。

(三)构建以有利于被告人为标准的效力确认机制

以"发现真实"为主导理念构建的庭前会议程序具有强职权主义的特征,其目的在于满足法官控制庭审的需要。② 为了发现真实的需要,我国在设置庭前会议程序时对其效力确认机制表现得模糊,不敢赋予其对争议事项作出具有法律约束力的裁判权。最后不仅未能通过庭前会议实现庭审实质化,反而使庭前

---

① 参见莫湘益:《庭前会议:从法理到实证的考察》,载《法学研究》2014 年第 3 期。

② 参见左卫民:《未完成的变革:刑事庭前会议实证研究》,载《中外法学》2015 年第 2 期。

会议制度走向了形式化。

在“以审判为中心”的刑事诉讼制度改革背景下，改革刑事庭前会议制度可以吸收域外经验，从“发现真实”诉讼理念转向“权利保障”理念，在遵循正当程序的前提下寻求案件真实，重新审视庭前会议程序的制度价值。具体而言，应当建立以有利于被告人为标准的效力确认机制，将各种程序性争议尽早在法庭审理前予以解决，保障庭审的集中进行。

首先，确保控方将全部证据材料在庭前会议中开示。充分的证据开示是保障证据合法性的前提。由于控辩双方掌握证据的不对等性，辩护方申请排除刑讯逼供所获非法证据时往往得不到相应材料或线索作支撑。当事人只有看到全部证据，才能获悉哪些证据存在可能的非法取证行为。实践中，有检察院通常只移送对控诉有利的证据，对部分证据有所保留。[①] 这导致庭前会议中无法有效开展非法证据排除程序，不利于被告人的权利保障。因此，应在庭前会议中要求控方将全部证据材料在庭前会议中开示，在庭前会议中不开示的证据材料，不得在庭前会议后提交法庭。

其次，将非法证据排除程序提前到庭前会议程序之中，将不符合证据能力的证据排除于法庭之外，并且从案卷中剔除。已经有学者提出，在法治国家，非法证据排除的动议通常是在庭前听证中作出裁决，目的是提高效率、防止给裁判者的心证造成污染。从未来发展方向上看，我国非法证据排除等程序性争议的解决应当尽量在庭前会议中予以解决。[②] 当前全案移送主义的弊病之一在于，检察机关需要将全部案卷材料连同起诉书一起移交法院，不仅包括检察机关拟在法庭上出示的证据材料，还包括审前阶段形成的，但不准备或者不能在庭审中出示的证据材料，其中就有已经排除的非法证据。不仅如此，办案人员在审查逮捕、审查起诉中经调查核实依法排除证据的，应当在调查报告中予以说明，被排除的非法证据应当随案移送。[③] 为避免这一弊端，可以利用庭前会议程序，就证据收集的合法性问题予以审查，并赋予庭前会议排除非法证据的决定权。并且，在庭前会议程序中被排除的非法证据，应当从案卷中剔除，防止合议庭法官及陪审员的心证受到污染。此外，在有利于被告人的标准下，如果被告人在庭审阶段仍然提出了证据收集合法性问题，还可以重新启动非法证据排除程序。

最后，控方提出的证据在庭前会议之中被排除的，不得在庭前会议之后补充

---

① 参见马明亮、张彭皓：《探讨“审判之前的审判”模式——以庭前会议中的非法证据排除为切入点》，载《甘肃政法学院学报》2018 年第 4 期。

② 参见闵春雷、贾志强：《刑事庭前会议制度探析》，载《中国刑事法杂志》2013 年第 3 期。

③ 参见王彪：《刑事诉讼的中国问题与地方经验》，北京大学出版社 2022 年版，第 200 页。

侦查，法官也不得自行调查。《庭前会议规程》第 22 条规定：“人民法院在庭前会议中听取控辩双方对案件事实证据的意见后，对于明显事实不清、证据不足的案件，可以建议人民检察院补充材料或者撤回起诉。”这条规定为检察机关对关键证据再次调查设置了“程序倒流”的机会，实质上否认了庭前会议对证据的确认效力，这也是为什么被告人和辩护人不愿意在庭前会议上提出非法证据排除的原因。在德国中间程序中，鉴于检察院和法院的结构性分工，法官只能发动一定的、补充性的证据收集，不允许为了使检察院不足的公诉指控重新修复完整而进行较大规模的侦查或大范围地收集证据。[①] 我国可以借鉴此规定，要求在庭前会议之中排除非法证据之后，检察机关和审判机关不得再次对该证据予以调查，以防发生“程序倒流”，架空庭前会议排除非法证据的决定效力。

六、结语

庭前会议程序在甫一建立时曾受到学界和实务界的普遍期待，但十年之后，已落入了尴尬境地。理论界不再将庭前会议程序视为值得研究的重点热点问题，实务界也更关注认罪认罚从宽制度等能够切实提升刑事诉讼效率的改革措施。这一变化从侧面反映出以审判为中心的刑事诉讼制度改革已经迈入了瓶颈期。实际上，从刑事诉讼制度整体架构来看，深入推进以审判为中心的刑事诉讼制度改革，能让处于认罪认罚从宽制度时代的被告人享有更为完整的选择权，使其不受制度的限制和办案机关的胁迫。因此，庭审实质化是司法公正的基石，也是保障被追诉人程序选择的底线。作为审判程序的准备阶段，庭前会议程序应当克服发现真实主义、全案移送主义和强职权主义的制度障碍，围绕以被告人为中心的发展范式，在立法中进一步完善程序设置，在实践中展开有益探索，通过庭前会议实质化来真正实现制度功能，继续推进以审判为中心的刑事诉讼制度改革。

A Study on the Substantiation of Criminal Pretrial Conference of the Perspective of the Defendant Center

Guo Hang　Tian Man

Abstract: The pretrial conference procedure was added when the Criminal Procedure Law was amended in 2012. In the ten years of reform and development, there is still a big deviation between the operation effect of the pretrial conference

① 参见《德国刑事诉讼法典》，宗玉琨译注，知识产权出版社 2013 年版，第 177 页。

procedure and the system expectation, even appeared the phenomenon of procedure dummy. From the perspective of theoretical requirements, the pretrial conference procedure should play the function of excluding illegal evidence, preventing judges from prejudging and resolving procedural obstacles. However, from the perspective of legislative provisions and judicial practice, it can not surpass the triple institutional obstacles of the strong inquisitorial system, the doctrine of conveyance of all dossiers and discovery the truth. To effectively realize the function of the pretrial conference procedure, it's necessary to set up a defendant-centered substantive development paradigm of pretrial conference, build up a defendant-centered reform orientation, create a responsive judicial operation paradigm and adhere to the litigation concept of due process. As for specific improvement measures, only by establishing a procedure operation mode that centered on the defendant's right to participate, creating a dualistic trial mode aiming at excluding the judge's prejudgment, constructing the effectiveness confirmation mechanism in favor of the defendant can we further promote the reform of the criminal procedure system centered on trial.

Key words: pretrial conference; prejudgment exclusion; defendant's right to participate; the materialization of the trial

认罪认罚案件听取意见同步录音录像机制之完善

——从检察视角展开

■ 张　恒*

[内容摘要]　最高人民检察院印发的《人民检察院办理认罪认罚案件听取意见同步录音录像规定》对解决犯罪嫌疑人认罪认罚自愿性、真实性难题，提高认罪认罚案件办理质效有积极作用。然而，由于听取意见程序受到证明标准的根本性制约以及录制内容不规范等原因，同步录音录像难以达到预期效果。可以通过优化量刑协商程序、适度调整裁量权等方式予以完善，进一步实现其功能价值。

[关键词]　认罪认罚案件　听取意见　同步录音录像

自认罪认罚从宽制度实施以来，如何保障犯罪嫌疑人的自愿性、真实性始终备受关注。2021年12月2日，最高

* 张恒，成都市高新区人民检察院检察官。

人民检察院印发《人民检察院办理认罪认罚案件听取意见同步录音录像规定》(以下简称《听取意见同录规定》),并于2022年3月1日正式实施。《听取意见同录规定》在促进检察机关听取意见实质化、规范化,提高认罪认罚案件办理质效等方面有积极意义;犯罪嫌疑人提出异议时,由“镜头”记录的公正远胜于检察机关单方面的“自证清白”。但办案实务反映,听取意见同步录音录像的内容大多已经与辩方协商一致,录制过程检察官简单地宣读内容,犯罪嫌疑人、辩护人或值班律师基本不会提出异议,同录情况不能真实地反映出控辩双方进行“讨价还价”的过程,与同步录音录像程序设立的初衷有所背离。那么听取意见程序的制度定位是什么、需要进行同步录音录像的范围如何确定、实践中有哪些制约因素、现有的程序如何进一步完善才更为合理,都是目前亟须解决的问题。

一、认罪认罚案件听取意见同步录音录像的适用范围

(一)听取意见是中国特色的量刑协商

对于2018年《刑事诉讼法》新增的认罪认罚从宽制度,根据“两高”的相关解读,认罪认罚从宽制度的正式确立,意味着控辩协商取代权力机关单方定案,[①]刑事诉讼模式和定罪量刑实现由“国家独断型”向“协商决定型”的重大转变,[②]我国控辩双方量刑协商制度也由此确立。

但现有的法律规定中并未广泛地使用“量刑协商”的表述。《刑事诉讼法》第173条第2款规定检察机关办理认罪认罚案件应当听取意见。2019年“两高三部”《关于适用认罪认罚从宽制度的指导意见》(以下简称《适用认罪认罚指导意见》)第33条规定,犯罪嫌疑人认罪认罚的,人民检察院应当充分听取犯罪嫌疑人、辩护人或值班律师的意见,尽量协商一致。2020年最高检印发的《人民检察院办理认罪认罚案件监督管理办法》(以下简称《认罪认罚监督管理办法》)第5条规定,要求检察官切实开展量刑协商工作。但2021年最高检印发的《人民检察院办理认罪认罚案件开展量刑建议工作的指导意见》(以下简称《量刑指导意见》)第24条、第25条对于量刑建议的达成过程仍然规定是听取意见的方式,并未表述为“协商”。

有学者提出,听取意见模式不是量刑协商,协商模式允许司法者与被追诉人就认罪认罚行为的利益进行谈判、协商,而认罪认罚从宽制度中的听取意见则是

---

① 参见朱孝清:《认罪认罚从宽制度对刑事诉讼制度的影响》,载《检察日报》2020年4月2日,第3版。

② 参见胡云腾:《正确把握认罪认罚从宽 保证严格公正高效司法》,载《人民法院报》2019年10月24日,第5版。

由官方单方面地给出固定的认罪认罚利益,①听取意见模式是一种独立的模式。但“两高”仍然确认其量刑协商的定位,最高人民法院解读《刑事诉讼法》第173条第2款时认为,听取意见实际上是量刑协商程序,没有出现“协商”二字是为了避免社会对认罪认罚从宽制度产生误解。② 最高人民检察院也认为,采取听取意见的过程实际上就是控辩双方就认罪认罚情况及处罚建议进行沟通协商的过程。③

所谓协商,根据《现代汉语词典》的解释,是指共同商量以便取得一致意见,“商量”是指交换意见。笔者认为,是否属于量刑协商,应当从三方面进行界定:协商双方主体地位是否平等、协商过程能否自由提出意见以及协商目的是否具有一致性。就双方地位而言,我国刑事诉讼的基本诉讼结构是控辩审构成的三角结构,控辩双方的法律地位是平等的。就协商过程而言,《刑事诉讼法》第173条第2款规定了认罪认罚案件中,听取意见是检察机关的强制性义务。《量刑指导意见》第24条、第25条规定了检察机关的说理义务及对合理意见的采纳义务,通过制度性保障,特别是辩方能够自由表达意见。就协商目的而言,控辩双方协商的目的是协商量刑建议,目的具有一致性。因此,我国的听取意见程序的法律定位是量刑协商程序,本文也是在相同意义上使用听取意见和量刑协商两种用语。但承认这一结论并不等于无视存在的问题,不可否认量刑协商制度目前在理论和实践中仍存在诸多争议,有待进一步解决。

(二)认罪认罚案件听取意见同步录音录像的情形

听取意见是检察机关日常工作的方式之一,具有多样性和便利性的特点。《听取意见同录规定》第2条规定,检察机关同步录音录像的范围包括听取意见与签署具结书的过程,第4条规定了同步录音录像一般应当包含的内容,从法律条文用语一致性的角度分析,除了签署具结书的内容,其余均可以认定是听取意见的内容。具体包括相关内容告知、解释说明、听取意见、证据开示等方面,涵盖开展认罪认罚从宽制度的全部流程。《认罪认罚监督管理办法》第3条第2款规定,听取意见可以采取当面或者电话、视频等方式进行,听取情况应当记录在案,对提交的书面意见应当附卷。据此,检察机关在办理认罪认罚案件中,听取意见可以根据高效便利的原则选择不同的方式,可以多次进行,可以分别与犯罪嫌疑人、辩护人或值班律师沟通。

---

① 参见闫召华:《听取意见式司法的理性建构——以认罪认罚从宽制度为中心》,载《法制与社会发展》2019年第4期。

② 参见胡云腾主编:《认罪认罚从宽制度的理解与适用》,人民法院出版社2018年版,第27~28页。

③ 参见蒋安杰:《认罪认罚从宽制度若干争议问题解析(中)——专访最高人民检察院副检察长陈国庆》,载《法制日报》2020年5月6日,第9版。

因此，广义上的听取意见可以由检察官根据工作需要随时进行，但这些内容并非都有条件和有必要进行同步录音录像，如在受案后三日内进行权利义务告知的同时告知认罪认罚从宽制度的相关内容；在核实证据时将证据开示与讯问结合以查明案件事实等。如果每一个环节都进行同步录音录像，将极大地增加检察机关工作量，也缺乏实际意义和现实必要，因而应当进一步明确需要同步录音录像的听取意见范围。

内容方面，《听取意见同录规定》第 4 条规定“一般应当包含……”，留出一定的调整空间，而第 2 条第 3 款规定，“至少要对量刑建议形成、确认以及最后的具结书签署过程进行同步录音录像”，则属于总结性和底线性要求。根据《现代汉语词典》的解释，“形成”是指通过发展变化而成为具有某种特点的事物，或者出现某种情形或局面。量刑建议的“形成”就是控辩双方协商的过程，是体现犯罪嫌疑人认罪认罚真实性、自愿性的关键环节，是量刑协商制度的精髓所在。此处“形成”结合《刑事诉讼法》第 173 条第 2 款规定理解，其范围就是与量刑有关的内容，包括量刑前提的事实认定和法律适用；量刑协商过程及程序选择问题，对应《听取意见同录规定》第 4 条第 4 项、第 5 项的内容。

程序方面，《量刑指导意见》第 3 条规定，提出量刑建议的前提是犯罪事实清楚，证据确实、充分，法定和酌定情节均已查明；第 21 条规定，检察官应当全面审查事实证据，准确认定案件性质，根据量刑情节拟定初步量刑建议，并组织听取意见。部分案件应当向部门负责人报告或者建议召开检察官联席会议讨论确定量刑建议范围，或者由检察长或检委会讨论决定后再听取意见。即听取意见的时间是在检察官综合全案证据，认为定罪量刑情节均已查明并拟定量刑建议之后；对于特殊案件的听取意见，还有召开检察官联席会议或检委会的前置程序要求。

实践中，《量刑指导意见》第 27 条规定，不得绕开辩护人进行具结，但现有规定没有明确听取意见需要犯罪嫌疑人、辩护人或值班律师同时在场。若分开进行具结，则需要检察官听取犯罪嫌疑人意见、听取辩护人或值班律师意见，在辩护人或值班律师见证下签署具结书。这至少要进行三次同步录音录像，现实中显然不能完成。从实践经验看，一般由检察官、辩护人或值班律师以及犯罪嫌疑人同时在场当面进行，且一般只进行一次。

综上分析，需要同步录音录像的听取意见过程可以称为狭义上的听取意见，是以准确认定事实及各种量刑情节为基础，在特殊案件中经过特定前置程序后，以检察官告知与量刑有关的事项为起点，以控辩双方沟通协商为内容，以犯罪嫌疑人同意量刑建议为终点的过程。狭义上的听取意见内容不可或缺，而其他内容则可以适当调整，如已经权利义务告知的，向其确认是否收到并知悉内容；进行证据开示的，可以说明证据开示的情况向其确认。

二、认罪认罚案件听取意见同步录音录像的主要问题

量刑协商过程中，不少律师感觉协商难度大、辩护空间小，协商的平等性没有充分体现，检察机关表现强势，具有职权主义色彩。正如笔者在开篇提出的情形，同步录音录像对“形成”的记录往往变成对结果的“确认”，从而导致同步录音录像流于形式。

（一）刑事证明标准未降低

证据裁判主义之下，证据与证明，是诉讼最具基础性的问题。[①] 量刑协商过程作为刑事诉讼中的重要环节，能否顺利开展同样与证明标准问题密切相关。相较于传统意义上刑事诉讼的严肃性，“协商”一词容易使人产生错觉，以为控辩双方可以随意“讨价还价”。而实际上，我国的认罪认罚程序的适用以不降低证明标准为前提，检察机关提出量刑建议同样有严格的要求。

《量刑指导意见》第 2 条规定，检察机关应当依法、客观公正地提出量刑建议；第 3 条规定，提出量刑建议的条件是犯罪事实清楚、证据充分，各种法定、酌定情节均已查清；第 25 条第 1 款规定，检察官应当充分说明量刑建议的理由和依据。按照该规定，检察官提出的量刑建议是在查明事实、证据并充分考虑定罪量刑各种因素之后得出的结果，这一证明标准已经是刑事诉讼中最严格的证明标准。量刑协商程序本身并不减轻检察机关的证明责任，反而是在原证明任务完成的基础上新增加了工作内容，需要检察官投入更多的精力，这也是实践中部分检察官推动量刑协商工作动力不足的主要原因。

（二）量刑建议的调整有严格限制

检察机关提出量刑建议的工作要求本身较高，《量刑指导意见》第 25 条又规定，听取意见后调整量刑建议要求达到“合理”的标准。检察机关不可能无条件地对犯罪嫌疑人降低刑期，采纳辩方提出的意见必须有充足的理由。这一要求对于规范量刑协商程序、限制检察机关滥权有重要意义，但同时也在一定程度上限制了自由裁量权的行使。

实践中，大多数案件的量刑情节并不复杂，承办检察官在提出量刑建议时能够予以考虑。实践中常见的场景之一是犯罪嫌疑人、辩护人对于事实认定和法律适用均无异议，但面对检察官提出的量刑建议时会近乎本能地发问：刑期能不能再降低一些？《量刑指导意见》第 25 条规定的要求检察院“充分说明”理由和依据，就是要求检察官对自己提出的量刑建议进行合理化论证，既已充分论证了

① 参见龙宗智：《诉讼证据论》，法律出版社 2021 年版，第 1 页。

提出的量刑建议的合理性，那么辩方仅强调已经考虑的情节，是不能证明检察机关提出的量刑建议是“不合理”的，难以说服检察官进行自我否定。因此，想要说服检察官调整量刑建议，最有力的方式就是提出新的事实和证据，足以让检察官推翻自身的合理性。

量刑具有裁量性，基准刑选择、确定量刑情节调节比例等方面均有一定的选择空间，刑期的确定很大程度上取决于检察官的司法经验和对个案的具体感受。量刑协商应当是控辩双方在“合理”与“不合理”之间寻求平衡的过程，但实践中要求辩方提出证据并进行说服，其难度比双方仅针对某一事实发表意见要难得多。

（三）操作性规定不严谨

认罪认罚案件绝大多数由基层检察机关承办，明确且具有可操作性的规定能够发挥指引作用，推进刑事诉讼程序的顺利进行。但目前关于量刑协商的相关规定之间存在模糊地带或者矛盾之处，给具体办案的检察人员带来困扰，影响量刑协商的效果。

《认罪认罚监督管理办法》第 5 条规定，在确定和提出量刑建议前，应当充分听取犯罪嫌疑人、被告人、辩护人或者值班律师的意见，切实开展量刑协商工作。按照一般理解，控辩双方最好在检察机关提出量刑建议前达成一致意见，如此才能体现切实开展工作的效果，但“提出量刑建议前”又不属于同步录音录像的范围。《量刑指导意见》第 28 条规定，听取意见过程中辩方提供可能影响定罪量刑的新的证据材料或提出不同意见，需要审查、核实的，可以中止听取意见，经审查、核实并充分准备后可以继续听取意见。但《听取意见同录规定》第 10 条规定，听取意见过程中发现可能影响定罪量刑的新情况，需要补充核实的，应当中止听取意见和同步录音录像。核实完毕后，视情决定重新或者继续听取意见并进行同步录音录像。在后者规定中，多了“重新听取”意见的选择。继续听取意见意味着原意见也必须记录，前后形成完整的过程；重新听取则意味着可以从头开始进行，同时又未强制性要求保留之前记录，而只对重新听取意见进行同步录音录像无法反映前后变化的情况。

对听取意见过程进行同步录音录像的本意在于完整、客观地反映量刑协商的过程，记录控辩双方充分发表意见的情况，体现犯罪嫌疑人认罪认罚的自愿性、真实性。但从上述规定来看，同步录音录像的内容可以不包括实质协商的过程而只记录协商一致后的情况；对于具体办案的检察人员而言，对开展同步录音录像工作的意义可能会产生怀疑，如何具体操作也可能出现偏差，不再具有统一性。

（四）值班律师制度功能受限

犯罪嫌疑人未委托辩护人的，由值班律师参与具结。实践中，检察机关一般会先与犯罪嫌疑人就量刑达成一致，之后由值班律师予以见证并进行同步录音录像，同步录音录像并未记录量刑建议的实质形成过程。此种做法受到现实条件的制约：法律援助机构安排值班律师具有随机性，同一值班律师难以为同一犯罪嫌疑人提供持续的法律服务，检察官找不到可以有效协商的值班律师；值班律师一般不阅卷，通过检察官介绍了解案情，在没有充分掌握案件信息的情况下无法与检察官进行有效的量刑协商；值班律师一般也不会见犯罪嫌疑人，有的在签署具结书时才第一次会见，双方之间并不熟悉，值班律师难以为犯罪嫌疑人提供有效的法律帮助。

（五）检察官素质有待提高

同步录音录像工作实施时间尚短，目前部分检察官还不能很好地适应这一新的工作要求。部分检察官对于同步录音录像的具体内容、流程等还不能很好地把握，导致出现程序瑕疵；有的事先准备不足，如在同步录音录像过程中才叙写事实，忙乱中易出错，效果不好；有的说理不充分，面对辩方提出的理由不能有效地回应。遇到类似情况，同步录音录像反而反映出了检察官工作的不到位，量刑建议“形成”过程自然难以令人信服。

三、认罪认罚案件听取意见同步录音录像的完善建议

同步录音录像是通过技术手段对听取意见工作进行监督，促进听取意见工作的规范化和实质化。面对新的工作要求，可以从以下四个方面进行完善。

（一）发挥不同阶段的程序功能

量刑协商的过程可以细化区分为两个阶段：第一个阶段是控辩双方自由发表意见沟通的阶段，可以称之为预协商或自由协商阶段。在预协商阶段，控辩双方均可以采取较为随意的方式自由发表意见，目的在于双方充分了解对方观点，为正式进行量刑协商做好准备。该阶段控辩双方发表意见不具有法律意义上承诺的效力，可以随时进行修改。在现有程序基础上，需要增加检察机关对辩方所处阶段及法律意义的释明义务。由于在该阶段控辩双方所提意见均不具有正式的拘束力，无必要进行同步录音录像。

第二个阶段是从检察机关正式提出量刑建议直至签署具结书的阶段，可以称之为正式协商阶段，其范围也就是本文提出的狭义上的听取意见过程。控辩双方发表意见不受预协商阶段的制约，经过思考后的正式观点，具有法律上的拘束力。在现有程序基础上，检察官在启动时应当释明所处阶段及法律意义。由于该阶段的量刑协商具有正式效力，对该阶段应当进行全程同步录音录像，无论

发生何种情况，均应当如实记录。

划分为两个阶段的构想，是结合实践做法对相关规定进行分类的结果，目的在于明确各阶段的功能和作用，使同步录音录像范围更明确、更具有针对性，减少对镜头之外协商的质疑。除增加检察机关的释明义务外，并没有新增程序，具有可操作性。具体而言：第一，在正式协商阶段，辩方知道自己无论发表何种观点均会被如实记录后，能够更放心地发表自己的观点，量刑协商更能客观地反映“形成”的过程。第二，明确正式协商阶段对双方具有法律拘束力且必须全程录制，能够引起双方足够的重视。尤其是作为量刑建议程序的主导者，检察官对于辩护人可能提出不同意见要进行更加充分的准备和说理，这在一定程度上能够倒逼检察官自身素质的提升。第三，由于预协商阶段控辩双方已经充分交换意见，在正式协商阶段可以进行较为集中的协商和录制，能够较好地与同步录音录像进行配套。

（二）适度调整检察官的裁量空间

针对目前量刑协商过程活力不足、空间过小的现实状况，可以通过适度调整检察官在量刑协商过程中的裁量权，赋予协商过程更多的弹性和空间。具体而言，可以将提出量刑建议时20%的裁量权扩展至听取意见阶段适用，在控制幅度的前提下由检察官自由裁量适用。具体理由如下：

第一，检察官应享有一定的自由裁量权。2021年“两高”首次联合发布了《关于常见犯罪的量刑指导意见（试行）》，该指导意见对于检察机关、审判机关统一量刑标准，推动认罪认罚从宽工作的开展具有重要意义。其中规定“综合考虑全案情况，独任审判员或合议庭可以在20%的幅度内对调节结果进行调整，确定宣告刑”。权力行使的主体未明确包括检察机关，但该部分自由裁量权力属于量刑方法不可或缺的一部分，检察官在计算刑期过程中也需要“综合全案考虑”是否达到三个效果的有机统一。即便没有明确的规定，检察机关也理当享有该部分裁量权。

第二，裁量权的后移不违背“自由”的权力特性。按照现有规定，上述20%的裁量权行使阶段是在检察机关提出量刑建议前，在计算刑期的过程中。但既为“自由”裁量权，可以由检察官根据案件具体情况行使。在办理认罪认罚案件过程中，听取辩方意见的过程也是需要综合考虑“全案情况”的一部分。因此，将该部分裁量权后移至量刑协商的过程中运用，并不至于破坏整体的量刑规则。

第三，符合量刑协商的实践需要。控辩双方量刑协商的过程中，需要一定的谈判空间。对调整量刑建议“合理”的标准不应把握过严，辩方提出的意见不属于“不合理”时，检察官可以依据具体情况进行调整。如在轻刑案件中，检察官提出量刑建议为有期徒刑10个月，辩方提出希望能够降至9个月，1个月很难说就有本质性差异,而辩方提出酌情减少量刑符合人之常情,不可谓“不合理”。此种情况下,比起一味地解释、说明,授权承办检察官依据自己判断在裁量范围内适度进行调整,能够降低检察官的工作难度,让权力在制度的范围内运行,同时增强对方的获得感,有利于认罪认罚从宽工作的推进。

(三)保障值班律师的实质性参与

随着认罪认罚工作的深入推进,值班律师仅充当具结见证人的角色,不会见、不阅卷、不了解案件情况无法提供有效的法律帮助的现状,已经不能适应量刑协商工作的需要。其改进路径主要有二:一是扩大当前法律援助制度的范围。二是对现在的值班律师制度进行改革,使其能够提供更多实质性的帮助。

就后者而言,在条件允许的地区,可以对值班律师提供帮助进行制度性规范。如广州市制定规范,要求各法律援助机构派出的值班律师应当在完成会见、阅卷、提交法律意见后方可见证具结书签署,在审查起诉阶段必须提供实质的、有效的法律帮助。[①] 由于值班律师数量及经费保障等原因,绝大多数地区无法做到,但至少应当保障犯罪嫌疑人能够获得同一值班律师的持续帮助,以及保障值班律师享有阅卷权及会见权。

权利的保障应当在充分告知的前提下进行。对于阅卷权而言,检察机关应当向犯罪嫌疑人、值班律师明确告知值班律师可以阅卷并核实是否需要阅卷,如果值班律师提出阅卷或犯罪嫌疑人要求值班律师阅卷的,应当由值班律师阅卷后再听取意见。对于会见权而言,检察机关应当告知可以会见值班律师并核实是否需要会见,如犯罪嫌疑人或值班律师提出需要会见,应当及时安排,至少在听取意见之前安排单独会见一次。

需要注意的是,《听取意见同录规定》第 4 条第 5 项要求对犯罪嫌疑人听取辩护人或值班律师意见的情况进行录制,实践中应当进行限缩解释。《刑事诉讼法》第 39 条规定,辩护律师会见犯罪嫌疑人时不被监听。其主要考虑的是减少犯罪嫌疑人与律师沟通时的顾虑,使其能够讲实话,有必要使其谈话在保密状态下进行而不被第三人知悉。基于该原则,值班律师会见犯罪嫌疑人也应当在不被监听的情况下进行,可以按以下步骤进行操作:已经听取意见的,检察机关在听取意见时向犯罪嫌疑人、值班律师核实是否充分听取了意见,无须要求其说明具体内容;询问双方是否需要听取对方意见以及是否可以有检察官在场;如果选择单独听取意见,应当允许并暂停同步录音录像,继续进行时对相关情况予以说明;如果允许检察官在场,检察官不应当对谈话内容进行干涉。

---

① 参见《广州深入开展刑事诉讼全流程法律援助全覆盖工作》,载广州市司法局网 2020 年 10 月 12 日,https://sfj.gz.gov.cn/xxgk/xxgkml/gzdt/sfyw/content/post_6833636.html。

以上举措应当以保障同一值班律师能够持续为同一犯罪嫌疑人提供帮助为前提。另外，由于工作量增加，应当相应提高补贴，提升值班律师阅卷的积极性。

（四）不断提升检察人员素质

对于检察机关而言，量刑过程包括三个方面：一是量刑前提的认定，也就是对证据、事实和各种情节的认定。二是量刑建议计算，即准确认定量刑起点、运用各种情节调整基准刑和确定宣告刑的过程。三是量刑协商，也就是听取辩方意见并进行调整，最终达成一致的过程。前两项工作是开展第三项工作的基础。

不同环节对检察官的要求侧重点不同。在证据、事实和情节的认定过程中，要求检察机关在坚持证据标准不变的前提下，注重查明和提炼各种情节，尤其是以前不太重视的酌定从重、从轻情节。如《量刑指导意见》第8条第2款规定，与犯罪相关的个人品格情况可以作为酌定量刑情节予以综合考虑。那么在认定情节过程中，就要注重对该情节证据的收集、认定和运用。

在提出量刑建议的过程中，应注重对类案的总结及分析论证。基本量刑方法的掌握并非难事，重点是如何对事实和情节进行准确的评价，选择适当的量刑起点以及调节幅度，从而得出准确合理的刑期。检察官需要提升总结能力，结合《量刑指导意见》的规定，在办案过程中重视对调节幅度比例区分不同情况进行归纳；提升分析论证能力，在个案中能够准确运用量刑情节进行分析，保证类似案件能够获得相同的判决。

在听取意见的过程中，应注重耐心听取辩方的观点并进行回应。对于在提出量刑建议时已经充分考虑的情节，如果不能达到辩方预期的幅度，要说明具体原因和理由，打消辩方对一味从轻的不切实际的期望；对于辩方提出合理的意见，不能一味固执己见，要及时对原有的量刑建议进行修正；对于在协商过程中辩方提出的不属于“不合理”但不足以推翻检察机关建议的，检察官应当用好自由裁量权，体现认罪认罚从宽制度的价值。

四、结语

虽然认罪认罚从宽制度至今在理论和实践中仍存在大量争议，但不可否认的是，该项工作已经作为检察机关办理刑事案件中的重要环节，日益得到法院、律师和社会的认可。《听取意见同录规定》的出台，使听取意见工作更加规范化、透明化，但在听取意见过程中存在的问题，不能寄希望于同步录音录像这一技术手段全部解决。应当从程序本身的完善、配套制度的改革以及检察人员的认识和能力的提高等方面进行全方位提升，充分发挥认罪认罚从宽制度的价值功能。

Improvement of the Mechanism for Synchronized Audio & Video Recording of Opinions Heard in Handling of Cases Involving Confession and Acceptance of Punishment

— from the procuratorial perspective

Zhang Heng

Abstract: The Provisions on Making Synchronized Audio & Video Recording of Opinions Heard in Handling of Cases Involving Confession and Acceptance of Punishment issued by the Supreme People's Procuratorate plays an effective role in solving the problems of voluntariness and truthfulness of criminal suspects' confession and acceptance of punishment, and improving the quality and efficiency of handling cases involving confession and acceptance of punishment. In addition, since the hearing procedures are fundamentally limited by the standard of proof and the content is not recorded according to standards, it is difficult for synchronized audio and video recording to work as expected. Improvements can be made by optimizing the sentencing negotiation process and moderately adjusting the discretionary power, so as to further bring its functional value into play.

Key words: Cases Involving Confession and Acceptance of Punishment; Hearing The Opinions; Synchronized Audio & Video Recording

认罪认罚案件被告人上诉权问题实证研究
——基于G市法院的样本

■ 张 欢 陈 成*

[内容摘要] 认罪认罚从宽制度实践中，被告人上诉的行为引发了理论争议和实践处理的冲突，有观点主张对被告人的上诉权进行限制。目前我国刑事诉讼制度存在弊端以及认罪认罚案件被告人认罪认罚自愿性保障配套措施缺位的情况下，一审程序和一审裁判的正当性无法得到切实保障，不宜对被告人的上诉权进行限制。对2018年以来G市法院审理认罪认罚案件的实证分析表明，赋予认罪认罚案件被告人上诉权不必然牺牲效率价值，认罪认罚案件二审程序纠错和救济功能并未虚置。为保障一审判决的权威性和安定性，检察机关应在抗诉问题上适度谦抑。

[关键词] 认罪认罚 上诉权保障

* 张欢，四川省广元市中级人民法院诉讼服务中心主任、三级法官助理；陈成，四川省成都市人民检察院办公室一级主任科员。

一、问题的提出

（一）包某某掩饰、隐瞒犯罪所得案

2018年《刑事诉讼法》正式规定认罪认罚从宽制度以来，被告人在一审宣判后“反悔上诉”的案例屡见不鲜。例如，2021年10月29日江苏省检察机关深化适用认罪认罚从宽制度新闻发布会公布的典型案例之一“包某某掩饰、隐瞒犯罪所得案”，其基本情况如下：

2018年9月至2019年2月，包某某明知他人销售的毛砂（价值人民币35万余元）系非法采矿所得，仍购买后加价转卖获利。审查起诉期间，检察机关依法向包某某释明认罪认罚从宽制度法律规定及认罪认罚后反悔的法律后果，并提出“有期徒刑三年，并处罚金”的量刑建议。包某某自愿认罪认罚，在值班律师见证下签署具结书。2020年1月3日，仪征市人民检察院对本案提起公诉。庭审中，包某某及其辩护律师对量刑建议均未提出异议。2020年6月2日，法院采纳检察机关指控意见，一审判处包某某有期徒刑3年，并处罚金15万元。2020年6月11日，包某某以主观不知道是非法采矿所得不构成犯罪、未判处缓刑而量刑过重为由提起上诉。2020年6月13日，仪征市人民检察院依法提出抗诉，扬州市人民检察院支持抗诉。检察机关认为，包某某通过认罪认罚获得从宽处罚，一审宣判后在没有新的事实、证据，没有正当理由的情况下，以不构成犯罪、量刑过重为由提出上诉，违背了认罪认罚具结承诺，不是真诚的认罪悔过，原判从宽量刑的基础已不存在，应当取消其因认罪认罚获得的从宽处理，建议在原判量刑基础上增加刑期6个月、罚金2万元。2020年11月23日，扬州市中级人民法院作出二审判决，采纳抗诉意见。

针对包某某掩饰、隐瞒犯罪所得案，笔者有以下两个疑惑：一是认罪认罚案件被告人通过认罪认罚获得量刑从宽后，在没有新事实、新证据的情况下是否可以提出上诉？二是人民法院采纳检察机关指控事实及量刑建议，宣判后检察机关是否可以针对一审判决提起抗诉？

完善刑事诉讼中认罪认罚从宽制度，是党的十八届四中全会审议通过的《中共中央关于全面推进依法治国若干重大问题的决定》提出的一项司法改革举措。经过两年的改革试点探索，2018年10月26日，全国人大常委会通过《关于修改〈中华人民共和国刑事诉讼法〉的决定》，将认罪认罚从宽正式确立为刑事诉讼法的一项重要制度。司法实践已充分证明认罪认罚从宽制度在贯彻宽严相济刑事政策、提升司法效率、优化司法资源配置、完善刑事诉讼制度、及时有效惩罚犯罪、加强人权司法保障方面具有重要意义。但在认罪认罚从宽制度施行过程中出现的一些困境也需要直面，尤其是“包某某掩饰、隐瞒

犯罪所得案”反映出的司法实践中较为突出、理论争议较大的由被告人反悔上诉引发的问题。

（二）认罪认罚案件被告人上诉权的理论争议

从刑事案件速裁程序及认罪认罚从宽制度试点工作开展以来，关于是否应当限制被告人上诉权的争议就一直不断。认为应当保留认罪认罚案件被告人上诉权的观点，主要理由在于我国的认罪认罚从宽制度，充满了强烈的职权主义色彩，侦控机关的强势地位导致控辩双方对抗性不足，存在被告人非自愿认罪认罚的风险，故有必要通过上诉程序赋予被告人获得救济的权利。认为应当对认罪认罚案件被告人上诉权进行限制的观点，主要理由在于，被告人上诉一方面不利于实现认罪认罚从宽制度提升诉讼效率、优化司法资源配置的目的；另一方面被告人受“上诉不加刑”原则的保护，其因虚假认罚而享受的量刑减让属于“不当得利”，若不加以限制容易引发“破窗效应”，助长被告人投机心理。

认罪认罚案件被告人上诉权限制与保留的理论之争，其实质是认罪认罚从宽制度公正和效率价值的平衡与选择。如有学者认为：“被告人是否认罪认罚应该是他的权利，被告人自愿认罪认罚节约了司法资源本应当获得奖励，其不再认罪认罚只是回归了刑事案件的常态，不应对这一行为赋予过多的负面评价。”①而从效率价值的角度理解，认罪认罚从宽制度应当在公正基础上坚持“效率优先”的取向。如有学者认为：“在几乎所有职权主义国家的协商性司法中，被告人的认罪之所以获得量刑折扣，并非基于实体法所考虑的量刑情节（悔罪），而是为诉讼节约了资源。”②

（三）认罪认罚案件被告人上诉权的法检冲突

司法实践中，法院和检察院在对待认罪认罚案件被告人上诉的问题上看法并不统一，各地司法机关在处理被告人上诉的方式上存在一定冲突。作为追诉机关的检察院更希望通过稳固控辩双方达成的量刑协商合意的方式占据程序主动性和主导地位，实现对犯罪行为的有效指控和诉讼效率的提升。而作为审判机关的法院，在“以审判为中心”的诉讼制度改革和司法责任制的背景下，更关注被告人认罪认罚的自愿性和真实性以及相关证据材料是否达到证明标准。

为应对被告人反悔上诉，实践中部分检察机关通过采取同步抗诉的方式以取消被告人因认罪认罚制度获得的量刑从宽红利，“包某某掩饰、隐瞒犯罪所得案”即是如此。而不同法院之间，在实践中处理认罪认罚案件被告人上诉

---

① 谢小剑：《认罪认罚从宽制度中被追诉人反悔权研究》，载《江西社会科学》2022 年第 1 期。

② 施鹏鹏：《认罪认罚从宽的类型化与制度体系的再梳理》，载《比较法研究》2021 年第 5 期。

的方式上也有差异。“包某某掩饰、隐瞒犯罪所得案”中，一审法院采纳检察机关指控意见后被告人反悔上诉，检察机关认为被告人提出上诉导致从宽的基础不再具备故提出抗诉，建议在原判基础上增加刑期，扬州中院二审判决采纳了抗诉意见。也有法院的审判观点与扬州中院刚好相反，湘潭中院在审理李某某盗窃罪一案中，李某某在签署认罪认罚具结书后以量刑不当提出上诉，检察机关以“李某某违背具结书的承诺、滥用上诉权以达到留所服刑目的，已不具备认罪认罚从宽的条件，量刑建议丧失事实和法律依据，原判决量刑不当”为由提出抗诉。湘潭中院二审法官认为：“在审查起诉期间已经签署了认罪认罚具结书的被告人，在一审宣判之后仍依法享有上诉权。原审判决根据被告人犯罪事实和量刑情节，采纳公诉机关的量刑建议（系精准量刑建议），量刑在法定刑幅度以内，量刑适当，并无不当之处，故上诉理由不予采纳。公诉机关以抗诉加刑应对被告人反悔上诉的做法，既于法无据，又违背常理，法院应当依法驳回其抗诉。”①

二、认罪认罚案件制度运行的实践情况

为了回答认罪认罚案件被告人上诉引发的理论争议和实践冲突问题，本文对2018年10月《刑事诉讼法》确立认罪认罚从宽制度以来，G市法院审理认罪认罚案件的现状进行全面分析，再辅以公开可查的全国范围内认罪认罚案件的司法数据，以使本文的研究具有较高实践可靠性。

（一）认罪认罚从宽制度适用率较高

从G市法院适用认罪认罚从宽制度审结一审刑事案件的情况来看（见表1），自2018年《刑事诉讼法》正式规定认罪认罚从宽制度以来，审结一审刑事案件4712件，其中适用认罪认罚从宽制度的案件为3342件，认罪认罚案件数占比为70.9%。近四年来，认罪认罚案件数占全部一审刑事案件数量的比例从2018年年初始的53.8%到2022年的88.0%，呈逐年上涨趋势。这一案件数据走势与全国范围的数据情况大致一样。最高人民检察院近年来公开数据显示，全国认罪认罚从宽制度适用率从2019年1月的20.9%，到2022年已超过90%。②

---

① 周孚林：《认罪认罚被告人仍享有完整的上诉权》，载《人民司法》2021年第26期。

② 参见2021年、2022年、2023年《最高人民检察院工作报告》，2020年10月15日《最高人民检察院关于人民检察院适用认罪认罚从宽制度情况的报告》，2022年7月28日中共中央宣传部“中国这十年”系列主题新闻发布会发布的《中国这十年，全面依法治国取得历史性成就》。

表 1　G 市法院认罪认罚从宽制度适用情况

时间	审结一审刑事案件数/件	审结一审认罪认罚案件数/件	认罪认罚案件数占比/%
2018 年 10 月 ~2019 年	1447	778	53.8
2020 年	1277	958	75.0
2021 年	1434	1119	78.0
2022 年 1 ~6 月	554	487	88.0
合计	4712	3342	70.9

（二）近八成认罪认罚案件适用简易程序及速裁程序审理

从 G 市法院审理的认罪认罚案件适用程序来看（见表 2），主要呈现以下特点，适用简易程序审理的认罪认罚案件数量最多，有 1523 件，占比为 45.6%；适用速裁程序审理的认罪认罚案件有 1020 件，占比为 30.5%；速裁程序和简易程序适用率为 76.1%，而适用普通程序的案件数量仅有 799 件，占比为 23.9%。这一程序适用特点与全国范围的认罪认罚案件情况也比较接近，2020 年 10 月 15 日《最高人民检察院关于人民检察院适用认罪认罚从宽制度情况的报告》显示：检察机关适用认罪认罚从宽制度办理的案件，起诉到法院后适用速裁程序审理的占 27.6%，适用简易程序审理的占 49.4%，适用普通程序审理的占 23%。

表 2　G 市法院审理认罪认罚案件适用程序情况

时间	速裁程序		简易程序		普通程序	
	数量/件	占比/%	数量/件	占比/%	数量/件	占比/%
2018 年 10 月 ~2019 年	162	20.9	391	50.3	225	28.9
2020 年	321	33.5	401	41.9	236	24.6
2021 年	343	30.7	523	46.7	253	22.6
2022 年 1 ~6 月	194	39.8	208	42.7	85	17.5
合计	1020	30.5	1523	45.6	799	23.9

（三）认罪认罚案件被告人获得律师辩护及值班律师法律帮助的比例不高

自 2018 年至 2022 年上半年，G 市法院一审审理的认罪认罚案件中，被告人获得法律帮助情况来看（见表 3），为被告人指派律师提供辩护的有 1044 人，占全部审结案件被告人数的比重为 23.0%。为被告人指派律师提供法律帮助的有 1004 人，占全部审结案件被告人数的比重为 22.1%。认罪认罚案件被告人获得指派律师提供辩护以及值班律师提供法律帮助的整体比重仅为 45%。

表3　G市法院审理认罪认罚案件被告人获得法律帮助情况

时间	指派律师提供辩护		指派值班律师提供法律帮助	
	数量/人	占比/%	数量/人	占比/%
2018年10月~2019年	128	13.8	163	17.6
2020年	321	24.0	201	15.0
2021年	477	29.1	447	27.3
2022年1~6月	118	18.4	193	30.0
合计	1044	23.0	1004	22.1

(四)近七成认罪认罚案件适用取保候审强制措施

2018年至2022年上半年,G市法院一审审结的认罪认罚案件中,采取取保候审强制措施的案件数为2291件,占全部认罪认罚案件数量比重为68.6%,占全部一审刑事案件数比重为48.6%。笔者未提取到监视居住强制措施的适用情况数据,但可推理得出G市法院审理的认罪认罚案件中,采取非羁押性强制措施的案件数应该是高于2291件,也即认罪认罚案件中羁押性强制措施的适用率预计在30%以下。

(五)认罪认罚案件被告人上诉率不高

从G市法院审理的认罪认罚案件被告人上诉和检察机关抗诉的情况来看(见表4),2018年至2022年上半年,被告人提出上诉的认罪认罚案件共184件,上诉率为5.5%,低于G市法院审理的其他刑事案件上诉率20个百分点左右;检察机关共提出抗诉的案件共16件,抗诉率为0.48%。可见,认罪认罚案件被告人上诉的比例并不高。

表4　G市法院认罪认罚案件上/抗诉情况

时间	被告人上诉		检察机关抗诉	
	数量/件	占比/%	数量/件	占比/%
2018年10月~2019年	56	7.2	6	0.77
2020年	52	5.4	4	0.42
2021年	55	4.9	5	0.45
2022年1~6月	21	4.3	1	0.21
合计	184	5.5	16	0.48

(六)认罪认罚案件被告人上诉理由多为"量刑不当",检察机关主要因被告人上诉而同步抗诉

通过对G市法院认罪认罚案件被告人上诉的理由进行分析,以一审判决量

刑不当为上诉理由的案件数量最多，占比达到72.3%。其次是以事实不清、证据不足为由提出上诉，案件占比为27.7%。

检察机关抗诉的案件中，因被告人上诉而同步抗诉的案件最多，占比为50%，其次为因一审认定事实不清、证据不足、适用法律错误和一审未采纳量刑建议而抗诉，占比均为25%。

（七）二审审结后维持原判和裁定准予的案件比重较大

对G市法院认罪认罚案件二审判处情况进行统计分析（见表5），可以发现，二审裁定维持原判的占比为51.6%，其次为裁定准予撤诉，占比为36.3%，二审改判和发回重审的案件占比分别为7.4%和4.7%。二审裁定维持原判和准予撤诉的案件占比高达87.9%。

表5　G市法院认罪认罚案件二审裁判结果分布情况

维持原判		准予撤诉		改判		发回重审	
数量/件	占比/%	数量/件	占比/%	数量/件	占比/%	数量/件	占比/%
98	51.6	69	36.3	14	7.4	9	4.7

注：数据包含6件因检察机关单独抗诉引发二审程序的案件。

三、认罪认罚案件被告人上诉问题剖析

（一）认罪认罚案件被告人的上诉权是保障案件质量的现实需要

是否应当对认罪认罚案件被告人上诉权进行限制？回答此问题需先回答笔者前面提出的问题：一审裁判本身是否具有足够的正当性以排除被告人获得上诉救济的权利？笔者认为，目前这个问题的答案是否定的。

“刑事诉讼法将认罪认罚从宽确立为法律制度，彰显了刑事诉讼模式和定罪量刑结果向‘协商决定型’的重大转变，可以视为我国诉讼理念和诉讼模式的重大创新。”①协商性司法的前提是控辩双方在平等对抗的基础上形成合意，龙宗智教授指出，在程序正当性建设不足的情况下展开诉讼合意制度建设是我国认罪认罚制度的特点之一。② 我国刑事诉讼制度和结构固有的缺陷，使我国认罪认罚从宽制度运行过程中具有职权主义色彩，再加上认罪认罚从宽制度配套资源的阙如，控辩双方建立平等对抗的基础缺乏，势必影响被告人认罪认罚的自愿性、真实性和明智性，进而妨碍一审裁判的正当性。

---

①　胡云腾：《正确把握认罪认罚从宽　保证严格公正高效司法》，载百度网2019年10月24日，https://baijiahao.baidu.com/s?id=1648251476116741034&wfr=spider&for=pc。

②　参见龙宗智：《认罪认罚案件如何实现“以审判为中心”》，载《中国应用法学》2022年第4期。

第一，被告人缺乏有效的辩护。刑事案件被告人由于法律知识、智识、人身自由被限制等原因，在控辩关系中处于不平等的地位，故设置辩护制度弥补自身条件限制，使其能与侦控机关相抗衡。我国《刑事诉讼法》规定“被告人有权获得辩护”，2019 年“两高三部”《关于适用认罪认罚从宽制度的指导意见》（以下简称《指导意见》）也对犯罪嫌疑人、被告人的辩护权保障进行了专门规定。根据其规定，检察机关提出量刑建议前应当听取辩护人或值班律师的意见，被告人签署认罪认罚具结书应当在辩护人或者值班律师在场的情况下进行。辩护人或值班律师应当为被告人提供法律咨询和帮助，并就定罪量刑问题向检察机关提出意见等。但在我国刑事诉讼实践中，辩护资源是非常匮乏的。

一方面，我国刑事案件律师辩护全覆盖还未实现，能够获得律师辩护的刑事案件范围有限。按照《刑事诉讼法》《法律援助法》的规定，刑事案件的犯罪嫌疑人、被告人是未成年人，盲、聋、哑人，或者是尚未完全丧失辨认或者控制自己行为能力的精神病人，可能被判处无期徒刑、死刑的人，死刑复核案件被告人，缺席审判案件的被告人，没有委托辩护人的被告人，法律援助机构应当指派律师为其担任辩护人。2017 年最高人民法院、司法部《关于开展刑事案件律师辩护全覆盖试点工作的办法》规定，仅适用普通程序、按照审监程序审理的案件，被告人没有委托辩护人的，人民法院应当通知法律援助机构指派律师为被告人提供辩护，而适用简易程序、速裁程序审理的案件，仅是通知值班律师为被告人提供法律帮助。认罪认罚案件大多数适用简易程序及速裁程序审理，符合通知辩护条件的案件不多。从 G 市法院审结认罪认罚案件的情况来看，接近 80% 的案件适用简易程序和速裁程序审理，从理论上讲仅有 20% 左右适用普通程序的案件被告人可以获得指派律师为其辩护，这在 G 市法院为认罪认罚案件被告人指派律师提供法律帮助的有 1044 人，占全部审结案件被告人数的比重为 23.0% 的数据上也得到了验证。司法部最新数据显示，从 2017 年开始，司法部与最高人民法院部署开展了刑事案件律师辩护全覆盖的试点工作，截至 2021 年刑事案件律师辩护率达到了 66%。[①] 笔者认为：(1) 66% 的律师辩护率距离“全覆盖”的目标仍有差距。(2) 这一数据是针对全部刑事案件而言，而认罪认罚案件由于轻刑案件较多，大多适用速裁程序、简易程序审理等原因，在整体律师辩护率上必然低于这一数据。

另一方面，值班律师提供法律帮助的制度形同虚设。为弥补律师辩护资源的不足，法律和司法解释又将值班律师提供法律帮助的制度作为认罪认罚从宽

---

① 参见《司法部：全国刑事案件律师辩护率达到 66%》，载央视网，http://news.cctv.com/2021/09/24/ARTISpui6PjSYsvqd7dEyIRs210924.shtml。

制度的配套制度，但该配套制度在文本规定上存在缺陷，在实践运行中又徒具形式。在辩护律师和值班律师的权利配置上，《刑事诉讼法》规定辩护律师可以会见被告人，查阅、摘抄、复制案卷材料，但对值班律师的阅卷权未作明确规定，仅笼统规定“……应当提前为值班律师了解案件有关情况提供必要的便利”，而这些“必要的便利”中是否包含阅卷权是不明确的。对此《指导意见》做了补充规定，“自人民检察院对案件审查起诉之日起，值班律师可以查阅案卷材料、了解案情”，赋予了值班律师阅卷权，但深究也有细微的区别。辩护律师可以查阅、摘抄、复制案卷材料，值班律师仅能“查阅”，是否可以摘抄、复制？这是不明确的。而从值班律师制度运行的实践情况来看，在G市法院审结的认罪认罚案件中，为被告人指派值班律师提供法律帮助的有1004人，占全部审结案件被告人数的比重仅为22.1%。从得到的物质补贴和付出的时间精力对此而言，值班律师难以有动力像委托辩护那样为被告人提供有效的辩护，更多的是起到“见证”签署具结书的作用。因此，在我国认罪认罚从宽制度中，由于有效辩护的缺乏，控辩双方平等对抗的基础还不完全具备。

第二，被告人缺乏知情权，控辩双方信息不对称。协商性司法的基础是被追诉人对案件信息的充分掌握，包括对己方有利和不利的案件信息，如此才有与控方“讨价还价”的基础，从而作出合理的明智的诉讼选择。在诉讼过程中，被追诉人直接获取案件证据信息，或者是通过辩护人获知案件证据信息，这被称为被追诉人的阅卷权或证据知悉权。① 我国现行《刑事诉讼法》并未规定被告人的阅卷权，仅规定“……认罪认罚的……应当告知犯罪嫌疑人或被告人享有的诉讼权利和认罪认罚的法律规定”，也即被告人直接获取案件证据信息的渠道是不具备的。而通过辩护人获知案件证据信息这一途径，因辩护人在会见犯罪嫌疑人、被告人的过程中是否可向其披露案情和证据，成为理论上和司法实务中争论较大的一个问题。《刑事诉讼法》规定“自案件移送审查起诉之日起，可以向犯罪嫌疑人、被告人核实有关证据”，但这一规定较为模糊，何谓“核实证据”，“核实证据”的内容、范围、方式均不明确，实践中律师因核实证据也可能面临一定的纪律风险和法律风险而心存顾虑，同时也存在律师利用向犯罪嫌疑人、被告人核实证据的权利实施帮助串供、诱导翻供等妨碍司法的行为，以上因素导致“核实证据”这一制度实施得并不好。② 为了弥补控辩双方间这种信息不对称的现状，《指导意见》提出了“证据开示”制度，规定“人民检察院可以针对案件具体情况，探索证据开示制度，保障犯罪嫌疑人的知情权和认罪认罚的真实性及自愿

① 参见龙宗智：《完善认罪认罚从宽制度的关键是控辩平衡》，载《环球法律评论》2020年第2期。
② 参见韩旭：《辩护律师核实证据问题研究》，载《法学家》2016年第2期。

性”。但仅有一条原则性的规定,还采用了“可以”“探索”等灵活的概念;开示的方式、内容也较为模糊,实际上并没有确立检察机关向犯罪嫌疑人展示证据的义务。

而2019年12月30日颁布施行的《人民检察院刑事诉讼规则》规定,检察机关在办理认罪认罚案件中仍限于告知“犯罪嫌疑人享有的诉讼权利和认罪认罚的法律规定”,仍未明确证据开示的义务。2021年12月3日颁布施行的《人民检察院办理认罪认罚案件开展量刑建议工作的指导意见》在之前规范性文件的基础上,对证据开示有了一些相对正式的、明确的规定,“人民检察院在听取意见的过程中,必要时可以通过出示、宣读、播放等方式向犯罪嫌疑人开示或部分开示影响定罪量刑的主要证据材料,说明证据证明的内容,促使犯罪嫌疑人认罪认罚。言词证据确需开示的,应注意合理选择开示内容及方式,避免妨碍诉讼、影响庭审”。

但遗憾的是,这一规定体现了浓厚的权力行使逻辑而非权利保障逻辑。证据开示的目的是“促使犯罪嫌疑人认罪认罚”,开示的时机是“必要时”,当然何谓“必要”也是由检察机关自行决定,开示的证据范围限于“影响定罪量刑的主要证据材料”且可能是“部分”开示,在言词证据的开示上,前提是“确需”,在言词证据开示的内容上是“选择性”开示,还要“避免妨碍诉讼、影响庭审”。在证据开示的启动、案件范围、内容、方式上,犯罪嫌疑人都没有任何决定的权利,这一充满权力行使逻辑的规定更多体现的是程序工具价值——确保追诉顺利高效,并不能达到证据开示制度最重要的程序价值——弥补控辩双方之间的信息差,保障被追诉人的证据知情权和认罪认罚的自愿性、明智性。这种对被追诉人来说不完整的证据开示以及控辩双方权力—权利结构的不对等,还面临着检察机关片面开示部分证据,进一步加剧控辩双方的信息鸿沟,给被追诉人造成证明其有罪的心理压制的风险,驱使被追诉人盲目认罪认罚,导致冤假错案的产生。①

第三,侦查讯问制度和审前羁押制度给被告人造成心理压力。一方面,我国认罪认罚从宽制度适用于刑事诉讼程序的全过程,从侦查阶段开始,公安机关就应当同步开展认罪教育工作。但是刑事案件的被告人具有双重身份,他既是被追诉的主体,也是刑事案件重要言词证据——口供的来源,《刑事诉讼法》第52条规定“不得强迫任何人证实自己有罪”,但为获取口供又在第120条规定了犯罪嫌疑人对于侦查人员的讯问应当如实回答。在侦查阶段适用认罪认罚从宽制度,侦查人员还“应当”同步开展认罪教育工作,在如此封闭的侦查程序空间、如实回

① 参见陈子奇:《论认罪认罚案件证据开示的两种逻辑》,载《法律科学》2022年第4期。

答的义务、强制认罪教育的共同压力下，被告人认罪认罚的自愿性恐难保证。

另一方面，我国刑事诉讼中的审前羁押制度也会对认罪认罚的自愿性产生不利影响。我国刑事案件的审前羁押率多年来总体呈下降趋势，“审前羁押从2000年占96.8%降至2020年的53%和2021年的42.7%”，[①]G市法院审结的认罪认罚案件中羁押性强制措施的适用率也在30%以下。但在认罪认罚案件中产生了一个新问题，那就是被追诉人的羁押状况与认罪认罚从宽制度适用产生了直接联系，根据《指导意见》的规定，“犯罪嫌疑人、被告人认罪认罚作为其是否具有社会危险性的重要考虑因素”，“犯罪嫌疑人认罪认罚，公安机关认为罪行较轻、没有社会危险性的，应当不再提请人民检察院审查逮捕。对提请逮捕的，人民检察院认为没有社会危险性不需要逮捕的，应当作出不批准逮捕的决定”。犯罪嫌疑人、被告人认罪认罚的情况也是检察机关继续审查羁押必要性需考虑的因素。而且，自2018年检察机关开始推行刑事案件“捕诉一体”办案机制改革。“捕诉一体”，即将一个刑事案件的批捕、起诉、诉讼监督等职能集中由一名检察官或一个办案组负责，如此办案检察官的程序主导权进一步加强。如果被告人在被羁押的封闭状态下与追诉机关开展认罪认罚协商，不能充分获取案件信息，就难以作出理性的判断和选择，恐难避免作出违心的认罪认罚承诺。

第四，庭审审查功能弱化。首先，根据刑事诉讼法和《指导意见》的规定，认罪认罚案件庭审的重点，是对认罪认罚的自愿性、具结书内容的真实性和合法性进行审查核实。我国的认罪认罚从宽制度从程序启动到提出量刑建议的过程中充满了检察主导的特征，尤其是检察机关指控的罪名和提出的量刑建议“一般应当采纳”的法律规定，在一定程度上影响了审判环节的性质和功能，2021年全国认罪认罚案件检察机关的量刑建议采纳率超过97%。[②] 其次，庭审的程序也进行了简化，根据《指导意见》的规定，适用速裁程序审理认罪认罚案件一般不进行法庭调查、法庭辩论；适用简易程序审理认罪认罚案件的公诉人“简要”宣读起诉书，法庭调查可以简化，法庭辩论可以仅围绕有争议的问题进行。即使是适用普通程序审理认罪认罚案件，也可以适当简化法庭调查、辩论程序，讯问、发问可以简化，无异议的证据，可以仅就证据名称及证明内容进行说明，法庭辩论主要围绕有争议的问题进行。诚然，认罪认罚从宽制度既要体现实体上的从宽处理，也要体现程序上的从简审理。但不可否认的是，以审判为中心的诉讼制度改革主要体现在司法技术层面的有限变化中，尚未真正实现改革目的，刑事案件

① 参见2021年、2022年《最高人民检察院工作报告》。

② 参见2022年《最高人民检察院工作报告》。

庭审实质化进展步履维艰。在此基础上,认罪认罚案件中庭审对法庭调查和法庭辩论程序均进行了简化,法庭对被告人认罪认罚的自愿性、真实性、合法性的实质审查能力有限,这实际上导致法庭通过审判适度平衡控辩诉讼资源的功能被弱化,一审程序的防错功能减弱,被告人接受公正审判的权利无法得到有效保障。

2018 年《刑事诉讼法》的修正案以及 2019 年“两高三部”的《指导意见》在完善认罪认罚从宽制度相关诉讼程序时,并未对认罪认罚案件被告人的上诉权进行任何限制,与上述原因不无关系。可以预见,在认罪认罚案件被告人权利保障的条件得到实质性完善之前,立法上并不会对被告人的上诉权的规定作出修改。

综合上述分析,认罪认罚案件一审裁判是否具备足够的正当性排除被告人上诉权实现二审救济功能?答案是清晰的,在普通刑事诉讼程序中,被告人的权利尚存在受到侵害的可能,而目前,在我国刑事诉讼制度存在结构性弊端以及认罪认罚从宽制度中被告人认罪认罚自愿性保障供给措施缺位的情况下,被告人认罪认罚在一定程度上就已经放弃了部分权利,一审程序和一审裁判的正当性无法得到有效保障,更应赋予被告人通过上诉获得二审程序救济的权利,故有学者称我国的上诉制度是赋予认罪认罚案件被告人“最后的温柔”,是被告人权利保障的底线正义。① “我国的认罪认罚从宽制度,不仅为了追求司法效率,也不仅仅是为了节约司法资源,它的终极目标还是实现司法公正,这与域外的辩诉交易制度和认罪协商制度是有根本区别的。可以说,对于我国刑事法律中所有保证实现司法公正的原则和制度,在适用认罪认罚从宽制度时都必须加以遵守,不能违背。”②在正当性程序充分建立以及“以审判为中心”的制度设计在认罪认罚案件中得到有效贯彻之前,赋予认罪认罚案件被告人上诉权,是保障案件质量、确保司法公正的现实需要。

(一)赋予认罪认罚案件被告人上诉权不必然牺牲效率价值

认罪认罚案件被告人上诉对诉讼效率的影响和国家司法资源的消耗,是持“限制论”观点的主要担忧。从理论上讲,认罪认罚案件被告人在一审获得量刑从宽后反悔上诉,确实违背了认罪认罚从宽制度的立法本意,增加了诉讼成本、浪费了司法资源。但是从认罪认罚从宽制度的实践运行情况来看,这一担忧确属“过度”。

自 2018 年《刑事诉讼法》正式规定认罪认罚从宽制度以来的近四年时间,G

---

① 参见郭烁:《二审上诉问题重述:以认罪认罚案件为例》,载《中国法学》2020 年第 3 期;谢登科:《论认罪认罚案件被告人上诉权及其限定》,载《暨南学报(哲学社会科学版)》2022 年第 5 期。

② 胡云腾:《完善认罪认罚从宽制度改革的几个问题》,载《中国法律评论》2020 年第 3 期。

市法院审结一审刑事案件数4712件，适用认罪认罚从宽制度审结的案件数3342件，认罪认罚案件数占比为70.9%，在3342件认罪认罚案件中，被告人提出上诉的仅有184件，上诉率仅5.5%，低于G市法院其他刑事案件上诉率26%的水平。将184件上诉案件平均到每一年是46件，G市中院共有刑事法官6名，也即每名刑事法官每年办理认罪认罚案件上诉的案件不足7.7件。

通过对G市司法实践数据的分析可知，认罪认罚案件一审适用率非常高，但被告人上诉率却很低，从上诉案件数量上讲不会对诉讼效率造成过大影响，也不会给二审法院造成较大的办案负担。从近两年最高人民检察院工作报告公布的数据来看，2020年全国认罪认罚案件一审服判率超过95%，高出其他刑事案件21.7个百分点。在2022年7月28日中宣部“中国这十年”系列主题新闻发布会上，最高人民检察院陈国庆副检察长指出，当前适用认罪认罚从宽制度办理的案件一审后被告人上诉率为3.8%，低于其他刑事案件14.5个百分点。这一上诉的数据还低于G市法院认罪认罚案件一审后的上诉率，由此可见，即使在全国范围内，较低的上诉率并不会对诉讼效率造成实质性影响。反而，“以较小的司法资源投入而实现‘完整赋予被告人上诉权’这一司法效益，避免可能发生的司法不公，这体现了司法的明智性”。①

（三）认罪认罚案件二审程序发挥了纠错和救济功能

从G市法院审理认罪认罚二审案件的判决结果来看，二审改判的14件，占比7.4%。在被改判的14件案件中，从改判原因分布上看，除了因二审出现新证据及检察机关抗诉而改判，有6件案件均因二审审查后以一审适用法律错误而改判。例如，在被改判的冯某某出售假币、持有假币案中，冯某某因一审量刑过重提出上诉，二审法院在审查后认为一审判决量刑时未充分考虑冯某某的从犯量刑情节，对其量刑与该案主犯一致，属量刑畸重，故将冯某某的量刑从有期徒刑14年改判为有期徒刑8年，刑期减少了6年，减少幅度高达42.9%。可见，虽然认罪认罚案件二审程序中改判的比例不高，甚至低于G市法院其他普通二审刑事案件的改判率达11.2%，但也证明了认罪认罚案件二审程序的纠错和救济功能得到发挥。

四、检察机关应在抗诉问题上适度谦抑

按照现行法律规定，在二审程序上抗诉案件比上诉案件更为复杂，抗诉案件二审必须开庭审理，而抗诉案件或开庭审理的案件检察机关有一个月查阅案卷的时间不计入审理期限。在2021年新的刑事诉讼法解释修改之前，抗诉案件还

① 谢小剑、李尧君：《认罪认罚从宽的二审程序：废除、限制不如简化》，载《学术交流》2020年第3期。

必须提交审委会讨论决定。笔者认为,为了提高认罪认罚从宽制度的整体效率价值,检察机关在一审后提出抗诉的问题上应保持适度谦抑。

首先,不应以"抗诉加刑"应对被告人反悔上诉。实践中检察机关同步抗诉的情形并不鲜见,本文开篇所举案例"包某某掩饰、隐瞒犯罪所得案"即是如此。如表8所示,在G市法院审理的检察机关抗诉的认罪认罚二审案件中,因被告人上诉而同步抗诉8件,占比50%,这8件案件检察机关全部在被告人撤回上诉后又撤回抗诉。一方面,检察机关抗诉的法定理由为"判决、裁定确有错误",而非被告人违背具结书的承诺提出上诉或"非正当上诉理由"。认为被告人上诉导致从宽处理的基础不再具备,因此一审判决量刑不当,故可据此提出抗诉的观点更是不符合逻辑,以被告人在判决做出后的行为否定一审判决,自相矛盾又强"法院"所难。另一方面,"抗诉加刑"的做法也会给真正需要通过上诉程序实现权利救济的被告人造成顾虑而不敢上诉,有借"抗诉"之名,行司法"压制"之实之嫌,不利于通过二审程序纠正冤假错案以保障司法公正。如表6所示的8件检察机关同步抗诉的案件,被告人都撤回了上诉,很难说在这8件案件里被告人没有因为检察机关抗诉产生"抗诉加刑"的顾虑,从而希望通过撤诉的方式让检察机关放弃抗诉的因素。

表6　G市法院认罪认罚案件检察机关抗诉理由分布情况

检察机关抗诉理由					
被告人上诉而同步抗诉		认定事实不清、证据不足、适用法律错误		一审未采纳量刑建议	
数量/件	占比/%	数量/件	占比/%	数量/件	占比/%
8	50	4	25	4	25

其次,对于法院未采纳检察机关量刑建议的情形,检察机关也不宜不分情形一律抗诉。G市法院审理的认罪认罚二审抗诉案件中,检察机关因一审未采纳量刑建议而提出抗诉的案件4件,占比25%,这4件案件中仅有1件从一审判处拘役5个月改判为拘役6个月,改判幅度并不大。另外有2件二审维持原判,1件检察机关撤回了抗诉。其一,对于认罪认罚案件检察机关提出的量刑建议,法院是"一般应当采纳"而非"必须采纳",如果量刑建议明显不当,法院在调整量刑建议时也是按照法定程序进行,检察机关就不宜提出抗诉。其二,虽然认罪认罚从宽制度体现了较强的检察"主导"特征,但按照刑事诉讼司法机关权力的配置,量刑权仍然是法院专属的权力,并且由于司法分工的原因,法院在量刑上的专业能力一般是强于检察机关的。对于法院改变检察机关量刑建议的情形,检察机关应尊重一审裁判结果,以保障一审判决的权威性和安定性。

A Empirical Study on the Defendant's Right of Appeal in the Case of Confession of Guilt and Punishment

—Based on the Samples of the Court of G City

Zhang Huang Chen cheng

Abstract: In the leniency system for guilty pleas, the defendant's appeal behavior has caused the conflict between theoretical disputes and practical handling, and some viewpoints advocate that the defendant's appeal right should be restricted. At present, the disadvantages of the criminal procedure system in China and the absence of the voluntary protection measures for defendants in the case of pleading guilty, the first trial procedure and the legitimacy of the judgment can not be effectively protected, so it is not suitable to restrict the defendant's right of appeal. Based on the empirical analysis of the guilty plea cases heard by G City Court since 2018, it is concluded that granting the defendant the right of appeal in the guilty plea case does not necessarily sacrifice the value of efficiency, and the error correction and relief functions of the second trial procedure in the guilty plea case are not fictitious. In order to ensure the authority and stability of the first instance judgment, the procuratorial organ should keep moderate modesty in the issue of appeal.

Key words: The leniency system for guilty pleas; Right – Protection of appeal

比较法与海外法学

科学证据采信规则适用探讨

——基于中美刑事诉讼程序的比较视角

■ 安　琪*

[内容摘要]　随着现代科技手段在证据法领域的不断渗透，刑事法庭上的科学证据也在辅助法官作出关键事实认定方面发挥着愈发重要的作用。为了有效减少科学证据的错误适用，美国刑事司法经历了从“普遍适用”到“全面审查”规则的演进过程，参考标准逐步走向精细化与全面化，强化了事实裁判者在认定科学证据可采信时的自由裁量权，形成了以实质审查为主的法庭理性怀疑主义。相较之下，在我国现行的“鉴定人—专家辅助人”双轨制下，法庭对鉴定意见的审查呈现形式审查为主的“遵从模式”特征，专家辅助人制度在实现当事人质权方面的作用较为有限。我国未来改革应在厘清科学证据实为推理归纳的前提之认知下，形成放宽资格审查要件、强化实质审查内容的科学证据采信规则，并将专家辅助人的庭审功能作适度延伸，增加其独立发表意见的权利内容，以平衡控辩双方的诉讼地位，使法庭在审查科学证据时更为审

* 安琪，云南民族大学法学院讲师。

慎和全面。

[关键词] 科学证据 可采性 刑事司法 比较研究

一、问题的提出

2021年1月8日，美国哥伦比亚的埃迪·霍华德终于等来一纸无罪判决，结束了长达26年的漫长牢狱生涯。1994年，这名黑人被告人被指控谋杀一名白人女性，控方提供的证据包括一枚被认为源于被告人的咬痕，该证据最终成为本案定罪的关键性证据，法院依此作出判处被告人死刑的判决。“无辜者计划”的律师接受了霍华德的辩护申请，发现本案有强有力的被告人不在场证明及犯罪现场与被告人不匹配的血迹及DNA证据，成功推翻了原判决。该案并非个例，“无辜者计划”的法律援助律师同样帮助了与霍华德有类似经历的21名被告人，这些被告人获罪的原因无一例外均为法院采信了控方提交的DNA、血迹、咬痕等“科学证据”，而这些所谓的“科学证据”最终都被认定为错误的“垃圾证据”。“霍华德案”揭示了即便在庭审对抗性较强的美国，科学证据采信规则依然存在诸多漏洞，特别是在事实认定科学化的背景下，[①]科学证据往往易成为确立案件关键事实的证据，一旦作为“守门人”的法官对此认定有误，对裁判结果带来的负面影响不言而喻。

我国虽尚未将科学证据纳入法定证据体系，但其依然广泛存在于司法实践中，并直接影响案件事实的认定。长久以来，我国刑事庭审中存在法官对鉴定意见依赖较强、鉴定意见质证不足、鉴定人出庭率较低等问题，[②]“念斌案”最终的无罪判决便是基于法院对原毒物鉴定意见的否定。下文将以中美相关刑事诉讼规则的比较为切入点，着重探讨如何在我国以审判为中心的诉讼改革背景下改变固有的科学证据采信模式，寻求摆脱上述困境的可能路径。

二、美国科学证据采信规则的嬗变及实践应用

（一）科学证据可采信标准三阶段

1. 科学证据的法律释义

科学与法律看似遥不可及的两个领域，却在法庭中产生了交融，并由此衍生出科学证据的概念。根据《布莱克法律词典》的释义，科学证据是指运用专门科

---

① 参见[美]米尔建·R. 达玛斯卡：《漂移的证据法》，李学军等译，中国政法大学出版社2003年版，第200~201页。

② 有学者实证研究表明，我国法官对控方提交的DNA证据采信率为99.65%，参见陈学权：《科学对待DNA证据的证明力》，载《政法论坛》2010年第5期。

学知识或基于科学原理形成的具有证明价值的事实或意见。① 科学证据在美国的广泛应用离不开专家证人制度的产生及发展,作为证人的特殊分类,专家证人并非案件事实的亲历者,而是借助专门知识或科学实验向法庭提供信息,帮助事实裁判者进行事实认定。需要厘清的是,进入法庭视野下的科学证据,对其关注点并不在于探讨该证据究竟属于科学证据还是伪科学证据(pseudo-scientific evidence),而应当从确认事实、解决争端的角度,判断其究竟为可靠的证据(well supported evidence)抑或是可能误导事实裁判者的不可靠的证据(poorly supported evidence)。②

在裁判者的视角下,科学证据的性质决定了其采信规则的双重审查模式,既需要对基于科学认知活动所证明的事实加以认定,也同样需要依据证据裁判规则对科学证据是否具备可靠性等作出综合判断。对大多数事实裁判者而言,尽管有专家证人的出庭、控辩双方质证等程序的支撑,但依然难以弥合法官与科学认知过程的鸿沟,如何实现科学证据认定与自由心证的平衡、建立科学的采信标准,已成为美国司法多年来作出诸多尝试的命题。

2. 从弗莱伊标准到道伯特标准的演进

从历史的维度而言,美国司法领域中的科学证据采信规则历经了三个重要的阶段。在1923年的弗赖伊诉合众国案(Fyre v. United States)中,法院首次提出了普遍接受(General Acceptance)标准(又称弗赖伊标准),③该标准的问世与彼时的时代背景息息相关,面对层出不穷的各类新型科学证据,事实裁判者急需借助于该证据是否被专业领域内普遍接受,实现对专家证言的甄别。

弗赖伊标准看似给予了法官判定科学证据可靠性的尚方宝剑,但在实践中,该标准的适用同样伴随着诸多质疑。首先,弗赖伊标准在无形之中将法院对科学证据的认定转移至专门领域的大部分专家手中,法官被隔绝在认定程序之外,难以形成实质且有效的司法采信结论;其次,弗赖伊标准不尽然等同于科学可靠,不少先例表明,曾被视为异端的学说经过漫长时间的验证最终被证实,而一

---

① Bryan A. Gamer,Black's Law Dictionary,8th ed.,Thomson West Publishing Co. 2004,p. 1685.

② Simon A. Cole, *Where the Rubber Meets the Road: Thinking about Expert Evidence as Expert Testimony*,52 Vill. L. Rev. 803 (2007).

③ 该案被告人弗莱伊被指控为二级谋杀犯,其辩护律师在庭审中提供了一名专家证人,就被告进行的心脏收缩压测谎结果作证以证明其无罪,但法庭最终排除了被告方的专家证言,判决被告人有罪。被告人不服上诉。哥伦比亚特区上诉法院以心脏收缩压测谎技术尚未在生理学和心理学领域获得普遍接受的地位为由,驳回被告人的上诉,维持了原判。在判决书中,法院提出了"普遍接受标准",即"当一项科学原则或发现跨越了实验或证实阶段时,其可靠性是难以界定的……当法院准备承认那些基于科学原理或发现推演出来的专家证言时,必须有足够的事实证明供推演用的科学原理或发现在其所属的专业领域里获得了普遍的认可"。See Frye v. United States,54 App. D.C. 46,293 F. 1013 (D.C. Cir. 1923).

些被主流科学普遍认可的科学规律也同样可能被证伪；最后，弗赖伊标准并没有说明应如何区分专门领域，语意模糊带来司法适用上的差异，甚至连“普遍接受”的程度、范围等核心问题都难以在司法实践中达成一致。

此外，由于弗赖伊标准确定的“普遍接受”，理论上便意味着提供科学证据的一方需要向法庭呈上同领域内大量科学家的支持观点以证明其普遍接受性，带来了远超预期的专家出庭数量，司法实践中逐步将这一规则进行了调整，不仅减少了对普遍接受性的限制性条件，还出现了即便某科学证据未获得普遍认可、但依然将其采纳的判例。① 弗赖伊标准在司法实践中的调整与修正同样反馈在立法层面，1975 年《联邦证据规则》正式颁行，其中第 702 条规定了专家证人的可采性标准，即“若科学、技术或者其他专业知识能够协助裁判者理解证据或认定案件事实，则具有此知识、技能、经验、训练或教育的专家证人可以以意见或其他的方式作证”②。第 702 条中亦未将判例法写入相关证据具有可采性的例外中，从整个法律文本到《联邦证据规则》的起草过程，都没有明示或默认“普遍接受”是采纳科学证据的要素。相反，第 702 条一方面要求法官应当确保所采纳的科学证据与案件事实具有关联性（协助裁判者理解证据或认定案件事实），另一方面该证据还需要有可靠性（“科学”意味着应具备科学方法和程序的基础，“知识”意味着根据已知事实推导出的论点），表明了科学证据采信与否应交由法官自由裁量。尽管司法实践中对于弗赖伊标准能否被制定法取代依然存在较大争议，但立法者有意弃用“普遍接受”标准的表述，以及将专家证言审查标准的放宽与灵活化处理似乎昭示了弗赖伊标准的衰落之势。

直至 1993 年，在道伯特诉梅里尔·道药品公司（Daubert v. Merrell Dow Pharmaceuticals）案中，联邦最高法院将科学证据的采信标准再次作出阐述，确立了“道伯特标准”。③ 布莱克门大法官将法官在审查科学证据的角色重述为“守

① Barefoot v. Estelle, Director, Texas Department of Corrections, 463 U. S. 880, 103 S. Ct. 3383 (1983) at 3400.

② 美国《联邦证据规则》第 702 条规定：“If scientific, technical, or other specialized knowledge will assist the trier of fact to understand the evidence or to determine a fact in issue, a witness qualified as an expert by knowledge, skill, experience, training, or education, may testify thereto in the form of an opinion or otherwise.”

③ 原告杰森·道伯特和艾里克·舒勒出生时患有严重的肢体萎缩，他们诉称该先天缺陷是他们母亲在怀孕期间服用了梅里尔·道制药公司生产的抗孕吐药——盐酸双环胺所致。本案的关键争点在于盐酸双环胺与肢体萎缩之间有无因果关系。原告的八位资深专家主要依赖对现有流行病学研究、“体外”和“体内”动物研究以及对盐酸双环胺化学结构的药理研究进行分析认为盐酸双环胺能够导致先天残疾。地区法院的法官认为，八位专家所提供的报告主要是依据动物细胞研究、动物活体研究以及化学结构分析，并不是基于流行病学专业的研究，难以证实药物与先天缺陷之间存在因果关系；同时，该研究成果尚未发表、未能得到同行审议，该证据不具有可采性，第九巡回上诉法院维持了原判。美国联邦法院则重新阐释了科学证据的可采性标准，即道伯特标准，并据此将该案发回重审。*Daubert*, 509 U. S. at 580.

门人”(Gate Keeper),认为与其关注科学证据的结论,不如着重审查其所依据的原理和方法。相较于曾经语焉不详的采信规则,道伯特标准为法官提供了更多的参考因素,这些可靠性要素包括可测试性、错误率、同行审查和发表以及普遍接受,“普遍接受”标准尽管也是重要参考之一,但已不再被视为唯一适用准则。道伯特标准的进步体现在设置更为宽松的采信标准,将以往相对单一僵化的标准替换为更具弹性的参照,法官在科学证据采信方面的自由裁量权被重申,法官对专家证人原有的较强依赖性被逐步纠正。

道伯特标准在 1997 年的通用电气公司诉乔伊纳(General Electric Co. v. Joiner)案中得到进一步阐释。在该案中,上诉法院基于实质审查,认为原审原告方提供的专家证言应当采信,并以此推翻了原判决。但联邦最高法院却认为,上诉法院这一实质审查行为并不妥当,其审查范围应以法官是否滥用自由裁量权为标准,在此范围之外的事由则不应被纳入审查范围。该案再次强调了裁判者在认定科学证据时的自由裁量权。随后,在 1999 年的锦湖轮胎公司诉卡迈克尔(Kumho Tire Co. v. Carmichael)案中,联邦最高法院明确了道伯特标准还可适用于非科学性专门知识。

上述判例共同构成了美国科学证据采信规则三部曲,从弗赖伊标准到道伯特标准,实质上体现了对专家证言的采信主体究竟是特定领域的专家还是法庭的转变过程。前者实际将采信权赋予了专业领域内的多数权威专家手中,将普遍接受性视为应予采信的必要条件;后者则是限制了普遍接受性的作用,仅将其视为法官参考的因素之一。法官自由裁量权的不断强化,势必意味着有更大范围的科学证据被纳入法官的视野,也就不可避免地带来非可靠科学证据大量涌入法庭。为了有效回应道伯特标准适用后的诸多司法争议,美国《联邦证据规则》也迎来了有关科学证据的重大修改。

3. 美国《联邦证据规则》的回应与调整

2000 年证据规则咨询委员会(Advisory Committee for the Evidence Rules)通过了《联邦证据规则》第 702 条的修改法案,法案内容为:“在下列情况下,因知识、技能、经验、训练或者教育而具备专家资格的证人,可以以意见或者其他的形式就此作证:1. 专家的科学、技术或者其他专门知识将会帮助事实审判者理解证据或者确定争议事实;2. 证言基于足够的事实或者数据;3. 证言是可靠的原理和方法的产物;4. 专家将这些原理和方法可靠地适用于案件的事实。”[①]该法案吸收了道伯特标准的司法释义,将法院在评价专家证据时的采信标准予以明确,根据第 104(a)条的原则,科学证据由提出证据的一方承担证明责任,且遵循优

① 王进喜:《美国〈联邦证据规则〉(2011 年重塑版)条解》,中国法制出版社 2012 年版,第 212 页。

势证据规则。上述宽泛的可采性标准，意味着法院在考量道伯特标准的因素时可以有充分的自由裁量权。

尽管科学证据采信规则的司法释义逐步趋于完备，但因道伯特标准更为灵活，法官审查科学证据的能力要求也随之提升，有司法实务者提出现有的采信规则会逼迫法官成为“业余的科学家”的隐忧，①横亘在科学与采信证据之间的壁垒依然难以完全消解。在美国近年的司法实践中，也依然在致力于探讨如何让法官在审查科学证据采信性时，尽可能做到独立且有效。2016 年，美国总统科技顾问委员会发布了《刑事法庭中的法庭科学：确保特征比对鉴定方法的科学有效性》，该报告提供了具体的行为指南帮助法官评估法庭科学证据的可靠性和有效性。② 但整体上，相较于科学技术的日新月异，美国现有的证据规定依然显得相对延后且粗放，如何在法庭上将科学证据采信规则的全貌予以呈现，还有赖于建立在专家证人出庭、控辩双方交叉询问等程序基础上的规则。

（二）法庭中的科学证据审查规则

1. 科学证据的三段论推理

科学本身是个推理归纳的过程，而步入法庭的科学证据呈现典型的演绎性的三段论论证模式。其中的大前提为专家基于某种科学原理或方法所作出的一般性假说，小前提为案件具体事实，而将大前提适用于小前提，所得出的结论即外化为法庭上的专家证言。如果说大前提是专家所在领域的科学分析假说，小前提则一定属于事实分析活动。③ 庭审中质证的主要焦点集中在大前提的可靠性方面，既可以由证据提供者指出该大前提已通过多次验证予以证实，增加其确信度，也可以由对方提出其所依据原理的谬误予以证伪。《联邦证据规则》第 702 条规范的对象是专家证言的大前提，即关于专家资格和专家证言可采性的基本规定；第 703 条规制的是小前提，即专家对个案的事实分析活动。

政策制定者将科学证据推演过程中的大小前提作出了区分，但在实践中却不乏专家将事实或数据隐晦地用为大前提的一部分，模糊了二者之间的界限，有意或无意间规避了采信规则的审查。相较于庭审中对大前提的争论，专家提供的小前提事实通常并没有作为重点关注，而恰恰小前提中的事实分析与案件争议事实有着明确的相关性，一旦小前提中的事实分析被误用，其对事实裁判者带

① See Paul C. Giannelli & Edward J. Imwinkelried: *Scientific Evidence* (*Fourth Edition*), Mattthew Bebder & Company, Inc., 2007, p. 62.

② 参见王星译：《美国法庭科学加强之路回顾（2009—2017）——以“科学证据在诉讼中的采纳”为对象》，载《证据科学》2017 年第 6 期。

③ ［美］爱德华·J. 伊姆温克尔里德：《科学证据的秘密与审查》，王进喜等译，中国人民大学出版社 2020 年版，第 12 ~ 16 页。

来的负面影响不言而喻。因而,美国实务界针对是否应将与小前提相关的资格信息完全披露给事实裁判者存在较大争议。有学者认为《联邦证据规则》第703条意味着法官在决定是否向陪审团提供相关资格报告的细节时,至少应发挥其自由裁量权。① 笔者赞同这一对法条的释义,若将资格信息充分暴露在事实裁判者面前,则不可避免地会带来该事实对陪审团的可能误导,而相对审慎地对待信息披露范围,不仅能使庭审中围绕专家证人的交叉询问更具效果,还能有效避免可能隐藏在事实分析过程中的科学证据的弱点被无视。

2. 专家证人公正性资格要件的审查

就科学证据的法庭辩论环节,有关专家证人的资格要件的审查是其中颇为重要的一环,是验证科学证据可靠性的前提要件。《联邦证据规则》第702条对专家证人的范围界定较为宽泛,且法官享有决定专家证人资格要件的自由裁量权。整体而言,美国对科学证据提供者的专业知识资格要件的规定相对宽泛,但也存在因专家证人与案件待证事实联系度不够,或并未掌握该领域最新发展动态而被排除证言的案例。② 就目前法庭上的争议而言,对专家证人资格的审查大多集中在对其公正性资格要件(impartiality qualification)的审查方面。理论上而言,作为协助法庭理解证据或确认证据的专家证人,理应具备中立性,而非“辅助的辩护人”,专家证人在作证前被要求宣示“说出真相,全部的真相,仅有的真相”的誓词。③

但上述设定显然是一种理想模式,作为诉讼一方聘请的专家证人,其与诉讼主体有着同样的目标,而作为聘用者,诉讼一方对己方专家证人提供有利于本方的专家证言具有期待性。从选择专家证人伊始,这一倾向型便不可避免。为了尽可能在法庭上呈现独立、中立的科学证据,美国近年来的司法实践显示出更为严格性的资格审查倾向。特别是道伯特标准在美国被广泛适用后,法官在评估当事人专家资质方面上,呈现出更为积极、带有一定纠问色彩的姿态,④以确保专家证言具有充分的基础。具体而言,这些参考因素包括:所陈述的专业知识的性质;专家证人是否与诉讼一方有长期的联系;控辩双方的聘请专家证人历史;专家出庭的收入同其日常收入的占比等,这些与专家证人既往经验、社会关系、

---

① 参见王进喜:《美国〈联邦证据规则〉(2011年重塑版)条解》,中国法制出版社2012年版,第33~35页。

② 这类判例包括但不限于,Rosado v. Deters, 5 F. 3d 119 (5th Cir. 1993), Meyerhoff v. Michelin Tire Corp., 70 F. 3d 1175 (10th Cir. 1995), Ronwin v. Bayer Corp., 332 Fed. Appx. 508 (10th Cir. 2009).

③ Michael J. Saks, *Expert Witnesses, Notexpert Witnesses, and Nonwitness Experts*, Law and Human Behavior, Vol. 14:4 (1990).

④ See Joseph Sanders, *Science, Law and the Expert Witness*, *Law & Contemporary Problems*, Vol. 72:1 (2009).

收入情况等相关的信息，会成为法官判断专家证人是否具备公正性资格条件的重要参照，在双方当事人唇枪舌剑的质证环节中，法官综合作出该专家是否具备独立性、中立性的自由心证，尽可能降低因专家证人具有倾向性而提供不可靠的证言。

3. 科学证据的开示程序

相较于其他证据，科学证据往往具有较强的专业性和复杂性，因而科学证据的开示程序便显得极为重要。庭前开示科学证据不仅可以提高控辩双方交叉询问的效率，还可以为双方特别是辩方提供充分了解科学证据的可能，使其为庭审辩护作好充分准备。对法官而言，庭前有关科学证据及专家证人的详细信息的开示，也有助于其综合判断科学证据的可采性。

美国《联邦刑事程序规则》第16(a)(1)(G)条规定了控诉方开示专家证据的信息，即“根据被告人的请求，控诉方必须给予被告人一份控诉方在庭审中先举证的阶段依据美国《联邦证据规则》第702、703、705条拟使用的专家证言的概要……这份概要必须描述证人的意见，证人的意见的基础和理由，以及证人的资格条件”。相对应地，对于辩方科学证据的开示要求，包括专家证人作出的由辩方持有或控制的、与证人证言的争议事项有关的所有书面陈述。但仅仅是为了弹劾控方证人而传唤的专家证人的身份和陈述，需要等到控方证人在庭审中作证后才应当要求开示。

4. 有争议科学证据的有限采信规则

美国学者曾将科学证据划分为三类：第一类是已经得到普遍接受的科学证据，如指纹鉴定意见和DNA鉴定意见；第二类是被普遍观点明确否认的科学证据，如利用催眠术获得的言词证据和催眠专家的意见；第三类是处于中间状态的科学证据，即有可能得到普遍承认的科学证据，例如，通过测谎技术获得的言词证据和测谎专家的意见。[①] 按照这一划分标准，当法庭上呈现的科学证据属于第一类或第二类时，事实裁判者便可作出明确的采信或不采信的判断，而对于处于中间状态的科学证据的审查，难点便不在于“非黑即白”的确认问题，而在于其适用上的选择。

针对此类有争议证据的采信可参照“有限采信规则”（limited admissibility rule）。作为证据可采信规则的补充，该规则意味着在某个限定目的之下，言词或实物证据可以被采纳为证据。《联邦证据规则》第105条规定：“如果法院采纳的证据就反对某当事人或者某种目的而言具有可采性，而就反对其他当事人

① 参见[美]乔恩·R.华尔兹：《刑事证据大全（第2版）》，何家弘等译，中国人民公安大学出版社2004年版，第456～461页。

或者其他目的而言不可采，则根据及时请求，法院必须将该证据限制在其适当的范围内，并就此对陪审团作出指示。”在法庭上有限采信规则多适用于对证人的质疑上，在科学证据的范畴之中，可以表现为对专家证人资质、专家证言不可靠的质疑上。它主要针对那些尚未被专门领域普遍接受的科学证据，在对某科学证据的可靠性存在争议且各专家对其争论不休时，将此类证据认定为有限采纳，即仅用于质证、佐证或补强，而不能单独作为认定待证事实的依据。最为典型的如测谎证据的可采信问题，较少判例会将测谎证据直接作为单独的定案依据，而是主要将其视为获取其他证据的线索信息或佐证。该规则还要求法官将这一证据向陪审团作出明确指示，以区分证据的质证功能与定罪功能。

从上文对于美国科学证据采信规则的梳理，不难发现，这一漫长的演进过程折射出法官从依赖科学证据提供者到回归“守门人”角色的重大转变，对科学证据的审查也不再仅停留在形式意义的遵从模式，而是以审查专家证言可靠性为主的实质性审查，这体现了从教条的科学主义逐步向理性的怀疑主义转型。在诸多经典判例中，美国科学证据采信标准也逐步走向全面化、精细化，并强调法官在审查科学证据时的自由裁量的重要性。以《联邦证据规则》为代表的法律文本及时吸收采纳了判例中所确定的规则，也构建了更为统一的适用标准。从程序意义而言，科学证据采信规则的适用有赖于对专家证人独立中立性的审查，证据开示规则也保障了控辩双方在庭审前有充分了解科学证据内容的机会，区分科学证据采信规则推理的大小前提也同样有助于减少误用“垃圾证据”的可能。整体而言，尽管司法实践中对科学证据的采信尚未达到完全理想状态，依然也会出现诸如上文霍华德冤案中错误采信证据的情形，但美国科学证据采信规则的演进及适用依然呈现较强的司法生命力，无疑对我国当下有较强的参考意义。

三、我国科学证据的适用困境

在我国，尽管并不能从立法层面上找到科学证据的直接定义，但其外化为司法鉴定制度已在实践中存续多年，2012 年《刑事诉讼法》的修订，首次将“有专门知识的人出庭”写入法条，在原有的一家独大的司法鉴定程序注入了一定的对抗因素，吸收了普通法系的专家证人制度，构成了“鉴定人—专家辅助人”双轨制的局面，[①]下文将分别从司法鉴定制度和专家辅助人制度的角度，对我国当下科学证据的相关问题展开论述。

---

① 参见张保生、董帅：《中国刑事专家辅助人向专家证人的角色转变》，载《法学研究》2020 年第 3 期。

（一）鉴定人制度

1. 实体方面：鉴定意见采信规则的缺位

早在1979年的《刑事诉讼法》中，立法者便将“鉴定结论”纳入法定证据种类，而彼时“结论”一词的界定意味着法官对于司法鉴定报告主要实施形式审查，审查的重点放置在形成司法鉴定报告的主体是否具有相关资格、形成过程是否符合程序要求等内容，基本上不会作出针对司法鉴定报告本身是否可靠的实质审查。2012年《刑事诉讼法》的第二次修正，“鉴定结论”一词被“鉴定意见”取代，这意味着我国立法者对司法鉴定报告的证据属性有了全新的认知。“鉴定意见”被视为案件证据材料之一，而非必然成为案件定案依据，必须同其他证据一样，经过完整的举证、质证、辩论、法庭评议的程序才能成为定案依据。法官对鉴定意见的审查内容包括证据能力和证明力，这也就意味着不符合法定证据要件的鉴定意见可以被排除在法庭之外。

但就法官具体应如何判断鉴定意见是否可信、有无可参照标准等问题，难以在现有的立法上找到相应的实体规定，《刑事诉讼法》中仅以“鉴定意见只有经过查证属实才能作为认定案件事实的依据”予以概括。而在2021年《最高人民法院关于适用〈中华人民共和国刑事诉讼法〉的解释》（以下简称《最高法司法解释》）中，第97条、第98条中对鉴定意见的审查内容作出了列举式说明，主要规定的为程序性审查内容，即对鉴定人资质、鉴定意见形式要件、送检程序是否规范等内容的审查，涉及的实体审查仅为对鉴定意见与案件事实的关联性、是否与其他证据存在矛盾之处两项内容，但这两项实体审查规范也尚未触及鉴定意见内容本身是否可靠的核心问题。可以说，我国尚未真正建立起实体意义上的鉴定意见采信规则，这就意味着法官对于案卷材料中的书面鉴定意见进行实质审查的程度十分有限，即便在鉴定人出庭接受质证的情况下，也较难推翻原有的鉴定意见，法官对鉴定意见依然呈现较强的遵从模式的特征。

在实体审查规则基本缺位的情况下，一旦鉴定意见出现争议，法官所能借助的判断工具极为有限，实践中的做法通常为以鉴定机构等级作为判断可靠性的重要参照。例如，在黄某案中，先后历经六次死亡鉴定，面对各执一词的尸检报告结果，最终法院采用了最高人民法院鉴定中心出具的鉴定意见，宣告被告人姜某武对黄某之死不负担刑事责任。① 尽管理论上鉴定机构的等级越高，其在鉴定资源、人员配备方面势必有更大优势，但在缺乏其他参照因素下，仅因鉴定机构的等级高低判断其出具鉴定意见是否具有可采性，这样的单一标准不仅显得片面武断，还可能因带来争议案件中多头鉴定、重复鉴定，既浪费司法资源，又可

① 参见吴少军、李永良：《黄某裸死案鉴定之谜》，载《中国审判》2006年第7期。

能不利于案件事实的认定。

2. 程序方面:书面鉴定意见的广泛适用

我国刑事诉讼立法上设置了与鉴定意见审查相对应的程序规定——鉴定人出庭及非法鉴定意见排除程序,从鉴定意见的证据能力角度为法官增加了判断的依据,也赋予了辩方对控方提供的鉴定意见进行有效质证的机会。作为一类特殊的言词证据提供者,鉴定人拒绝出庭后果要比普通证人严重许多,无益于保障控辩双方质证权。因而,在法院认为有必要出庭而鉴定人拒绝出庭的情况下,鉴定意见丧失证据能力,被排除在案件定案依据的范畴之外。从现有的立法内容来看,这一强制性排除规则相较以往有一定的进步,但依然呈现局部性、有限性的特征。

原因在于:其一,非法鉴定意见排除程序的适用十分有限。一方面,鉴定人并非在所有的刑事案件中均须出庭,立法将其限制为"法院认为有必要"时,将鉴定人出庭的范围框定在由法院予以自行启动的限定条件下,法院启动鉴定人出庭的意愿并不强烈。另一方面,即便在法院已启动该程序的情况下(在司法实践中通常表现为控辩双方对鉴定意见有较大争议),鉴定人出庭情况也并不理想。有学者调研发现,实践中通常以法院通知相关鉴定机构以函件的形式解答来替代鉴定人出庭解决争议。从全国的情况来看,2003 ~ 2013 年,全国涉及鉴定的刑事案件共计 213, 635 件,有鉴定人出庭的仅为 96 件。[①] 可见,鉴定人出庭案件本属少见,因鉴定人拒绝出庭便排除其鉴定意见的案件更是少之又少,出现了立法目的与实践应用上的明显割裂。

其二,书面鉴定意见依然对法官裁判的影响较为深远。既往的案卷中心主义意味着书面化的鉴定意见是法官裁判的基础,而在以审判为中心的诉讼改革背景下,不仅鉴定人出庭被视为实现庭审实质化的重要考量指标之一,当庭证据的重要性也被一再强调。有学者对庭审实质化试点地区法院的鉴定人出庭情况及鉴定意见对法官定罪量刑的影响展开实证研究,研究结果显示,在庭审实质化的试点地区书面鉴定意见依然对法官影响较深,相较之下当庭书面鉴定意见发挥的作用有限。[②] 数据背后折射出我国立法中虽勾勒出鉴定人出庭的理想程序,在现实中却遭遇不少阻却,不仅鉴定人出庭案件的范围被压缩,出庭作证的方式也颇为随意,法官仍然重视鉴定意见的证明作用。

其三,难以形成实质性的庭审鉴定意见审查内容。即便鉴定人出庭,鉴定意见的审查内容也主要集中在程序性相关的问题上,而忽略了即便在鉴定意见符合规范要求的情况下,也依然可能不可靠。法官多凭借经验法则和各证据之间

---

① 参见胡铭:《鉴定人出庭及专家辅助人角色定位之实证研究》,载《法学研究》2014 年第 4 期。

② 参见左卫民:《地方法院庭审实质化改革实证研究》,载《中国社会科学》2018 年第 6 期。

的逻辑关联予以判断,缺乏对鉴定意见的实质审查。相较于美国《联邦证据规则》中对科学证据较为全面的审查,我国现有的立法例显然尚未摆脱法官依赖书面鉴定意见的固有模式。

3. 诉讼构造方面:非平衡的控辩关系

理论上而言,鉴定意见应具备中立性和客观性,鉴定人基于专业领域内的知识就案件相关事实发表意见,从而成为法官裁判的重要参考。但我国长久以来多由侦查机关垄断鉴定意见的启动、鉴定机构的遴选等事项,鉴定意见所带有的"侦查附属"地位可见一斑。相较于侦查机关在鉴定意见领域的强大话语权,辩方的辩护则显得难以施展,现有的立法并未赋予被告人及其辩护律师以鉴定意见程序的独立启动权,其仅能就有争议的鉴定意见向检察院或法院提出重新鉴定或补充鉴定的申请,而申请能否得到批准则由公权机关作综合判断。可见,辩方在侦查阶段对鉴定意见表达异议的路径并不畅通。

这一非平衡的诉讼地位一直持续到移交审查起诉阶段,甚至到之后的庭审阶段,控方提交的鉴定意见依然占据主导地位。辩方即便对鉴定意见提出异议,是否启动鉴定人出庭程序的决定权依然掌握在法官手中。对于庭前便已阅卷,很可能对案情形成初步判断的法官来说,辩方所提出的异议究竟可以在多大程度上影响其对鉴定意见的采信结果未可知,但从上文列举的书面鉴定意见影响法官定罪量刑的相关数据中,不难窥见,辩方实质上较难撼动控方鉴定意见对法官的自由心证的影响。而在有鉴定人出庭的案件中,辩方针对书面鉴定意见所能形成质证意见也主要集中于鉴定机构资质、鉴定程序是否规范等内容,较难对出庭的鉴定人形成实质性的质证,更遑论彻底推翻控方的鉴定意见。可见,我国司法鉴定尽管成为近年立法及司法改革持续关注的对象,但存续多时的鉴定程序公权垄断属性、控辩双方的悬殊地位较难发生彻底性变革。法官作为事实裁判者,鉴定意见采信规则的缺位令其在审查鉴定意见时,也多倾向于形式意义的审查。在这些因素的共同促成下,鉴定意见在我国司法的适用依然呈现明显的遵从模式。

(二)专家辅助人制度

为了消减庭审上控辩双方的悬殊地位的负面影响,我国 2012 年《刑事诉讼法》中新设了有专门知识的人出庭就鉴定人作出的鉴定意见提出意见的程序,这意味着我国初步建构了专家辅助人制度。从设置目的而言,该制度赋予控辩双方,特别是辩方,对司法鉴定进行有效质证的权利逻辑,将原有的非平衡控辩关系予以矫正,为法庭提供有关案件事实的另一种声音,有助于法官尽可能参照更多元的信息与观点作出案件事实的综合判断。尽管该制度的设立,从理论上引入了对抗式庭审中专家证人出庭的程序要素,能够在具有职权色彩的司法鉴定程序外构建一种权利属性明显的平衡程序，但从实践运行情况而言，这一制度的适用同样面临不少障碍。

1. 法庭角色定位存在混同性

相较于鉴定人被立法者明确纳入诉讼参与人的范畴，有关专家辅助人究竟属于何种角色依旧存在争议。一方面，《刑事诉讼法》第 197 条中明确了“有专门知识的人出庭，适用鉴定人的有关规定”，表明立法者某种程度上并未将两者作严格区分。而这一混同的特征在《最高法司法解释》中表现得更为明显，鉴定人与有专门知识的人并列被提及数次，共同适用的程序包括开庭准备、庭审发问、旁听庭审等，诸多程序方面的共同适用似乎将两者的界限有意模糊。然而从证据属性而言，专家辅助人所出具的报告或质证意见并未被赋予法律上的证据地位。《最高法司法解释》第 100 条规定“因无鉴定机构，或者根据法律、司法解释的规定，指派、聘请有专门知识的人就案件的专门性问题出具的报告，可以作为证据使用”，司法解释将原有的“检验报告可作为定罪量刑的参考”修改为“具有证据属性”体现出一定的进步，但该报告存在的前提是就案件专门问题未有鉴定机构或侦查人员指派、聘请有专门知识的人的特殊情况，而辩方申请专家辅助人出庭发表质证意见以及提供书面报告的情况，依然不被视为证据。这也导致了原本被立法者近乎视为等同的鉴定人与专家辅助人，其对应的证据属性却有着天壤之别，专家辅助人在“类鉴定人”和司法鉴定质证者的身份之间徘徊，体现了立法者的矛盾之处。

另一方面，专家辅助人在我国庭审中又带有一定证人的特征。根据《最高法司法解释》的规定，有专门知识的人出庭的，参照适用证人出庭的规则，即“一般先向法庭陈述证言；其后，经审判长许可，由申请通知证人出庭的一方发问，发问完毕后，对方也可以发问”。从该司法解释延伸出的属性来看，实务部门选择将其归类于特殊类型的证人，采取了类似英美法系专家证人的定位。与普通证人亲历性要求不同，专家辅助人出庭提供的信息出自其凭借专业知识对案件事实的判断，然而我国尚未明确规定其质证的特殊内容，仅以普通证人的出庭质证规则加以适用，缺乏针对其专业知识的实质性质证规则，易带来实践中鉴定人与专家辅助人剑走偏锋的争论，难以形成有效的质证意见。

2. 实现质证权方面的有限性

专家辅助人的出现，意味着法庭上能够产生与鉴定意见相对抗的另一种声音，但其具体的适用则显得障碍重重。首先，专家辅助人的出庭路径被限制。理论上专家辅助人的出庭需要当事人提出申请，而在《最高法司法解释》第 250 条新增了一款规定：“公诉人、当事人及其辩护人、诉讼代理人申请法庭通知有专门知识的人出庭，就鉴定意见提出意见的，应当说明理由。法庭认为有必要的，应当通知有专门知识的人出庭。”可见，司法解释增设了需要说明理由的附加条件，似乎透露出相较于以往更为严苛的申请审查；法官享有较大主动权，不仅可以对当事人申请专家辅助人出庭进行实质审查，还能够依职权通知专家辅助人出庭。本应有利于辩方实现质证权的制度，反而无法得到充分适用，专家辅助人的准入门槛相对较高，成为制约其制度目的实现的首要因素。

其次，专家辅助人的职责发挥范围有限。立法者将专家辅助人定位为针对鉴定人的意见发表意见之角色，也就意味着其发表意见只能被框定在既有的鉴定意见的范畴中，并不能形成己方对问题的独立见解，仅属于弹劾性的证据，旨在撼动鉴定意见对法官自由心证的固有影响。在复旦投毒案的二审庭审中，林某浩的辩护人申请专家辅助人出庭就黄某的死因展开质证，其不仅指出现有病理报告的漏洞，还提出黄某死因系爆发性乙型病毒性肝炎致急性肝坏死、多器官衰竭的意见，该意见被当庭宣告不具备证据属性，无法作为定案依据。可见，我国专家辅助人的质证与英美法系中的专家证人出庭接受交叉询问有着明显区别，尽管都是就所在专业领域发表意见，但我国专家辅助人无法在法庭上展示己方观点，其适用范围被大大压缩。而即便是这一被限定的职责范围内，因鉴定意见具备的专业性，也可能在庭前证据开示程序不够充分、鉴定人不出庭等因素的干扰下，无法实现面对面的有效质证；专家辅助人在庭审中被束缚了手脚，所能发挥的作用自然难以达到预期。

四、我国科学证据采信规则的完善

尽管我国现行的鉴定人与专家辅助人双轨制吸收了美国科学证据采信规则的部分程序内容，但旨在打破鉴定意见在法庭上的垄断地位的改革并不彻底。一方面，鉴定意见实体采信规则的缺失以及少有的鉴定人出庭，都令法官难以对鉴定意见形成实质性审查意见，法官被动接受书面鉴定意见的模式难以更改；另一方面，本欲增加对抗因素的专家辅助人制度，也因立法定位的混同和职责范围的限缩，发挥的效用颇为有限。笔者认为，调整与改进针对科学证据的采信规则，应在充分参照域外样本的基础上，进行以下几个方面的改进。

（一）科学证据性质的再厘清

我国目前虽未对科学证据予以统一界定，但科学证据的外化载体——诸如指纹、声纹、DNA 等常常出现在庭审中，因而有必要厘清科学证据的内涵及外延，以此作为确立相应采信规则的基础。

对于鉴定意见隶属于科学证据的范畴一般争议不大，无论是书面鉴定意见抑或是鉴定人出庭所作出的当庭意见，都被视为基于专业知识对案件事实作出的判断；但对于专家辅助人出庭发表的质证意见是否属于科学证据，目前难以在立法层面得到支持。在笔者看来,应将专家辅助人的质证意见纳入科学证据外延。理由在于,尽管专家辅助人与鉴定人证据法地位及资质要求不尽相同,但二者本质上均体现了以专业知识推演出论点并将其适用到具体案件中的特征,且司法解释中有意无意将二者并列提及、共同适用司法程序的做法,也侧面反映出司法界并不全然排斥将专家辅助人视为类鉴定人的观点。可见,将鉴定意见及专家辅助人发表的独立意见一并归于科学证据的做法,无论在理论上还是在实务层面均能找到合理论据,符合当下科学证据发展的趋势。

从法官的角度而言,也应走出既有的对科学证据性质的理解误区。科学证据在法庭上的呈现本就是一个推理的过程,是一种假设被验证的意见性证据,既可以从己方的角度予以证实,亦可以由对立一方进行证伪。事实裁判者应重新审视对科学证据的依赖性,特别是尽可能消减侦查机关所作出的鉴定意见对法官自由心证的影响,将怀疑主义根植于法官形成裁判的过程。而从证据转化为法官定罪量刑的依据需要完整的逻辑三段论的推演,法官所关注的领域除了科学证据本身所依据的原理,还应将这一原理应用与案件事实适用之间的逻辑关系加以重点审查,在形成完整的逻辑推理链条的基础上审慎作出对科学证据的采信判断。

(二)科学证据可靠性采信规则的明确

从美国科学证据可采信标准的变革,可以发现其经历了从充分信赖的形式审查到怀疑主义特征明显的实质审查,法官作为审查主体所掌握的实质裁判权被一再强调,采信标准规则也呈现逐渐精细化、参考性更强的特征。相较之下,我国现有的供裁判者参考的审查规则过于关注其形式要件,上文已论证了将专家辅助人意见纳入科学意见范畴的可行性,在确定此科学证据外延的基础上,未来的立法内容应试图构建以判断科学证据可靠性为主的规则,以尽可能让裁判者的审查触及科学证据实质性内容本身,降低对科学证据的依赖程度。

首先,从科学证据提供者的资格审查来看,现有的司法解释仅涉及对鉴定意见的资格审查,对专家辅助人而言,不宜过于强调对专业资质的审查,在审查其专业职称、职业资格等信息时,应重点关注其擅长领域与所证明事项的关联程度,还应摒弃“所在机构级别越高、科学证据越可靠”的固有观念,适度放宽科学证据提供者的资格审查,将其仅作为法庭准入要求而非重点审查的对象。

其次,从科学证据的审查内容来看,可以考虑从以下几个方面作出:该证据所依据的材料和方法是否为相关领域的同行专家所认可,以及认可的程度如何;该证据是否建立在充分和详细论证的基础上,是否准确地解释了可能影响结果准确性的事项;该证据是否获取数据或证据材料等信息的完整程度,以及获取这些数据、信息所用方法的有效性;该证据所依据的原理或假设是否合理,是否存在错误率或是否能被反复验证等。

最后，除了上述实质性的审查规则，若某项科学证据涉及的推论对案件定罪量刑有实质影响，且并没有专家辅助人出庭质证的情况下，则可以由法官根据案情召集同领域普遍认可的专家，参照其对该科学证据意见的认可和接受程度，继而对鉴定意见的内容作出综合判断，避免因偏信一方带来的错误采信后果。

（三）专家辅助人向专家证人的角色转换

我国专家辅助人制度在立法定位上兼具鉴定人及证人的特征，尽管被视为对抗鉴定意见的有效手段，但在实践中难以发挥应有之作用。专家辅助人与鉴定人均为向法院呈递科学证据的重要角色，可参考以下几点作为未来改革方向：

其一，专家辅助人功能的适度扩张。在现有立法下，专家辅助人的定位仅属于对鉴定意见提出意见的角色。然而，作为法官查明事实真相的助手，上述功能显然过于单一，并且可能因站在鉴定意见对立面，而削减专家辅助人的中立性，产生了立法目的与规则设置的错位。在司法实践中，已出现专家辅助人除了出庭发表质证意见，独立向法庭提供意见的情形。尽管实务部门对这一突破现有立法定位的做法尚未作出回应，但扩张专家辅助人的庭审功能可以改变其被束缚住手脚的现状，将其功能回归于辅助法官的角色，不再仅作为法庭上的弹劾者，而是为法庭提供有关专业问题的多元思路。

其二，完善专家辅助人的出庭程序规则。为弥合立法的留白，应将专家辅助人出庭的相关程序予以立法层面的确立。就出庭顺序而言，在法庭调查阶段控方举证完毕后，辩方可申请专家辅助人出庭质证，专家辅助人先向鉴定人就科学证据的形式、内容等进行发问，发问程序结束后，可以继续由控方鉴定人对专家辅助人进行反询问，法官同样可以就科学证据向专家辅助人进行发问。在此基础上，专家辅助人可以向法院提供己方对鉴定意见的意见，该意见可以以书面形式呈现，作为庭审口头意见的细化和补充，能让法官更为清晰地了解科学证据争议所在。

其三，实现控辩双方诉讼构造的平衡。由于科学证据作出时间的差异以及控辩双方信息和程序上的不对等，控辩双方在科学证据的提供及质证方面存在明显的不平衡，不仅可能造成鉴定意见对法官自由心证的影响，也会令辩方难以有充沛的时间进行有效质证。因而，应保障辩方信息获取渠道的畅通；对控方的鉴定意见及相关原始数据而言，辩方在庭前便有权进行查阅，以及时发现鉴定意见及其原始数据上的瑕疵、漏洞。

诚然，科学证据本身的专业性可能无法凭借程序设计而全然消解，但作为事实裁判者，应首先摒弃既有的对科学证据的天然信赖感，以怀疑主义的视角重新审视科学证据，促使对科学证据的审查权回归法庭，扮演好“守门人”的角色。

在此前提下，通过制定更具操作性的科学证据采信规则、强化专家辅助人与司法鉴定人之间的对抗要素，向法庭提供除有关科学问题的多方视角，继而改变因过度依赖司法鉴定意见而对科学证据审查带来的负面影响，有助于裁判者作出居中裁判。

Discussion on the Application of the Admissibility Rule of Scientific Evidence

—Based on the Comparative Perspective of Criminal Procedure between China and the United States

An Qi

Abstract: With the unceasing seepage of modern means of science and technology in the field of evidence law, scientific evidence in criminal courts plays an increasingly vital role in assisting judges in making critical fact-finding decisions. In order to effectively reduce the misapplication of scientific evidence, criminal justice in the United States has evolved from "general acceptance" to "comprehensive acceptance". Its reference standard gradually moves towards refinement and comprehensiveness, strengthening the discretion of fact judges in determining the admissibility of scientific evidence, thus forming a rational skepticism of court based on substantive review. In contrast, under the current dual-track system of forensic examiner and expert assistant in our country, the court's examination of appraisal opinions shows the characteristics of "compliance mode" dominated by formal examination, while the role of expert assistant system in the realization of the parties' pledge is limited. In the future reform of our country, on the premise of clarifying scientific evidence as inference and induction, the rules of scientific evidence admission that relax the requirements of qualification examination and strengthen the content of substantive examination should be formed. Moreover, a modest extension of the expert assistant's trial function would increase the content of his right to express his or her views independently in order to balance the procedural status of the prosecution and the defence and make the court more cautious and comprehensive in examining scientific evidence.

Key words: Scientific evidence; Admissibility rule; Criminal justice; Comparative research

